二二八研究的校勘學視角

黃彰健院士追思論文集

朱 浤 源主編

文 史 哲 學 集 成

文史哲出版社印行

國家圖書館出版品預行編目資料

二二八研究的校勘學視角：黃彰健院士追思
論文集 / 朱浤源主編. -- 初版 -- 臺北市：
文史哲，民 100.01
　頁；　　公分（文史哲學集成；600）
含參考書目
ISBN 978-957-549-944-0 (平裝)

1.二二八事件 2. 校勘學 3. 文集

733.291307　　　　　　　　　　99025789

文 史 哲 學 集 成　　600

二二八研究的校勘學視角
黃彰健院士追思論文集

主　編　者：朱　　浤　　源　　等
出　版　者：文　史　哲　出　版　社
　　　　　　http://www.lapen.com.tw
　　　　　　e-mail：lapen@ms74.hinet.net
登記證字號：行政院新聞局版臺業字五三三七號
發　行　人：彭　　　　正　　　　雄
發　行　所：文　史　哲　出　版　社
印　刷　者：文　史　哲　出　版　社
　　　　　　臺北市羅斯福路一段七十二巷四號
　　　　　　郵政劃撥帳號：一六一八○一七五
　　　　　　電話886-2-23511028 ‧ 傳真886-2-23965656

實價新臺幣四二○元

中華民國九十九年（2010）十二月二十九日初版

二二八研究的校勘學視角：
黃彰健院士追思論文集

朱浤源主編

目　　錄

謝　　辭

黃　敦　徽

　　我是黃彰健院士的二女兒—敦徽，我代表我的姊姊與小妹來致詞。

　　我們感謝上天賜給我們一位尋求誠實正直、公義、實事求是並慈愛的父親。他一直朝著這方向努力。他尋求事實真相，不希望事實真相因人心的不純淨而被扭曲掩蓋，因此雖然他年事已高，但爲中華民族的福祉，在他 88 歲時，完成了他最後的一部著作—《二二八事件真相考證稿》。

　　我們也曾考慮過這樣的研討會，它的性質似乎是含有政治性的爭議，而我們的參與是否會影響到父親在學術上崇高的地位呢？是否也會波及到我們家屬呢？但再次與曾經擔任他多年的助理—吳銘能先生，他現在是四川大學的副教授，通過電話之後，他的一句話促成了我們的決定—那就是父親在生前時，只要他身體允許的話，他都會來參加朱浤源先生舉辦的 228 研討會。

　　家父認爲學術的目的是爲著人民的福祉，並非束之高閣。我們身爲他的女兒，敬重他老人家晚年寫這本書的心意與目的，所以參與支持這次的二二八紀念研討會，來表達對他的孝敬，更深深的感謝各位花費極寶貴的時間與精力來參與。

　　我們在這裡敬重但不高舉父親，就如同父親講過的有新的可靠正確的資料提出，就接受更正，而他的資料也並非是最後的，所以稱爲"考證稿"。

　　最後祈求上蒼，賜給我們敬畏　神及純淨謙卑的心，帶領、賜恩給諸位大師、前輩們能發覺辨明更多可信賴的事證，並賜下啓示教導使我們的百姓在智慧、明辨、公義、真理的認識上開啓的多而又多，並在誠實、正直、悔改、饒恕等的各樣美德的品格中建立自己，除去我們心思的蒙蔽、醫治內心的傷痛，祝福我們大家在愛裡、在真理上、心靈上得到真正的自由。謝謝大家！

2010.02.20

黃彰健院士追思論文集序

昔賢已矣　後繼何人？

陸 以 正

　　黃彰健院士於民國九十八年底逝世，今年二月，國立臺灣大學教師會在理事長丁一倪教授主持下，借臺大社會科學院第一會議室，舉行全天的「黃彰健院士與二二八研究」追思學術研討會，我原承諾出席，卻因到大陸泉州旅遊跌傷腰部，無法參加。如今黃院士生前友好要爲他出版追思論文集，邀我作序，義不容辭之外，也引起許多感慨。

　　今日臺灣的年輕人，無論治學或做事，敷衍取巧者多，實事求是者少。即使爲人師表的大學講師或助理教授，許多人腦際縈迴的，只是如何在學術刊物上登出一篇論文，作爲晉階的敲門磚。杏壇授徒，原需循循善誘的襟懷，與終身奉獻的精神。要想那些不安於位的老師，教出以鑽研學問爲職志的學生，比緣木求魚還要難上加難。

　　黃院士皓首窮經，他原本專門研究上古史和明清史，著作等身，包括《中國遠古史研究》、《周公孔子研究》、《戊戌變法史研究》、《明代律例彙編》、《康有爲戊戌真奏議》等二十五種書輯和論文。到了晚年，忽然對「二二八事件」發生興趣，用他治史考據歷時一甲子的功力，採取清初黃宗羲和萬斯同整理

明代史料的方法，國史取詳年月，又以野史補正史之不足。把當時所有文獻，遍覽無遺，再反覆查證，絕不讓無稽之談混淆事實，其結果就是他最後一本巨作《二二八事件真相考證稿》。

這本書費時數年，隻字片語，均有出處，堪稱扛鼎之作，長達六百零二頁，僅索引就有十九頁之多。作者從各處蒐集來的關鍵性文件，都影印插入書內，以昭大信。全書共分四卷十八篇，涉及臺獨人士言論或行動時，更是一字一句，必有所本。如此謹慎務實，仍自稱為「考證稿」，顯示老一輩歷史學者治學態度之嚴謹，令我們這一代的人汗顏。

我與黃院士相識，是六年前有次二二八事件真相的學術討論會中，談起二次大戰前，日據時代曾任美國駐臺北領事館副領事，實為中央情報局前身、美國海軍情報署特務的葛超智（George Kerr），有共同的興趣，因而訂交。

我後來寫了篇文字，題作〈臺獨運動的教父—葛超智其人其事〉，並翻譯了葛超智一九四九年給國務院遠東司的信、與極機密的備忘錄。他主張美國必須培植能取代國民黨管理台灣的人才，且逐一評論林獻堂、楊肇嘉、廖文毅兄弟、與黃朝琴等人，認為都不可靠。我曾將此文與全譯的附件投給《歷史月刊》，九十五年四月刊登在該誌第二一九期，後來也收在我所著的《2006驚濤駭浪的一年》裏，由三民書局出版。

昔賢已矣，懷念黃院士之餘，我只希望中華民國多有幾位像他那樣不問收穫，只問耕耘，一生治學，不怠不悔的學者，為後人作如何做學問的榜樣。

福薄與告罪

郭譽孚敬撰

可敬的黃院士過世了。

我認識黃老先生，純粹是偶然。

那是由於自行研究台灣史有相當一段時日了，二二八事件當然也是我關心的部份，其時行政院的《二二八研究報告》公開發表不久，我難免與親朋談起自身對於該事件的一些不同的看法。

曾偶然在閱讀二二八相關資料時，發現在高雄二二八事件的口述歷史裡，有一些受訪者相同、訪談者也相同的訪問記錄中，但是在先後的不同版本中，其文字竟然有相當大的出入。

恰這時媒體上出現關於中研院朱浤源教授成立「二二八研究增補小組」的消息；在中研院的弟弟就說我應該去參加。自從七零年代的政治事件後，除了學校工作外，很少參加外界活動的我，就這樣地，去那裡開會，將發現提出來，才認識了黃老先生。結果因此與吳銘能博士相識，並且接觸院士的校勘之學。

可惜，由於我不是歷史科班出身，對於他勉力指導我改寫自己那不受約束的論文，真是太勞煩他了。是這樣，雖然他老人家不但熱心而且客氣，卻讓我也有點不好意思見他。

然而，坦白地說，以那樣的高齡，每次都親身出席二二八事件的討論會，熱烈地指導著年輕一輩甚至年輕兩輩的學者進

行校戡工作，實在真是讓人感動的事。在我們的時代裡，還能夠遇到這樣的典範讓我們學習，實在簡直是難得的福份；回想自己後來沒有再去中研院參加該會的理由之一，是我正忙於自己原本進行中的研究工作，以致於還沒能充分拜讀他老人家的大作。如今，在他過世之後，想起往日他在討論會裡的種種，不能不總有一份福薄與告罪的遺憾，裊繞腦際。

可敬的朱教授堅持要我為我尊敬的黃院士的追思論文集說一些或話，也為自己所曾經參加的增補小組活動，留下一些雪泥鴻爪。作為一個民間的史學工作者，我怎麼有資格呢！然而，似乎又不能推辭，只好就此誠實寫下。

別了，黃院士，此請您原諒我的缺席，然而，您激勵後學的典範必將長留在我這個福薄的民間人士的心底。

編 者 序

校勘之學與二二八研究

　　光復以後幾年間的臺灣，其實是在一個最自由的階段。當時有中華老傳統、日本新文化、以三民主義爲中心的新政策和新制度，又有當時流行的多種主義與信仰。因此雖然是在軍事強人陳儀的統治之下，但百花齊放。因爲陳氏治省極有經驗，又自奉儉樸，並且懷抱國家社會主義的理想，所以一方面聽任人民自由言論與行動，另一方面又想要把臺灣建設成爲「三民主義的模範省」。但是他根本不知道基督教世族的力量，已經大到足以與政府抗衡的地步，故而不止縮小駐軍到剩下一個整編的二十一師，而且其主力仍然留在大陸。在臺灣只來了一個獨立團和一個工兵營，導致在這段黃金時間，曾因防守力量過於單薄，被有心者趁機作亂，發生所謂「二二八」慘案。

　　因此，二二八慘案的真相，關鍵不在所謂的「外來政權」，因爲國民政府當年來臺，確實深爲全臺人民歡迎。二二八事件也與緊接其後的所謂「白色恐怖」有相當差異，因爲中華民國中央政府鑑於中共軍隊成功擊敗國軍，被迫有計畫地將部分政府、人民與軍隊搬到臺灣以後，自民國 39 年開始，必須清除潛入臺灣的中共間諜，不得不推動鋪天蓋地式的「肅敵」動作。

　　本人與黃彰健院士民國 93 年元旦組成研究團隊，切入二二八事件研究以來，至今已有六年。前面的四年，特別受到黃院

士的校勘學研究法所影響，因此而有許多發現。最近的兩年，本人以他所鋪的路爲基礎，積極走入兼採人文與社會科學的多種方法的新階段。並累積出新的成果，從而證實：二二八事件的內容與整個過程，其實相當複雜，更與今人想像不同。也因此發現：我國以及國外學術界，六十多年以來有關二二八史學的論證，一直處於既被混淆，又遭掩蓋的窘態。再加上意識型態鬥爭一直持續到現在，使得人們對二二八的評價，仍舊非常強烈地，被早年的美國的託管派，國民黨與共產黨內各個主流派系的特定輿論，以及近二十多年來的獨派或統派意識型態所左右。

　　其實，這裡頭藏有許多學術界一直忽略的問題。本書在這個時候出版，除了悼念黃彰健院士，以及深入發掘他引導我們進入的校勘新世界之外，更可以呈現，多元歷史真相的若干重要原貌。黃彰健院士本人口述，由本小組若干成員筆記而成的〈爲何考證？如何解讀？從校讎之學敬答陳儀深君〉，是黃院士蓋棺之作。雖然表面上是在爲自己的新作辯護，事實上用心良苦：希望讀者因此瞭解校勘之學的精到絕活。讀者不妨細細品味其深層的意涵。從之再看本書轉載的二二八史學新掌門人，政大台史所所長陳翠蓮教授大文〈駁爲彭孟緝「平反」的新證據：先聽聽彭孟緝自己的證詞〉，二者相互印證，應該可以產生更深入以及更冷靜客觀的感悟。

　　冷靜而客觀的心態，是本書編者最大的期望，同時用來自我鞭策。至於方法，在各篇論著之中，讀者又可以深入體會校勘史學的威力。吳銘能博士深得黃院士衣缽，他與民間史家郭譽孚所撰〈檔案與口述歷史之間：「口述歷史」文字之更動與二二八事件研究〉，會令大家耳目一新；曾建元博士的力作〈黃院

士的中共論述與最新發現〉，可以瞧見昔年的中共地下黨員。楊晨光〈二二八事件期間整編廿一師主力赴臺經過〉，更證明我上述對陳儀治省信心滿滿的論斷。我本人與黃種祥先生以 George H. Kerr 爲中心，初探戰後美國情報人員在臺活動，並合寫的論文，花了至少三年的功夫。

本書又記錄了若干具有代表性的見證，例如：整編廿一師賈尙誼的現身說法。但本書更介紹駁斥他的另外一些聲音。例如，楊澤民〈論述族群融合及二二八公義，應從人道主義及返還原住民公道談起〉、《自由時報》摘錄、曾韋禎〈馬英九肯定穢史〉等。還有賈尙誼的〈答覆楊澤民先生有關『二二八』公義的憤怒〉，以及張拓蕪〈給賈尙誼的信〉、〈我讀賈尙誼將軍的演講稿〉，都是活見證。

陳肇家〈我所經歷的二二八事變〉，則開啓研究二二八暴動者的另一片天地：基督教長老會當年做了什麼？極有必要釐清。彭正雄社長本人的回憶〈二二八憶往：身爲二二八受難家屬的持平心聲〉，由於當年年紀小，不是很清楚。但是，從所附資料，又開啓另一條可資探索的新路。

吳銘能、武之璋、戚嘉林三位關於參加本增補小組，親身沐浴在黃院士的率真而記憶力超強，甚至巨細無遺話語之中的經驗，最能具體點出黃彰健先生的校勘之學與史學精神。而另外一位最特別的成員，無疑就是因爲二二八史學的看法特異，導致丟官的郭冠英先生。他的文章〈愚公移山，精衛塡海〉，比他「以言論獲罪」的話語，可以說一百八十度的不同。

總之，中華民國早從革命階段，到共和建立以來，深深受到以基督教會議事傳統的影響，但世人，特別是國人，一直並不知悉。本書並不深論這個傳統，但以之做爲出發點，進一步

追蹤光復初期西方民主落實在臺灣，所生碰撞的詳情。其中包含對於在臺灣光復之前的醞釀，以及光復之後透過甚麼機制，使得外國人，和本國各種不同意識型態與背景之人，所做特具時代意義之互動的描述。

　　　　　　　　　　　朱　浤　源　謹序於中央研究院四分溪畔

　　　　　　　　　　　　　　　　民國九十九年十二月

黃彰健學術紀念會致詞

院長、主持人、以及各位來賓

　　大家好，我是黃敦怡—爸爸三個女兒中最小的那一位，首先我代表我的兩位姊姊 黃敦柔與黃敦徽歡迎並感謝大家參加家父 黃彰健院士的學術紀念會，也深深的感謝中央研究院史語所院長及同仁花了很長的時間來籌備這次我父親的紀念會，雖然三伯父—爸爸的三哥—黃彰任先生，因身體及年歲的關係不能參加，但我仍然要感謝他老人家願意出錢，替爸爸成立了這個學術獎金的基金，一起來紀念他的四弟，也就是家父的學術成就。

　　家父再過兩天就是他逝世一週年。在此之時，我們參加此次的紀念會，身為他的女兒，我們不是只有今天紀念他，也不是只為著他的學術成就紀念他。而是我們每天都紀念他，尤其是一個人自處的時後，特別想念我的父母。想著他的時候，我是用感激的、歡樂的眼淚與聲聲低喃呼喊他們，來感謝他們。我們雖然沒有替他們辦一個很豪華的葬禮或是設立一個很漂亮的墓碑，甚至也沒有常去墓園，但我相信他們是以我們為榮的。因為我們相信在未來的一生歲月當中，我們會承續他們美好的品格與榜樣給我們的後代子孫，並告訴他們，他們的外公是一個多麼令人懷念的人。

　　家父在性情上，溫良敦厚、謙謙君子，待人以真、以誠、以禮。在品格上，正直不阿，從不與人爭名奪利，但若是與他研究的事實真相有所偏離或被不當的攻擊時，他也從不畏縮、勇敢的澄清與辨明，這一點身為最小的女兒就比較像他。在金錢上，對己節儉樸實、對人卻大方寬厚。在對自己的家人上，時時讚美並感謝我的母親，使我的母親一直洋溢在被愛的幸福婚姻當中。對我們小孩子上，雖因他專心於研究陪伴我們的時間並不多，但只要我們有困難是母親無法解決時，他都會幫助我們，並給我們極佳的建議與作法，使我們可以順利通過。

　　至於在他學術方面的成就，更是無庸諱言，他秉持著求真求實的研究精神來從事學術研究，小則，他希望以他一己之力，貢獻給國家社會民族，大則，他希望以他畢生的著作可以在歷史上有所定位。以他著作的廣度與深度及作品的豐富，還有勞在座的各位學者，若是可以的話，可以幫忙研究、探討他的作品、甚至寫他的傳記。

　　所以，我們的父親不但在外學術有一番成就，在內更是一位道德高尚的性情中人。我們以身為他的兒女為榮。不但如此，因耶穌的憐憫，家父在臨終時，仍因愛我們的緣故，已決志信主，所以我們全家得救、有共同的基督信仰，所以現在我們並不哀傷、因我們知道這只是暫時的分離，我們還有來生的盼望，就是永世時，我們還要與我們的父母在天堂相見。

　　最後，還是非常感謝大家的參與並支持！

2010.12.27

為何考證？如何解讀？從校讎之學敬答陳儀深君

黃彰健口述

武之璋、朱浤源、朱麗蓉整理

前　言

　　彰健自從李登輝總統主政以來，即發現：小我四、五歲的李先生似在玩弄族群牌，並以本土意識，挑起省民意識，以營造「臺灣人」形象。同時又以所信仰長老會基督教的「爭獨立」傳統，混在「民主」招牌之下，積極推動臺獨的正名。果不其然，他推出「兩國論」，正印證我原來的史學判斷。

　　基於此，彰健在過去十年多以來，無數次到近史所找朱浤源研究員，鼓勵他重拾舊筆，賡續二十年前的二二八事件研究。他開始時還不答應參與，但協助我到南部，在高雄市，由臺大黃俊傑教授主辦的研討會，[1]邀請我宣讀對彭孟緝出兵的研究成果。[2]六年前朱先生總算答應了，由於他有社會科學及史學兩種訓練，並且曾經因為長期訪問及研究、調查孫立人叛亂嫌疑案，當時剛好有一項重大突破：發現其舊屬郭廷亮之死，表面上是

1　高雄文化發展學術研討會。
2　參加了兩次，提出兩篇論文：

自己跳車，其實是在火車上被重擊，才丟下火車！進而查出渠非真正的匪諜。[3]我深以為然，肯定他的研究。再加上他有助理，因此就由他出面，邀請院內、院外各大學教授，以及文史工作者，共三、四十人，在民國九十三年元旦，正式成立「二二八研究增補小組」。（以下簡稱「增補小組」。）

由於朱先生的熱心，除了請來吳銘能先生參與研究，[4]以及由助理高偉文、黃種祥、朱麗蓉等協助我打字之外，[5]他本人，以及所指導的兩名博士研究生，[6]也幫忙校讀。這個時候，朱先生無數次向我建議：由他來幫我改寫這部作品，理由是這種筆法，連內行的歷史學者都會看不懂。如果要給社會一般讀者看，則更要大量濃縮，以扼要呈現即可。更重要的，是還須多加標題。

朱泓源兄的熱心，於此可見。但我還是沒答應。彰健認為：為學六十年，從來就是這種方法與筆法，沒有必要改動。

彰健讀到朱研究員的同事：陳儀深副研究員的書評。非常高興。首先是總算有人在嚴謹的期刊，幫我寫了書評，而且一寫就是 22 頁！真是求之不得。[7]其次則是又看到另一面鏡子，並印證了朱先生：「連一般史學家都會看不懂。」[8]的預言。我

---

3 朱泓源，〈再論郭廷亮「匪諜」案〉。
4 吳博士係由朱先生以另一筆研究經費資助，在增補小組參與研究。由於以北京大學博士的學歷，回到臺灣，多年找不到工作，他目前在四川大學擔任副教授。
5 總共花了四、五年時間。
6 一位已畢業，現為副研究員，一位轉到美國攻讀。
7 陳儀深，〈為何考證？如何解讀？評論黃彰健著《二二八事件真相考證稿》〉，《中央研究院近代史研究所集刊》，61，民 97.9，頁 155-176。
8 但是擅長校勘之學的吳銘能博士，他的根柢紮在中國文學，對版本、考據、考證、校勘等學造詣極高，就都看得懂，而且也寫了一篇書評。詳見吳銘能，〈檔案、校勘與歷史真相：以黃彰健《二二八事件真相考證稿》為例〉，《海峽評論》，206，2008 年 2 月。

再找朱先生，問他怎麼辦？而且我沒助理。

　　朱先生乃自費再請黃種祥先生與朱麗蓉小姐來。朱先生堅持照他的體例：要分節項，並加標題，以便一目了然，細觀又更深刻，否則不幫忙。增補小組其他成員，特別是業餘史家武之璋先生，也建議我一定要回應，既教導陳君，更匡正視聽，同時又介紹校讎之學。

　　朱研究員認爲陳副研究員學術基礎在社會科學與思想研究，應該從陳君的立場來答覆。彰健亦以爲然。陳君對史料的接觸，時間短、深度淺，校勘學從未涉及，版本學、考據、考證等未經訓練，似懂非懂，要讓他了解，委實相當棘手。此其一。彰健撰文的方式，曾有老朋友汪榮祖教授也給指教，說我「主要在概念上和方法上有問題」。在方法上，則「見小失大」，「察點滴之細」，而「不見滔滔巨流」，因此「刻意辯僞」，而且「幾爲辯僞而辯僞」，結果不僅「史學意義甚微」，而且還「反增困擾」！[9]他的批評與朱浤源先生給我的建議，是一體的兩面，我都接受，也承認。但是，這就是我的風格，而且我還是建議兩位先生，再多看幾遍，並且做筆記，就能看懂。我有微言大義於其中，汪先生還看不出罷了。[10]

　　對於研究員（21年）陳儀深君所寫書評，指點彰健〈爲何考證？如何解讀？〉。以下，彰健循陳君大作之例，先介紹陳本人，接著討論爲何考證？如何解讀？再論列陳君做研究的方法，接著介紹《考證稿》所採校讎之學的具體內涵。

9　汪榮祖，頁389。參陳文，頁157-158。

10　拙著《戊戌變法史研究》指出康有爲《戊戌奏稿》之僞，大陸學者已找到《傑士上書彙錄》內收康戊戌正月至七月真奏摺十八件，已證實我的考證不錯。以上敬供汪先生參考。當然，這一點陳儀深君根本不知道。

一、陳儀深簡介

（一）簡　歷

　　陳儀深，中興大學財稅系學士、政治大學三民主義研究所碩士。政治大學政治研究所博士（民國 76 年），曾在國民黨革命實踐研究院接受訓練、民國 77 年開始擔任中研院近代史所副研究員。原來是國民黨培養的文化人，因係張玉法院士指導，進入本院。至今 22 年，他雖然尚未升等，但有時間寫社論、讀者投書、參加國民黨、民進黨、臺聯黨、北社、二二八基金會，並擔任國代、社長、董事等黨政職務。

（二）任中研院副研究員 22 年

　　由於雜務多、又搞政治，曾被近史所所務會議過半數議決不予續聘。但陳君長袖善舞，利用各種政治干涉，逼迫中研院改變該所的決議，硬生生把他留下來。之後陳君舊習未改，照樣介入政治。

　　由於陳君歷史學訓練不足，本身操守立場又因時而變，故心不在學術；學術祇是他利用來爭取資源的敲門磚。因此，臺史所許雪姬所長說他所寫二二八論文，「張力」不夠！他向許所長要求自近史所轉到臺史所；甚至還想合聘。但許所長深知陳君的道行，當然不敢應命。

（三）陳君論證方法

　　陳儀深在論證上最重要的特色，其為推論法。我的文章與他不同，就在重歸納，而盡量少推論。他出身法政，對歷史浸

淫十分之淺，在言談間，常落入推理之故套而不自知。讀者可以發現，他的評論是立足於三點：第一，「我要批黃彰健」；第二，「我要蒐集不利他的證據」；第三，「我把這些不利於他的」（不管二手、三手資料），「都整合在一起」，然後文字之間再用推理接合起來。

由於陳君面對的，是一般社會讀者，而不是中研院的成員，而且絕大多數是具有情緒，對歷史一知半解者，近年以來，又逢李、扁二人主政，於是他左右逢源，被許多行外的群衆所簇擁。歡喜之餘，一直流連忘返，藉學院派之名，而大唱流行的「綠」歌。

其實，他的二二八研究，一直是登不了大雅之堂的。許雪姬、黃富三、陳翠蓮等二二八史學第一流的學者翹楚，非常重視第一手史料的，都不願意提到他的著作。今天，他這篇文章，用新聞報導的文字、網路流傳未經審查、以及錯誤百出的若干歷史著作爲根據，來質疑我以檔案之耙梳、比對及考證後，所撰成的文章，也還是不成熟，因此不敢投稿作爲正式論文，而以本人爲編委的關係，用「研究與討論」的方式被刊登。

中研院近史所集刊的主編陳永發院士，的確用心良苦。如此一來，既不得罪近史所這一個老同事，也不得罪爲數不少的陳君的仰慕者。但是，陳所長也告訴我，他對我這篇，也一樣來稿照登。易言之，近史所希望真理越辯越明，達到積極論駁，而得深入真相之堂奧的目的，的確值得肯定。

陳先生專做思想史，從來沒做過考證。不知「文史校讎」之學的奧秘。陳副研究員做學問，也一向不夠認真。他根本沒仔細看拙書；不管檔案也好，口述訪問也好，完全沒抓到重點，而且缺乏辨僞的能力。

我已經仔細校勘過警總檔案中彭孟緝的電文，百分之百確定彭孟緝的確偽造四通電文。（請參見拙著《考證稿》頁99-128。或本文附錄一「**民國三十六年陳儀及彭孟緝往來電報目錄**」）下山的要塞部隊一路殺人搶劫，怎麼可能？市政府擁有為數不少的武器，也都是事實。機槍確定掃射，否則要塞的部隊不致傷亡多達15人。涂光明的筆錄與軍事法庭的裁判書當中，就提到他當時要求把內地人趕出去，這不就是要獨立嗎？王添灯的確在自己的報紙上擅改條文，陳儀深硬要搪塞。總之，陳先生與汪榮祖先生一樣，專做思想史，做不來考證之學。

二、為何考證？論陳君所謂彭參謀總長未在昔年〈回憶錄〉造假

（一）彭孟緝的確偽造四通電文，陳儀深毫無辨偽能力

二二八事件當中，涉及所謂「高雄事件」的史料。由於在二二八之後到三月二日之前，亂民以一個星期的時間打人、殺人、搶槍、佔領政府房舍，已幾乎佔領了整個高雄。又碰到涂光明等人挾持市長、議長上山要脅，使生性沉著的彭孟緝以南部防衛司令的身分出兵平亂，並於平亂後上報陳儀，原檔如下（圖一）。另外在逮捕涂氏等3人後，正加審理，再另文呈報長官候裁，奉准後實行槍決（圖二）。

這些都是有官方檔案，供世人檢視的。但是，還有一些二手的史料，其中研究學者最常使用的，不外不著撰人的《二二八事件之平亂》、以及在臨危受命擔任南部地區司令的彭孟緝的

〈臺灣省二二八事件回憶錄〉等。

在彭孟緝的〈回憶錄〉當中，提到了四通電文。這四通電文都是偽造的，不但彭氏提不出原來檔案文件，而且經過校勘，可以發現許多「證據」。祇要細心作筆記，依時間順序比對，就可以看出來。陳君連這種能力都沒有，初級的文史校勘學的功力都不具備嗎？彭健不相信。

首先看偽造的第一通，是彭孟緝三月六日收復高雄市政府、火車站、憲兵隊之後向陳儀報告的電文。

茲錄全文如下，並將有問題的地方，以粗黑表示：[11]

> **數電報告高雄亂象，迄未奉覆**，深為焦慮。此間自三日晚公開暴動以來，殘殺內地人民，搶劫內地人民財物，霸佔市政府及各交通機關，組織青年學生軍，設大本營於第一中學，並劫奪各倉庫廠站武器彈藥。警察全部逃散。截至魚（初六）日上午止，**僅壽山要塞、左營海軍基地、鳳山營房及考潭、五塊厝兩倉庫，尚由我軍固守**外，餘悉被暴徒所侵據。
>
> 魚（初六）巳**涂光明**為首之偽和平代表團來部，陽談和平，實際迫我海陸軍投降繳械，甚至懷槍行刺，險遭毒手。
>
> 職分屬革命軍人，個人生死事小，軍人榮辱事大；毅然**于魚（初六）未開始武裝平亂**。仰仗德威，已先後攻下市政府、憲兵隊、及火車站。**預定明日攻下第一中學後**，即分向屏東、臺南行動。**大局或可挽回於萬一。**
>
> 臺北情況如何？全省情況如何？鈞座平安否？**盼即電**

---

11 彭孟緝，〈臺灣省「二二八」事件回憶錄〉，收於《二二八事件資料選輯（一）》（臺北：中央研究院近代史研究所，民 81 年 2 月），頁 70-71。

示。

第二通偽電則說：陳儀在三月六日深夜命令彭孟緝收兵回營，要以政治方式解決事件。這與上面的真檔案完全不合。內容如次：[12]

> 此次不幸事件，應循政治方法解決。據聞高雄連日多事，殊為隱憂。限電到即**撤兵回營**，**恢復治安**，恪守紀律。**謝代表東閔到達後**，希懇商善後辦法。否則該員應負本**事件肇事之責**。

第三通是三月七日下午彭孟緝回覆陳儀不接受撤兵命令的電文。內容如下：[13]

> **虞（初七）電奉悉**，自應遵命。惟認定事件已非政治途徑可以解決，軍事又不能遲緩一日。行動愈遲，則叛強我弱，欲平恐不可能。故毅然下令平亂。**詳情如魚（初六）電。**
>
> **虞（初七）午收復第一中學**，並釋回偽和平代表之市長、議長等返任安民。暴徒首領涂光明、曾豐明、范滄榕等三人，請准從權就地正法。
>
> 士氣高漲，人心振奮，預計**明日當可救平屏東、臺南兩**地。
>
> 職不知「將在外，君命有所不受」，是否此正其時也。為功為罪，敬候鈞裁。

最後一通偽造電文則是陳儀在彭孟緝軍事有所斬獲後，發

---

12 彭孟緝，〈臺灣省「二二八」事件回憶錄〉，收於《二二八事件資料選輯（一）》，頁71。

13 彭孟緝，〈臺灣省「二二八」事件回憶錄〉，收於《二二八事件資料選輯（一）》，頁73。

出的嘉獎電的口氣，也不符合陳長官對部屬，此其一。其二，
不合當年實況：彭並未從高雄向嘉義「海陸」「急進」。其三，
不會稱他的部下為「貴屬」。其四，不可能擅撥撫恤金予其部隊。
其五，涂光明等三人的正法已另電批准，不必在此重提。請看
這封粗糙的偽電內容：[14]

> （一）貴司令認識正確，行動果敢，**挽回整個局勢**，殊
> 　　　堪嘉獎。捷電傳來，曷勝佩慰。
>
> （二）嘉義形勢最險惡，希**海陸**併向嘉義急進。
>
> （三）臺北即有空運部隊援嘉義，貴屬部隊到達時，須
> 　　　切取聯絡。
>
> （四）已另電馬公要塞守備大隊（欠一個中隊），即開高
> 　　　雄，歸貴官指揮。
>
> （五）將貴屬出力官兵，報請獎勵。
>
> （六）先發臺幣拾萬元，以撫恤傷亡。
>
> （七）涂光明、**范滄榕**、**曾豐明**三暴徒准**就地正法**示眾。

這幾通電文表面上呈現出彭孟緝不惜抗命，堅持以軍事行
動解決問題的魄力，實際上，更也反襯出陳儀態度軟弱怕事，
在彭孟緝以武力成功解決事件後，才迅速轉變態度，大力嘉獎
彭。在陳儀大權在握的時節，聰明而識大體的彭中將，絕對不
會做出這種不智的衝犯。實際上，即使真要抗命，就率直地做，
也不會有口氣上彭的地位高於陳儀的上述四封電文。

〈平亂〉一文中缺第一通電文，後三通的文辭內容也與〈回
憶錄〉所記有些許出入，但大體對事件的描述，與〈回憶錄〉
相當吻合，看似真實。

---

14 彭孟緝，〈臺灣省「二二八」事件回憶錄〉，收於《二二八事件資料選輯
　（一）》，頁75。

但若再進一步比對警備總部收發之電文檔案，則與彭孟緝所編寫的故事完全不同。一手的檔案與看似一手，但是經過了數年，局面完全改觀：陳儀已被槍決，彭司令則擢升副參謀總長。並於翌年擔任總長，成為蔣中正總統最信任的臺柱之一。此時的彭上將，實無暇認真親自撰寫。因此，檔案原件與別人捉刀的回憶錄相比，何者可信度較高，不言可喻。檔案中記錄，當彭孟緝向陳儀報告高雄亂事平定之後，陳儀當晚立刻發電表示嘉慰，並要求彭迅速支援臺南、嘉義。事實既然如此，又何來彭孟緝隔天還去電陳長官，說什麼「將在外，君命有所不受」之舉？當然是偽造！

彭孟緝在〈回憶錄〉中自述：「（蔣中正）總統指示說：二二八事件的發生和處理，極具價值。你應該把這些事寫下來，留作他日的參考。」[15]觀〈平亂〉一文，對高雄地區的描述特別完整，甚至雞毛蒜皮小事都能詳述，判斷即是彭孟緝受總統指示之後，命令幕僚所提之報告。而〈回憶錄〉一文，則是彭孟緝在受秦孝儀要求後，根據〈平亂〉一文重新潤飾而成。這種由當年黨史會所提供的〈平亂〉文，恰可了解當年的政治立場，雖然時間掌握有問題。

至於陳副研究員認為，四十二年陳儀已死，彭孟緝沒有必要與他爭寵，自然不需偽造，明顯不清楚當時的情況。當時彭與孫立人的瑜亮情結甚深，兩人明爭暗鬥，爭取參謀總長的位置，彭孟緝利用已因企圖投共被處決的陳儀，來提高自身的功績與形象，並不奇怪，而事實上，這次的競爭也確實由彭孟緝獲得勝利，關鍵正在於平定二二八事件，政府論功以彭居首。

---

15 彭孟緝，〈臺灣省「二二八」事件回憶錄〉，收於《二二八事件資料選輯（一）》，頁 41。

而且口氣之間似乎他還高於陳氏，甚至高於蔣，因此敢於違背蔣的政治解決訓令。

這又是另一錯誤，蓋蔣的正式訓令，所謂政治解決，是三月十三日才發出的電報，[16]這個時候，才到三月七日！[17]陳君不讀書之外，更少蹈檔案，此時極易在關鍵處不查，導致時空倒置。更離譜的，是他以僞造的爲真史。根據僞造電文，他竟然採用嚴謹史家必不採信的史明的情緒話。他（史）寫說：「高雄的殺人魔王彭孟緝自 6 日接連殺到 8 日。」[18]陳副研究員視爲定論，再引許雪姬 16 年前所述，[19]來聲援自己。殊不知我就是發現許研究員弄錯，才不辭老邁，非要幫許小姐釐清不可，才寫此文的。

（二）陳君爲何看不出彭造假

最關鍵的地方，是他看不懂我文章的深處，以及對歷史涉獵淺薄，特別是喜歡騙外行人，更不可取。例如（頁 160）提到彭孟緝造假，他還爲彭辯護，說他在民國 42 年時『撰寫此份回憶錄時任職臺北衛戍司令兼臺灣省保安副司令，深得蔣介石寵信，不須與死去的陳儀競爭，這種「造假」的動機相當薄弱。』[20]就是不明白彭本人不是撰稿人，而有部下代筆，才會與檔案殊多牴牾。陳儀深不深入去杤梳，反而以詭辯的老習慣，又做

16　這封電報是藍營最重視的史料。詳見：蔣中正致陳儀手令，民 36.3.13 寅元機秘四字 10151 號電。《二二八事件檔案彙編》，十七，頁 253-254。

17　彭孟緝在交代部下僞造電文時，手上沒足夠材料，捉刀者也沒詳查，故有此誤。

18　史明，《臺灣人四百年史》，，頁 785。

19　賴澤涵、許雪姬等，《二二八事件研究報告》，時報文化，民 83.2.1，頁 118。

20　陳文，頁 160。

起推論，他接著又說：「其次，沒有被收錄在中研院近史所編《二二八事件資料選輯》的電報不一定就不存在。」[21]這最可笑。因為明明矛盾，根本不可能存在的。他還能寫「不一定就不存在」。接著又提一些歷史，接續上面的假歷史，說：既然後面接著的是真歷史，所以前面寫的是真歷史。[22]此種倒推，也是他所擅長，而嚴謹的史學者期期以為不可者。

　　總之，「反正我喜歡這般推理，有什麼不可以？！」是陳儀深之所以不能升等的最重要原因。

　　因此，我剛好可以用陳君大文所寫，來告訴大家他論證的謬誤何在。其文章（頁 161）所謂：『實則，個人認為出兵鎮壓正不正當另有重要標準，不能遇有不合己意的電報即指為假造，何況若考證不當必須冒個風險：如果所指為「假」的電報卻是真的呢？』[23]就是習慣推論，專寫讀者投書及社論的陳君自曝其短的明證。他「個人認為」出兵另有標準。出兵與否是彭孟緝當年的決定，有原始檔案的電報，在當晚完成。當時並不知 62 年後會被黑白顛倒，更不必造假。而且如果能下苦功，細心比對，必能發現經過許多文件比對之後，我所見不誣。可惜忙碌的他，竟然還看不出來。

（三）沒有一路打老百姓的國軍

　　有關高雄市政府的部分，有軍事常識的人都應該知道，基本上用兵是貴神速、貴隱密的。根據資料顯示，當時高雄要塞部隊不多，能派遣的人數有限，彭孟緝的〈回憶錄〉在講給部

21　陳文，頁 160。
22　陳文，頁 160。
23　陳文，頁 161。

下聽寫時，不可能掌握詳細的時日，但對當時情況之描述，大致不誤。該文也提到，他當時不明敵情，又由暴徒廣播中得知對方已經在號召臺籍日本兵，所以趁對方未成氣候前搶先出手。[24]

畢竟一方面派遣的人數有限，被對方摸清底細很危險；另外，明顯知道涂光明等人是從市政府出發，出發前根據彭孟緝的訓令，部隊也應該明白對方的司令部就在市政府，他們的目的應該是迅速攻下對方的根據地，並阻止對方繼續動員群眾才對，怎麼可能還在路上磨蹭，一路殺下山來，沿途殺人搶劫，給對方準備的時間？更重要的是，高雄市死亡的群眾，根據統計，很多都不在要塞部隊三路行軍的路線附近，那麼，傷亡是如何造成的？是被國軍所攻擊？抑或被當時已經擄獲相當數量槍械彈藥的暴民搶劫或傷害？尚待查明，目前仍係歷史公案，一時無法解決。

至於搶劫的說法，不管在何時都難保沒有人不見財起意，對擁有武器的人更是如此，我們不能為那些部隊打包票。但是在光復之初，擁有日人流出武器的臺灣民眾，化妝搶劫日人的案例很多，結夥搶劫的盜賊團連本省人都不放過，是當時臺灣治安的最大問題。當要塞部隊平定亂事之後，彭孟緝查出有士兵在善後搜捕暴徒時強奪金店戒指兩枚，立即指示將士兵押至現場就地槍斃，可見彭並非漠視軍紀的指揮官。

（四）市府機槍沒掃射，國軍不致多傷亡

當彭孟緝派遣的要塞部隊到了市政府之後，明知道對方擁

---

24 彭孟緝，〈臺灣省「二二八」事件回憶錄〉，收於《二二八事件資料選輯（一）》，頁 64-65。

有武器，市政府上面還大剌剌架設重機槍，怎能等閒視之？加上暴民從樓上開槍攻擊，造成傷亡，部隊當然予以反擊。彭孟緝的〈回憶錄〉中，部隊傷亡三十多人，但在報告陳儀的電文中，則寫明傷亡 15 人，無論如何，可見並非國軍濫殺，而係兩「軍」對峙駁火，方經過某種程度的戰鬥。

　　陳儀深強調郭萬枝的回憶中，裝置在市政府的機槍沒有子彈，但彭的〈回憶錄〉中則清楚寫到，部隊的傷亡多由樓上架設的重機槍造成，既然是被架設在建築物外面的機槍攻擊，那由暴民先開槍的機率就相當高。訪問彭孟緝時，許雪姬還與彭孟緝爭辯過機槍究竟是 3 挺亦或 4 挺，許堅稱市府機槍未開槍，認為彭孟緝軍隊的死傷可能在火車站發生，彭孟緝則回答火車站跟第一中學是由獨立團負責進攻，「我的兵都是在市政府前死傷的」。

　　畢竟，就算屋頂的重機槍真的如郭所說沒有子彈，占有地利之便，擁有至少十餘隻步槍的暴民（平定市政府後繳獲步槍 13 隻），在見到部隊開始部署後，會不藉防守的地利先展開攻擊嗎？

　　涂光明的筆錄中，提到高雄學生聯合軍所擁有的武器，光是他看見的就有步槍三十餘支，輕機槍七挺，手榴彈千餘顆。即使重機槍不能發射，輕機槍難道不會開火嗎？陳儀深不重視其他說法，獨厚郭萬枝幾十年後的回憶，還揣測我的立場來質疑考證的可信度，這已經不是學術上的討論。

　　在戰亂期間的部隊，很容易可以從槍聲判斷是否機槍掃射，就如郭萬枝所說，要塞部隊如同對抗恐怖份子般，先以數枚手榴彈確認入口沒有暴民埋伏，士兵才開槍衝入攻堅。經過訓練的部隊與烏合之眾的作戰，卻造成相當的損傷，所以判斷，

在部隊喊話要求暴民與老百姓下樓離開危險地區時，就先遭到攻擊的說法可信。

三、如何解讀新見史料？

（一）彭司令家中的檔案

陳文頁 164 提到彭家拿出的檔案，為何國民黨私藏檔案者不願意拿出來？則更露出陳君根本沒去黨史會做過研究的缺點。先看他怎麼寫：「而彭蔭剛為乃父辯解而提出的檔案資料，與他相同立場的人必同感振奮，只是半世紀以前的公文書為何今日政府體系（檔案中）無之？如果還有對他們不利的檔案，私藏者（包括國民黨黨史會）願不願意拿出來？」

為什麼說他沒去「黨史會」？因為今天根本沒有「黨史會」！在許多年前，「黨史會」已走入歷史，而縮編成為祇有三、四人職員的「黨史館」，而他至今不知，就知道他多久沒有去看檔案。此其一。

第二、彭孟緝作為國軍將領，他的資料，不是在自家沒拿出來，就是放在國防部。不會自己跑到國民黨去。他大概以為今天的中華民國的檔案管理，還停留在他剛出生的五〇年代吧！？

第三、公文就那麼一份原件，除非另有副本，否則通常不會發生：既然已由彭家收藏，這份公文書就不在政府檔庫。陳君還在問：為何這份公文書，「今日政府體系（檔案中）無之？」除了令識者搖頭，恍然陳君功力竟淺薄如此外，實在想不出任何為他開脫的理由。

還有一點陳君當然不知的，我接著要告訴他，以及讀者大

眾。

　　他在頁 165 又說：『就像前述黃市長、彭議長與涂光明劃清界線的「呈文」都在 3 月 6 日出事那天所作，且成為軍事審判庭定罪涂光明等人的證據，這些「證據」是否在自由意志下所為？不能無疑。』

　　這句話又透露他兩種無知：

　　第一、民國三十六年與三十九年以後，是兩個完全不同的時代：前者自由開放，後者戒嚴封閉。

　　第二、彭議長不只是高雄大地主、望族、基督教長老會長老，以及高雄市的議長，地方上以及軍方沒人想得罪他，而且彭孟緝將軍在高雄住的就是彭清靠的房子。

　　既然是房東上山來，而且涂光明是有名的「俠客」，當時已因殺死日本刑警而聲名大噪，無時無刻佩戴雙槍，究竟是誰有能力逼迫彭清靠，明眼人一看即知。

（二）高雄學生軍領袖涂光明之死

　　涂光明的身分，是相當耐人尋味的。他是澎湖人，在日本投降後由大陸回到臺灣，他在臺灣的地位主要建立在一樁殺人案上。[25]民國三十五年元旦，他接受郭國基的聘用，謀殺曾經在臺灣南部製造大型冤獄案的日本警察；他偽裝成國軍少校，駕駛軍車，成功誘出潮州郡特高科長仲井清一，並殺害之。[26]這

25　警政署檔案〈案查前臺灣義勇隊分隊長涂光明（澎湖人）有暗殺日人前潮州警察署仲井嫌疑現已逃匿希飭屬密緝歸案〉，檔案局檔號 0035/057.43/10/1/015。

26　郭國基承認當年籌組「高等復讎會」，活活打死仲井清一。詳見邱茂男編著，《郭國基先生史料彙編》（臺中：臺灣省諮議會，民國 90 年），頁 22。則郭國基與涂光明之間之關係可明。

件所謂的「東港事件」轟動一時，由於暗殺的對象是千夫所指的惡徒，他不但輕易脫身，未接受任何刑罰，甚至聲名大噪，成為英雄。

不久，涂就接任高雄日產清查室主任的肥缺，顯見背後有要人撐腰，由通緝犯直接變成人人稱羨的接收大員，接著馬上發財。同年二月，《民報》刊載「清查室職員不清：盜賣政府的油類，吃得滑嘴又收賄。」當時高雄市政府委囑陳啓清等委員清查日產清查室公產，發現許多弊端，不但職員收賄、盜賣，甚至在事發之後，對揭發者與證人使用暴力。[27]二二八事件發生時，涂的身分又變為臺中自由日報記者兼中興造船廠經理。

《高雄二二八相關人物訪問錄》當中，郭萬枝也曾提到：「涂光明為人悍悍的，在開會時隨身帶有手榴彈，身上披了整排子彈，開會時常搶著發言，有人叫他別鬧，他就作勢要丟手榴彈，大家也不當一回事，不理他也不和他說話。一般人對他風評不好。」[28]

涂光明被通緝時，警方查出他在大陸時加入「臺灣義勇隊」，與拙書當中提出的新史料第三種相合。該隊係由李友邦創立，在敵後進行騷擾及破壞等地下活動，也進行小規模游擊戰。涂既為其中一員，擅長戰鬥應無疑問。訪錄當中也提到涂槍法很好，「指雀打雀」，都符合他的背景。

由上面對涂光明的各方面記載可以看出，他在高雄要塞企圖刺殺或挾持彭孟緝的行動，與他的個性並無牴觸；甚至可以

27　《民報》35 年 2 月 24 日，第二版。

28　此段在二版之後，便由許雪姬教授等刪去，以維護涂光明之形象。此外尚有多處刪改，都以其立場醜化政府及煽動群眾仇恨，其心可議。吳銘能，〈檔案與口述歷史之間：「口述歷史」文字之更動與二二八事件研究〉中考證甚詳。

說，高雄要塞發生的事，並不特別出人意料。

現在對涂光明有利的論述，大概就只有李佛續的訪錄，但是其內容與當年黃仲圖市長、彭清靠議長的報告完全不符。我們可以想像，黃仲圖對政府的報告是在事件平定之後寫成，可能有所顧忌；但李佛續在涂光明的兒子面前話當年，又何嘗不是有其壓力？

陳儀深提到涂光明並未講到獨立，但是由涂光明的筆錄與軍事法庭的裁判書當中，就提到他當時要求把內地人趕出去，這不就是要獨立嗎？當時判決書上還提到附件中有涂做的獨立標語，可惜現在已經看不見。

陳儀深還認為，反政府組織的條件離譜，彭孟緝不用答應就好，何必作為提前下山的理由？甚至拿「在報社工作的顏阿岩」對繳械的定義，來說明涂光明要求高雄要塞繳械並不嚴重。試問，顏阿岩是何人？他的話能代表全部暴民，亦或全部臺灣人？他個人對繳械的定義，所有人都必須要接受？請試試到世界任何一個國家的軍隊去要求對方繳械，看看對方有何反應。

（三）政治建設協會領導人蔣渭川有龐大支持群眾

陳儀深先生的缺點，是看東西不仔細，對史料的辨偽也不懂，所以真假史料混在一起使用，比起許雪姬等學者相差很多，造成學術判斷有所偏差。他說我不該捧分會遍布臺省各地的政治建設協會領導人蔣渭川，而貶抑接在「匪諜」宋斐如之後，擔任《人民導報》社長的省參議員、茶商王添灯，這種說法實在幼稚，我既不認識蔣，也不認識王，跟他們家族也沒有任何關係，只是純粹就考證校勘的發現來論述。陳君用他平常慣用的分辨政治藍綠的眼光來看文章，以致於問題很多。

　　以現有的史料來看，王添灯跟左派組織走得很近，甚至被牽著鼻子走而不自知。蔣渭川則有號召臺籍日本兵集合的能力，雙方都有他們的勢力。陳儀上將本身是個國家社會主義的信奉者，這點可以從他的政策當中看出，後來他因為企圖投共的罪名被處決，也始終不改其志，可見他是一個有原則、有思想、固執的鐵漢子，而且他個人非常清廉，也非常節儉，他找蔣渭川出來，不是如《二二八事件研究報告》所說要分化處委會，而是想藉由蔣對全省各地臺籍日本兵的影響力，讓當時陷入混亂的臺灣能夠安定下來。

　　蔣渭川所領導的臺灣省青年自治同盟在二二八的期間，一方面提出改革臺灣特殊化造成的影響，也著手穩定北部地區的不穩情勢，另一方面，他致函美國大使司徒雷登，要求轉達蔣中正不要派兵來臺。蔣渭川認為：「活躍臺北市內者，殆以海南歸來之失業青年為多，藉此同盟為號召，然後居中指導以撫循之，或有俾于事件之發展。」也就是臺北二二八當時會陷入混亂，那些從海南島被遣返的臺籍日本兵很有關係，當時社會經濟還沒有從戰爭當中復甦，他們找不到工作，米又被某些惡德商人囤積居奇，三餐不繼，於是才會以緝煙事件為導火線，一發不可收拾。

　　三月七日，蔣渭川成立新竹分會後又成立臺中分會，我推測他是打算以他的影響力召集臺籍日本兵，將其抽離。其中動機不純，如謝雪紅等人的二七部隊等，這是一種釜底抽薪的策略。畢竟反政府的幾股武裝勢力幾乎都是以服過兵役的臺籍日本兵為主力。

　　蔣渭川在二二八處委會中的地位，原本與王添灯旗鼓相當，對政府提出的主張，較王添灯實際。但因他多次與陳儀密

談，造成處委會的懷疑，導致在處委會常務委員改選時失利。由於蔣的失勢，變成由王添灯在處委會中主導一切。

在王添灯主導之下的處委會提出三十二條包括國軍繳械、警總解散、政府所有命令需要經過處委會同意等條件，陳儀震怒於條件之離譜，也遷怒於蔣渭川，以為被他所欺騙。蔣渭川事後被視為二二八主犯之一的原因，除了他曾經召集臺籍日本兵，造成政府對他的不信任外，陳儀對他的嫌惡應該也是原因之一。如果蔣渭川真如陳儀深所說，係陳儀企圖分化處委會的棋子，那又為何被列於二二八事件叛亂首謀之一？

（四）處委會宣傳組長省參議員王添灯已被中共架空

我發現陳君二二八研究重視看書，而不重視檔案及報紙，是經過許多迹象歸納而成的。為什麼呢？《人民導報》社長王添灯的被難，與他提出「三十二條」要求關係至為密切。這一點，陳副研究員還沒有看透。上天有好生之德，我願藉此機緣，提升陳君方法學之水準。

但是這也是苦功夫，必須心無旁鶩，才做得到。第一、我抓住警總的檔案所標示的時間，除了日期外，還要看到幾點幾分，以便細膩建構最客觀的時間序列。

檔案並非可以盡信，但時間的記載則最精確。最重要的是王是一個商人，賺了錢，想搞政治，但又沒有公務經驗。因為喜歡出風頭，被中共潛伏在政府內的宋斐如看出來，就邀他擔任《人民導報》的社長，其編輯多為中共文人，但王看不出來。由於自己有報社，後來不知足，又創了自由報。其實分身乏術，因此更為中共所利用與左右。

接著，陳副研究員要注意到王添灯何時給何人或何家報社

或哪個領事館這一分要求。以他與王添灯相同的經驗（穿梭於媒體之間），一定能體會：報社收稿有固定的時間。由於他是宣傳組組長，在黃昏時段，許多報社就向他要資料，他就一一給了。這是原來嚴苛而惹火陳儀的那一份。其中有國軍向處委會繳械、陳儀用人要處委會同意，要命的兩條！等晚間面交陳儀，陳上將一讀（其實換上任何一個明理的人一讀都會），立即暴怒！因為處委會已經騎到陳長官頭上來了！

陳儀勃然大怒，使王添灯深知已經闖禍．告退之後，匆忙回到自己的《人民導報》社，立即要手民打掉已經排的鉛字，改掉其中幾條。因此，《人民導報》隔晨刊出來的，是王氏後來親自監督改成的。

但因時間已晚，他也累了，於是沒進一步通知其他報社修改。或許是忘了，或許是刻意的。

我當時寫說他「扯謊」，就是根據《人民導報》所登三十二條（另加十條）的內容，與《新生報》、《中央社》、以及《民報》等的不同，而做成判斷。

在拙作出版之後，去年讀到藍博洲的新作《消逝在二二八迷霧中的王添灯》，發現原來王背後還有中共人員組成的編輯團隊，知道他並不如《考證稿》撰成時，我所想的那麼精明能幹。原來他利用這些文人，為他成名的同時，他更被比他更懂得政治，更知如何鬥倒蔣主席、陳長官的共黨所操控而不自知。

（五）再談王添灯扯謊

1.仍提臺灣地位未定論，是陳儀深中了 George Kerr 的毒，又不知國史的結果。

陳儀深的政治色彩非常明顯，因此可以理解他為何如此強

調臺灣的地位未定論。但其實從三十年十二月十九日對日宣戰開始，中國就已經宣布廢止馬關條約，否認臺灣等地為日本所有，至開羅會議時，臺灣的主權也公告要由中華民國取得，獲得美英等國的支持。在日本投降以後，美國第一個在臺灣設立領事館，並協助中華民國軍隊前來接收，並要求臺灣的日軍也必須向蔣中正元帥投降。更明顯的證據是在二二八之後，主張臺灣托管最力的 George Kerr 等人，在美國國務院眼中是少數派，甚至是被拒絕的一派。在當時美國眼中，臺灣由中華民國實際統治是既定的政策，更是由他們支持而達到的。

王添灯所辦的《人民導報》，今天已被學者發現，是中共黨人為主體的刊物。蘇新他們早已承認：處委會提出的這些條文，是他們早先所擬定的。易言之，王添灯事前並未詳閱，因此，先到電臺去唸過，向全省人民都廣播了之後，才見到陳儀。由於陳儀大怒，王不得不回來在自己的報社立即修改條文。

我說他欺騙臺灣人民，其實精確地講，是他也騙了自己，而且頗有掩耳盜鈴之態，因為別家報社都深信王，不疑他會臨時抽換，因此依他早先在廣播中所唸，一字不改地照登。使得官方的《新生報》、在臺北林茂生的《民報》等都登出原擬的四十二條。

首先，這是當年三月七日《新生報》上所刊載的所謂三十二條要求。加上目前的處理以及軍事方面的要求之後，嚴格來說共有四十二條：

> 【本報訊】臺灣省二二八事件處理委員會于六日下午二時召開會議，席上除報告組織大綱及推選常務委員外，並由王添灯氏動議謂本省地處孤島，致此次所發生之事件，中外人士未能透徹明瞭，諸多曲解，特擬就二二八

事件處理大綱，內容闡明發生之遠因與近果，將以國語、客語、閩語、英語、日語，向中外宣佈，俾能了解內容真相，全體一致贊成，茲將原文誌之如次：

（一）二二八事件的原因

這次本省發生的二二八事件，其發端雖然是由於專賣局查緝私煙，屢次搶奪攤販之商品財產，已不歸公，又常以槍桿毆打煙販，且於二二七夜，在臺北市查緝私煙時，開槍擊斃人命而激起公憤，生出官民衝突的事態。這事件於二二八在臺北發生，即時波及全省，到處發生軍民之衝突和流血的慘狀。現在，除臺北市內暫時復歸和平狀態之外，其他各地還在繼續武裝混戰的地方也不少。這樣廣泛而大規模的事件，是由查緝私煙擊斃人命這樣單純的原因所能發生的嗎？決不是！查緝私煙擊斃人命不過是導火線而已。這次的事件，完全是全省人民對於一年餘來之腐敗政治的不滿同時爆發的結果。

本省光復一年餘來的政治狀況是一面陳長官在公開的時候說得如花似錦，說要怎樣為人民服務要怎樣謀民生的安定。但是實際上，大小貪污互相搶奪接收之敵產者到處有之，弄文舞法或倚藉武力以欺壓人民者比比皆是。人權不能得到保障，言論出版失去自由，財政破產，物價繼續騰貴，廠礦倒閉，農村日益衰微，失業者成群，無法營生者不可勝算。全省人民不堪其苦，敢怒而不敢言，因此次專賣局貪污官吏之暴行，全省民之不滿遂同時爆發。

由此可知此次事件根本是由腐敗政治之結果而來，已非祇因專賣局官吏之不法行為所致，亦非由於省界觀念而

發生的事件。故對此次事件，整個臺灣政府應負全部責任。

（二）二二八事件的經過

自二二七夜，專賣局官吏擊斃人民之時，即激動市民公憤，該局人員所乘卡車及所押收香煙，立時被民眾焚燬。翌（二八）日，臺北市即全體罷市，市民結隊至臺灣省專賣局請願懲凶，然該局四圍皆佈置武裝警察，不准民眾接近。其時民眾怒氣沖天，即返回專賣局臺北分局欲捕兇犯，但兇犯已逃避，群情激發，搗毀該局物件，並搬至路上焚燬，而民眾為欲達到請願目的，轉向臺灣省行政長官公署，欲向長官請願，而該署亦以武裝之兵士及憲兵，如臨大敵戒備甚嚴，不許民眾接近，因此於吵鬧之間公署樓上之士兵竟用機槍掃射民眾，由此民眾死傷數名，民眾益發憤激，情勢又加嚴重。其時本省一部份民眾湧到城內，將官僚資本家所經營之大商店及與貪官污吏朋比為奸之外省人所經營之店舖搗毀，並將家具物品搬出路上焚燒。於焚燒之時，武裝警察及軍隊趕至開槍射殺民眾為數不少，又翌（三月一）日，在鐵路管理委員會前（即北門町附近）蝟集之民眾被軍隊機槍掃射，以致死傷者達數十名，此消息一經傳出，全省各地民情頓時激變。現臺北市內雖經二二八事件處理委員會居間接洽，略已平靜，但中南部各地民眾則為避免政府武裝部隊之屠殺，正繼續努力，冀求解除軍隊武裝，犧牲相當慘重。

（三）二二八事件如何處理

這次事件，已經是政治腐敗的結果，其處理若非政治上

根本加以改革，以後難保不再發生類似或更慘重之事
件。故居住本省之人民不論本省人或外省人，均應儘量
提出處理意見，政府當局人員亦應以公明正大之政治家
態度，誠心誠意與人民共謀解決，切勿為保持官僚威風，
而陷入錯誤觀念。

現在將所已得到的對於本事件的處理意見，綜合起來，
可分為對目前的處理，及根本的處理兩方面：

1. 對於目前的處理

一、政府在各地之武裝部隊，應自動下令暫時解除武裝，
　　武器交由各地處理委員會及憲兵隊共同保管，以免
　　繼續發生流血衝突事件。

二、政府武裝部隊武裝解除後，地方之治安由憲兵與非
　　武裝之警察及民眾組織共同負擔。

三、各地若無政府武裝部隊威脅之時，絕對不應有武裝
　　戒鬥[29]行動，對於貪官污吏不論其為本省人或外省
　　人，亦只應檢舉轉請處理委員會協同憲警拘拿，依
　　法嚴辦，不應加害而惹出是非。

四、對於政治改革之意見可條舉要求條件向省處理委員
　　會提出，以候全般[30]解決。

五、政府切勿再移動兵力或向中央請遣兵力，企圖以武
　　力解決事件，致發生更慘重之流血而受國際干涉。

六、在政治問題未根本解決之前，<u>政府之一切施策，（不</u>

29　《新生報》與《中外日報》均作「戒鬥」，「戒鬥」應為「械鬥」。又楊亮
　　功〈調查臺灣事件情形及建議善後辦法〉亦作「械鬥」。

30　《新生報》與《中外日報》均作「全般」，「全般」應為「全盤」。又楊亮
　　功〈調查臺灣事件情形及建議善後辦法〉亦作「全盤」。

論軍事、政治）須先與處理委員會接洽，以免人民
懷疑政府誠意，發生種種誤會。

七、對於此次事件不應向民間追究責任者，將來亦不得
假藉任何口實拘捕此次事件之關係者。對於因此次
事件而死傷之人民應從優撫恤。

2. 根本處理

甲、軍事方面：

一、缺乏教育和訓練之軍隊絕對不可使駐臺灣。

二、中央可派員在臺徵兵守臺。

三、在內陸之內戰未終息以前，除以守衛臺灣為目的之
外，絕對反對在臺灣徵兵，以免臺灣陷入內戰旋渦
[31]。

乙、政治方面：

一、制定省自治法為本省政治最高規範，以便實現國父
建國大綱之理想。

二、縣市長於本年六月以前實施民選，縣市參議會同時
改選。

三、省各處長人選應經省參議會（改組後為省議會）之
同意，省參議會應於本年六月以前改選，目前其人
選由長官提出交由省處理委員會審議。

四、省各處長三分之二以上須由在本省居住十年以上者
擔任之（最好秘書長、民政、財政、工礦、農林、
教育、警務等處長，應該如是）。

五、警政處長及各縣市警察局長應由本省人擔任，省警

31　《新生報》、《中外日報》與楊亮功〈調查臺灣事件情形及建議善後辦法〉
　　均作「旋渦」，「旋渦」應為「漩渦」。

　　察大隊及鐵道工礦等警察即刻廢止。

六、法制委員會委員須半數以上由本省人充任，主任委
　　員由委員互選。

七、除警察機關之外不得逮捕人犯。

八、憲兵除軍隊之犯人外不得逮捕人犯。

九、禁止帶有政治性之逮捕拘禁。

十、非武裝之之集合結社絕對自由。

十一、言論出版罷工絕對自由，廢止新聞紙發行申請登
　　　記制度。

十二、即刻廢止人民團體組織條例。

十三、廢止民意機構候選人檢覈辦法。

十四、改正各級民意機關選舉辦法。

十五、實行所得統一累進稅，除奢侈品稅相續稅外，不
　　　得徵收任何雜稅。

十六、一切公營事業之主管人由本省人擔任。

十七、設置民選之公營事業監察委員會。日產處理應委
　　　任省政府全權處理。各接收工廠礦山應置經營委
　　　員會，委員須過半數由本省人充任之。

十八、撤消專賣局，生活必需品實施配給制度。

十九、撤消貿易局。

二十、撤消宣傳委員會。

二十一、各地方法院院長、各地方法院首席檢察官，全
　　　　部以本省人充任。

二十二、各法院推事、檢察官以下司法人員，各半數以
　　　　上省民充任。

　　　　其他改革事項候三月十日集中全省民意之後，

交由改組後之政府辦理。

【本報訊】又昨（七）日下午三時半，處委會全體會議，由臨時主席潘渠源宣佈開會後，除原案共廿二條一致決議通過以外，並追加通過：

一、本省陸海空軍，應儘量採用本省人。

二、**警備司令部應撤消，以免軍權濫用**。

三、限至三月底，臺灣行政長官公署應改為省政府制度，但未得中央核准前暫由二二八事件處理委員會之**政務局**負責改組，用普選公正賢達人士充任之。

四、處理委員會**政務局**應於三月十五日以前成立，[32]其產生方法，由各鄉鎮區代表選舉該區候選人一名，然後再由該縣市轄參議會選舉之，其名額如下：臺北市二名、臺北縣三名、基隆市一名、新竹市一名、新竹縣三名、臺中市一名、臺中縣四名、彰化市一名、嘉義市一名、臺南市一名、臺南縣四名、高雄市一名、高雄縣三名、屏東市一名、澎湖縣一名、花蓮縣一名、臺東縣一名，計三十名。

五、勞動營及其他不必要之機構，廢止或合併，應由處理會政務局檢討決定之。

六、**日產處理事宜，應請准中央劃歸省政務局自行清理**。[33]

七、高山同胞之政治經濟地位及應享之利益，應切實保障。

32　《新生報》原文作「處理會之政務應于三月十五日以前成立」，疑有疏漏，據《中外日報》校勘更正。

33　《中外日報》作「應請准中央劃歸省政府自行清理」。

八、本年六月一日起，實施勞動保護法。

九、本省人之戰犯及漢奸嫌疑拘禁者，要求無條件即時
　　釋放。

十、送與中央食糖十五萬噸要求中央，依時估價，發還
　　臺灣省。

　　最後決議推選該會常務委員，向陳長官面交處理大
　　綱。散會，常務委員即於六時至公署面謁陳長官。

　　後因文件手續不備，決定今（八）日正式提出。

　　而在王添燈擔任社長的《人民導報》上面刊載的，則只有
三十二條，且內文**略有**不同：

【本報訊】二二八事件處理委員會於昨（七日）上午十
一時至十二時半，下午三時半至四時二十分，舉行大會，
由潘渠源主席，經各委員熱烈討論結果，複決三十二條
要求，並推舉常務委員會全部，於四時二十分立刻向陳
長官提出，茲採錄三十二條要求如下：

一、制定省自治法為本省政治最高規範，以便實現國父
　　建國大綱之理想。

二、縣、市長於本年六月以前實施民選，縣市參議會同
　　時改選。

三、省各處長人選應經省參議會（改選後為省議會）之
　　同意，省參議會應於本年六月以前改選，目前其人
　　選由長官提出交由省處理委員會審議。

四、省各處長三分之二以上須由在本省居住十年以上者
　　擔任之（最好秘書長、民政、財政、工礦、農林、
　　教育、警務等處長，應該如是）。

五、警政處長及各縣市警察局長應由本省人擔任，省警

察大隊及鐵道工礦等警察即刻廢止。

六、法制委員會委員須半數以上由本省人充任，主任委
　　員由委員互選。

七、除警察機關之外不得逮捕人犯。

八、憲兵除軍隊之犯人外不得逮捕人犯。

九、禁止帶有政治性之逮捕拘禁。

十、非武裝之集合結社絕對自由。

十一、言論出版罷工絕對自由，廢止新聞紙發行申請登
　　　記制度。

十二、即刻廢止人民團體組織條例。

十三、廢止民意機關候選人檢覈辦法。

十四、改正各級民意機關選舉辦法。

十五、實行所得統一累進稅，除奢侈品稅相續稅外，不
　　　得徵收任何雜稅。

十六、一切公營事業之主管人由本省人擔任。

十七、設置民選之公營事業監察委員會。日產處理應委
　　　任省政府全權處理。各接收工廠礦應置經營委員
　　　會，委員須過半數由本省人充任之。

十八、撤消專賣局，生活必需品實施配給制度。

十九、撤消貿易局。

二十、撤消宣傳委員會。

二十一、各地方法院院長、各地方法院首席檢察官，全
　　　　部以本省人充任。

二十二、各法院推事、檢察官以下司法人員，各半數以
　　　　本省民充任。

二十三、本省陸海空軍，應儘量採用本省人。

二十四、臺灣行政長官公署應改為省政府制度，但未得
　　　　中央核准前暫由二二八處理委員會之政務局負
　　　　責改組，用普選公正賢達人士充任。

二十五、處理委員會政務局應於三月十五日以前成立，
　　　　其產生方法，由各鄉鎮區代表選舉該區候選人
　　　　一名，然後再由該縣市轄參議會選舉之，其名
　　　　額如下：臺北市二名、臺北縣三名、基隆市一
　　　　名、新竹市一名、新竹縣三名、臺中市一名、
　　　　臺中縣四名、彰化市一名、嘉義市一名、臺南
　　　　市一名、臺南縣四名、高雄市一名、高雄縣三
　　　　名、屏東市一名、澎湖縣一名、花蓮縣一名、
　　　　臺東縣一名，計三十名。

二十六、勞動營及其他不必要之機構，廢止或合併，應
　　　　由處理會政務局檢討決定之。

二十七、日產處理事宜，應請准中央劃歸省政府自行清
　　　　理。

二十八、警備司令部應撤消，以免軍權濫用。

二十九、高山同胞之政治經濟地位及應享之利益，應切
　　　　實保障。

三十、本年六月一日起，實施勞動保護法。

三十一、本省人之戰犯及漢奸嫌疑拘禁者，要求無條件
　　　　即時釋放。

三十二、送與中央食糧一十五萬噸要求中央，依時估價
　　　　播歸臺灣省。[34]

---

34 以上三月八日《人民導報》內容，今日已不易找到，詳見《王添灯紀念
輯》，頁 82 所附影本。另外，同一頁，編輯似有意把責任推給《新生報》，

　　根據《大溪檔案》所記，三月八日陳儀向中央報告：「昨午後七時（二二八事件處理委員會）代表十五人來見，欲提出政府各地武裝同志應交出武器、警備司令部須撤銷、陸海空軍人員一律用本省人、由處理委員會接收長官公署等四項要求，職不與討論，即嚴詞訓斥」。而三月九日《新生報》刊登八日處委會所發表的聲明，上面也提到：

> 查三月七日本會議決提請陳長官採納施行之三十二條件，因為當時參加人數眾多，未及一一推敲，例如撤銷警備總部，國軍繳械，跡近反叛中央，決非省民公意，又如撤銷專賣局，固為商人所喜，然工會則不贊成，殊不足以代表本省人民利益，茲經再度商議，認為長官既已聲明，改組長官公署為省政府，儘量速選省民優秀份子為省府委員或廳處長，則各種省政之改革，自可分別隨時提請省府委員會審議施行，無須個別提出要求……

由於《人民導報》上面所列出的三十二條中，並無國軍繳械、政府所有命令須通過二二八處委會（應即陳儀所說的「由處理委員會接收長官公署」）等，顯見王添灯呈交給陳儀的，以及他所廣播的，是《新生報》上所刊載的版本無疑。那麼，為何王添灯自己所辦的報紙，卻要說謊呢？

　　王添灯本人擔任社長的《人民導報》僅刊出三十二條的版本，而美、英兩國領事館由處委會所收到的聲明，也與《人民導報》相同。最好的解釋就是，七日下午，王添灯等處委會代

竟說「本文原載《新生報》1947.3.7」，今查三月七日《新生報》並無有關三十二條要求的報導消息，而且《新生報》在三月八日有關三十二條要求的內容與《人民導報》三十二條要求的內容，是有很大差別的。這些細微處，至關重要，提醒讀者注意比較。

表帶著四十二條要求去見陳儀時，就如陳儀在大溪檔案所報告的，受到「嚴詞訓斥」。代表們回去之後，重新審視令陳儀震怒的條文，也認爲要求確實過分，因此各自採取補救的措施。王添灯在自家的報紙上省去處理大綱的冗長序文及軍事方面的要求，對外國領事館也絕口不提這幾點，處委會的其他代表更是馬上在隔天發表聲明，表示七日提出的要求過火，「跡近反叛中央，決非省民公意」。

但是，一切都慢了。陳儀在處委會提出這些要求之後，認定政治解決無望，加上政府的援軍將至，接著就斷絕了跟處委會的協商。我之所以說王添灯欺騙臺灣人民，就在於此。王添灯的三十二條版本，在交給報社、美英領事館以及呈交陳儀的都不相同，這明顯是他對臺灣人民的欺騙。當時處委會用內部的意見不一，以及倉卒提交想敷衍這份聲明，但是已經來不及。

四、陳君做研究的方法

白天忙碌晚閉門寫稿的優缺點（重視書本，輕略檔案、文章、論文）。檔案不辨真假，致顛倒歷史解釋。

（一）沒下苦工比對，無法辨僞

陳君平常少看檔案，許多博碩士論文、學術專論，他都不看，因此看他評我這部《考證稿》，多引用非學術的資料，祇看兩件檔案，百分之八十的資料多二手，甚至三手，他也辨別不了真僞。因爲他沒學校讎之學，也無暇耙梳。他這麼做，自然漏洞百出，而且多用推理。例如頁 170 討論王添灯在三月八日做了什麼，就多以「或許」如何，「或許」如何來搪塞。歷史是歸納出來的，不是想像的，不能或許來，或許去，而且用或許

來批判！

　　他文章末尾的「討論與結語」，又更好笑，看不懂我的書，不打緊，還說我「文不對題」，[35]要我替託管論（將臺灣不歸還中華民國，改由聯合國委託美國管理）留一點餘地，那更離譜，已經到了自我遐想，不知我黃某人論題重點的迷亂階段了。

　　陳儀深君以為，王添灯傳給英美領事館及刊載在《人民導報》上的版本不同，「或許為了翻譯方便，或為了其他政治考量，沒有完全照錄也不是什麼特別的事。」整整少了十條，居然可以說是不重要的事！而刊載給群眾的東西，跟自己呈報、跟自己廣播的條文不同，這如果不是欺騙，那應該用哪個名詞比較妥當？

　　而送交美國領事館的條文，又經過副領事 Kerr 有意地上下其手，加油添醋陳儀政府的錯誤，企圖使美國政府介入臺灣政局；雖然他最後不但失敗，更因越權及企圖誤導政府而被剝奪公務員資格，但是他卻毫無悔意，大量製造假資料及道聽塗說的情報用於其著作《被出賣的臺灣》當中，用來批判國民政府，在當時資訊不發達的時代，蒙蔽了許多不明究理的知識份子，後來更成為臺獨勢力的經典，欺騙更多世人。

　　無論如何，這四十二條要求（包含國軍繳械、政府所有命令必須先經過處委會等）徹底摧毀了陳儀心中以政治解決的最後希望，直接導致軍隊鎮壓的結果，王添灯可說責無旁貸。

（二）陳君以「或許」的臆測法寫史：英文請願書是美國捉刀的結果，並無中文本。

　　幾年前我發現請願書是由 William Huang 提出，也就是黃

紀男，他與 Kerr 的關係密切，他被政府通緝時，幾次靠著 Kerr
及同黨 Catto 的關係偷渡，甚至搭救濟總署逃到其他地方。因
此，所謂臺灣人向美國領事館提出要求一事，應該是 Kerr 自導
自演，況且請願書全由英文寫成，當時臺灣能懂英文的人有限，
哪裡有八百多人能替他連署，以 Kerr 的諸多前科來看，恐怕也
是假造的。

（三）陳君仍不如汪榮祖先生

陳先生拿我跟汪榮祖先生的爭議來做文章，我跟汪榮祖先
生是學術之爭。陳、汪兩個人對文史校讎之學不下功夫，汪是
研究政治思想，陳儀深是三民主義研究所的博士，專搞主義的，
因此他們對文史校讎之學之重要並不了解。汪跟李敖合寫蔣介
石研究，道聽的東西太多。

我只說康有為欺騙，只說彭孟緝欺騙，只說陳儀欺騙，沒
說其他人欺騙，陳儀深卻要說我最喜歡說人扯謊。我說康有為
上下其手，這種說法我並不是第一個，梁啟超實際上確實考慮
過武裝革命，是康派遣的。我不是喜歡翻案，而是證明當年康
有為自己說要翻案，事實上在早期，就有梁啟超在湖南要嘗試
革命的證據，說康從事遊說光緒變法，又從事保中國不保大清
的活動，我是根據康黨秘密書信及康致趙曰生書的。

我說康戊戌奏稿僅一摺一序刊佈於政變前，真實可信，其
餘二十三篇奏摺都是假的，大陸學者發現《傑士上書彙錄》，已
證實我的考證不錯，這是彭健《戊戌變法史研究》一書微薄的
貢獻。陳儀深君沒看過我的書，遂誤從汪說。

拙書《考證稿》〈自序〉中所提到，希望以該書「能使二二
八受難者家屬明瞭事件真相，減少其對中華民國政府的怨恨，

減少未來海峽兩岸和平統一的阻力」。陳儀深君此文的立論，不外乎由此句，來證明我的立場不純，造成書中「不乏扭曲掩飾、武斷臆測的地方」，更要造成「黃彰健不是為考證而考證，他考證的目的是要認定彭孟緝『出兵平亂』是正當的……」這樣的形象。這種未細讀彰健所著《二二八事件真相考證稿》，針對我提出的證據，而以個人動機否定我對二二八事件真相考證，精密學術研究的撰文方式，更見其為批評而批評的本相。

此外，該評論當中多次提到「翻案」二字，也有問題。目前對二二八的研究仍有許多學者在持續進行，也不斷有各種過去未見的史料浮現，若執意將民國八十一年所做的調查報告作為定論，而將不同的說法都視為企圖翻案的異說，似乎並不妥當，更何況當年的報告所能掌握的資料，不管是質量都遠較現在遜色許多。

最重要的是，對這些歷史人物，每個人都有其不同的性格、思想、地位、立場與作法，作歷史研究，就須了解，以便掌握其特質，傳神地表達在歷史論說當中，這才是史家筆法。而一般讀者只關心情節是否動人誰是好人誰是壞人。而遺憾的是陳君的水準，一直停留在一般讀者的水準。

五、校讎之學：以拙作第八篇舉隅

從陳君的大文，我得到一面很寶貴的鏡子，看到一般人為何看不懂拙文的具體理由：不會考證史料真偽，以及看史學的著作，只想「聽故事」，總希望像早期說書人「講古」一樣。

可我為文，宗旨不在說故事，而在「辨偽」；不在依時序說史，而在告訴世人：許多說史的文章與資料有錯。而且其犯錯的理由，有些是因知識不足；有些是能力不足；有些則是故意。

故意犯錯的這些歷史人物與學者，其動機與過程，又各自不同。我把這些，能考證的，都考證出來。而且我的文章，主要就在寫這些發現。相形之下，在篇幅上，有十分之八以上，是在陳述考證的內容，而非寫史。

　　寫史並非本書的重點，也非彰健的主要興趣。這一點，汪榮祖先生與陳君，至今都還沒弄懂。中文系出身，且專攻版本與考證之學的吳銘能博士，就最了解我的方法學。因此，每次他來找我，一談就是好幾個鐘頭，十分投機。而每回他離開了，我總需服藥。爲什麼呢？因爲太高興，血壓高了，不吃藥，降不下來。朱浤源教授也知道彰健的特色。五年以來，他一方面向大家公開肯定我校勘的工夫，另一方面又私下「忠告」我，要我務必濃縮。他甚至自告奮勇，幫我寫了刪節本，以去掉「旁支」，只留「主脈」。朱先生多年來已經是我的一面鏡子。但是，彰健原即出身文史之校讎，維持校讎之原貌，才對得起我自己。

　　如今，朱先生的擔憂，成爲事實。這原係意料中事，但爲了廣大的讀者群，我有義務撰文，詳予說明。

　　我的校讎工夫，學自古人。而其要領，來自黃宗羲及萬斯同。兩位先生整理明代史料的方法有三：

　　1.國史（公文書）取詳年月；

　　2.野史（口述歷史、回憶錄）取詳是非；

　　3.家史（自傳、家書）取詳官歷。

　　因爲野史多有無稽（沒根據）處，家乘則祇看到事件的局部，且常常主觀，而自我溢美，並因歷史記憶的轉移，而變化其內容。故而在藉重三者的優點之後，欲避開缺點，就須以公文書作爲深入評判的基礎，畢竟公文書爲當年當下之作，是「鐵證」，雖然亦有其他瑕疵。

　　這三種史料，野史係個人的紀錄，由他的眼睛所見與耳朵所聽，以及本人所參與作為基礎，經過時間造成的淡忘之後，所做成的紀錄；家史係從自家做成紀錄，有較多的而且是私人間互動的記載，在涉及其個人的經歷方面，可信度最高；公文書則係長官部屬等一系列經辦人決策的紀錄，對事情的描述較重視公家的立場，而且較少感性，較多深度，並能抓到重點。

　　以下，用拙書第八篇：陳儀在三月一日開始的五天之中，並未向蔣主席請兵；他有關請兵的電函，是在二月二十八日當天發出，來呈現我以校讎法：考證真偽為主，敍述歷史為輔的具體內涵。

（一）以考證作為文章主軸

　　由於 9 年前我在近史所檔案館查閱檔案時，發現所出版的《二二八事件資料選輯》，在時序上雜亂，而且有遺漏，因此採校勘之法，先釐清時間先後，這也是我原來的研究方法。藉此，彰健建構了陳儀從三月第一天開始，也就是全省的動亂開始之前，到亂事漫延全省，並於五日達於高潮：全省大部分地方，已被暴民占據，前後五天的時間，陳儀並未向蔣主席請兵的歷史。由於朱先生的研究團隊告訴我：當時全省駐軍僅五千餘人，扣除守備官舍、軍火庫、營區、醫院、車站等據點，可以動用的部隊，僅數百人。在治安力量這麼捉襟見肘的時刻，陳上將並非未發請兵之電，而是應內政部電詢之後，改發給行政院，指明院長蔣中正。陳上將請兵這件事，到了中央政府國防最高會議於三月六日舉行，主席由立法院院長孫科擔任。席間文官長吳鼎昌才報告說，他在三月五日報告了蔣主席。而蔣說：他「猜想這件事並不大」，「陳公洽一日已有來電」。這個會議的決

議共三點，[36]在三月八日由最高國防會議的秘書長王寵惠，以刪節本向蔣主席報告。

以上就是彭健《考證稿》有關歷史敍述的部分。前後約 3 頁（頁 209-211）。接下來（從頁 212 開始）我回到本書的主軸：校勘、考證相關檔案與專書、論文上面。我尤其重視本院同仁賴澤涵、黃富三與許雪姬三人所主導的行政院定本，故一面評介，一面幫忙找出盲點或錯誤，並且還進一步去找尋錯誤爲何發生。

例如頁 212 至 214，我發現定本的問題出在相信回憶性史料，而忽略公文書。定本引用的警總檔案中的回憶性文字，與大溪檔案中確定爲原件的內容相對照，就立刻看出警總的總司令彭孟緝所回憶的內容，或因時間久遠，或因忙碌，以及未能參閱放在他處的大溪原檔，因此多所繆誤，造成彭總司令自己提供給警總的史料，竟有「僞造」（其實是「寫錯」）之處。

這是我《考證稿》的最重要貢獻之一。沒料到陳君一方面沒這種訓練，二方面看史料不仔細，至今還看不出來。

陳君之所以看不出來，與一般讀者相同，都是沒有把所述史事嚴格地依時序，一件件登錄與比對所造成的。

當然，我闖僞的對象不止於定本。其他例如楊克煌（臺共、和平日報記者）、蘇新（臺共）、唐賢龍（記者）、趙毓麟（中統）、柯遠芬（警總秘書長）、何漢文（監察委員）當年的個人見證，彭健也一一找出其錯誤。今人如許介鱗（臺大教授）、李敖（民

---

36 拙作：《二二八事件真相考證稿》，頁 211。其內容如下：
　1.政府應派大員前往該省宣慰。
　2.臺灣省行政長官署應依照省政府組織法改組爲臺灣省政府。
　3.改組時，應盡量容納當地優秀人士。

間史家）、蘇瑤崇（靜宜大學副教授）等學者的誤植之處，也指出來。

比起純粹寫史，這些勘誤、校正的文字，在數量上的確，佔了第八篇的主要部分。這就是我這部《考證稿》的主軸。陳君不明白，老是要我抓「巨流」。難道他不知：既然以「考證」爲書名，我的重點當然不在寫史？他竟然不自知到還說我「文不對題」！

（二）歷史建構僅係次要

由於拙書以「考證」爲名，故不以歷史建構爲主軸。由於本文係以第八篇舉例。彰健姑且藉之，說一說陳儀以島內部隊僅五千餘人，絕大部分均負守衛重責，無法外出的困窘中，如何知人善任，重用彭孟緝平靖高雄之亂的故事。

彭孟緝身爲南部防衛司令，又受命衛護所有軍火庫，在高雄市區整個淪入暴徒手中之後，「學生軍」領袖涂光明，挾持市長與議長上山，並由涂本人向彭司令提出繳械，否則燒山（燒要塞）的條件，而且當面要拔槍威嚇之際，彭司令立即做出三個反應。第一、逮捕涂光明及另二名攜帶手榴彈的人員（曾、范二人）；第二、詢問其他人員；第三、決定秘密出兵。以最快速度，綏靖市政府、火車站，再拿下學生軍總部高雄一中。市府爲處委會及暴民指揮總部。他命令要塞內的陳國儒率隊前往，由於在市府之前喊話，被暴民自府內以機槍掃射。被迫用武力迂迴衝入府內，以火網壓制，故造成較大傷亡。

在市政府的壓制行動中，共俘主犯 8 名，從犯百餘名，其中包含處委會委員、民間代表、區長、處委會職員、老百姓及暴徒。

　　至於火車站，以及車站右前方的高雄一中，則命令獨立團負責防守醫院的王作金連長，率一部分人前往，順利收復。並在火車站的前站聯結後站的地下道中，在放走老弱婦孺之後，俘男丁三百名，其中包含暴徒及旅客。

　　彭司令明快的處置，是大陸國軍未增援之前，最成功的舉措，並因此當晚即得陳儀嘉獎，後來更得蔣中正的不次拔擢。

（三）兼論相關史料與圖書的繆誤

　　由於相關專書及史料多有錯誤，且以訛傳訛，弄假成真，我有義務加以匡正。

　　彰健發現：《二二八事件研究報告》定本則因存心抹黑彭孟緝，於是記述國軍收復市府，不採信陳錦春所說暴徒先開槍，而採信郭萬枝所說，暴徒機槍係拼湊。記述國軍收復火車站，則採信李捷勳口述。《研究報告》定本最大的問題，就出在作者內心有所偏執，沒有站在更高的位置，做太史公該做的工作，進一步考證口述歷史之無稽，並且利用檔案之比對，來加以裁正。以《研究報告》定本作者的功力，應該可以做到這一點。之所以沒能如此，要歸咎於早期政府的封閉檔案，並禁止人民回憶，以及當時李登輝政府沒有讓作者們有充裕時間去消化和耙梳檔案。

　　但是，彰健亦發現定本作者的心中，想給予同情的理解者，只有人民，特別是有被害者，卻沒有政府。因此《報告》定本並掩飾暴徒的罪行，否認暴徒圍攻高雄一○五後方醫院；否認在國軍進攻高雄第一中學前，暴徒將外省人綁在窗口作沙包；否認市長黃仲圖、議長彭清靠係被迫上壽山；並謂涂光明和平條件係黃市長提出；涂光明上山談判，未攜帶手槍。

　　而最重要的是，《研究報告》定本對涂光明所提和平條件九條卻隱諱其內容不提。

　　這九條，前三條係要求國軍停戰撤退，國軍繳械，並交出可裝備日軍六師團之鳳山軍械庫。

　　如果彭屈從涂的要求，讓暴民獲得武器裝備，則將使暴亂延長，臺灣人民所受傷害更大。在抗戰末期，日本政府在大陸的派遣軍已非國軍新一軍、新六軍的對手。涂光明大概只看見來臺已調走的七十軍、六十二軍這些雜牌軍，遂輕視接防的國軍，這亦是造成大悲劇的主要原因。

　　我們仔細閱讀警總檔案，即可發現：彭孟緝處理高雄事件並未犯錯。高雄歷史博物館對二二八高雄事件所作簡介，完全根據《二二八事件研究報告》定本，誤導臺灣人民，實在應改寫。

結　論

　　二二八事件爆發，這些由內地遣回之浪人及士兵，遂遷怒報復，「虐殺毆傷侮辱」無辜的來臺大陸同胞。而臺籍浪人及日本兵又遍布於臺灣全島，這也是二二八事件爆發迅速惡化蔓延於全島的原因。

　　《二二八事件研究報告》定本即隱諱此一重要原因不說。

　　對於陳儀接收臺灣仍使用臺幣，不使用法幣，我認為：係受李友邦九月十八日電報的影響，而非陳儀預見大陸經濟惡化。這也是本書第十篇的新看法。

　　由於陳儀將二二八事件歸咎於共黨，本書第十一篇遂舉證證明二二八事件係突然爆發，非共黨預謀。

　　本篇仍相信國防部長鄭為元所舉證據，民國三十五年十

月，中共「臺灣省工委會」所定「目前具體綱領」為三十六年三月六日王添灯起草「處理大綱」所本。

此一「目前具體綱領」，及吳克泰《回憶錄》所稱《新認識》第一期，仍待訪求。

《二二八事件研究報告》定本謂陳儀之請蔣渭川，係欲分化處委會，而不知陳儀係欲利用蔣渭川「加強處委會陣容」。

本書第十六篇〈揭穿王添灯欺騙臺灣人民〉指出：王添灯已知闖禍，為了卸責，遂在三月八日《人民導報》魚目混珠，移花接木，刊出內容不同的三十二條，並以此告知英美在臺領事館，在三月八日王添灯並向長官公署另提出三十二條。

美在臺副領事 Kerr，他看見三月八日《新生報》所載四十二條，卻隱瞞不以此告美國駐華大使。他所著《被出賣的臺灣》仍沿襲此一錯誤。而美國對華白皮書所報導三十二條，仍沿襲 Kerr 的錯誤。

王添灯的〈處理大綱〉實貽禍臺灣不淺。

我指出 Kerr 竄改請願書；造謠、誣指臺北二二八事件，「臺胞已有三四千人殞命」；Kerr 改竄馬尼拉電臺廣播；誣指國軍使用達姆彈，均意在引起國際干涉。

我指出 Kerr 竄改請願書，幸賴他的檔案已賣給臺北市和平公園二二八紀念館，紀念館所印《葛超智先生相關書信集》，我得據以證實我的推斷。

三月八日的《人民導報》，亦係葛超智所藏，我得據以證明 Kerr 欺騙美國人民及政府。這真是天理昭彰，天網恢恢，疏而不漏。

我利用《大溪檔案》三月六日陳儀呈蔣函，「曾有兩電報告」，而指出《二二八事件研究報告》定本不必引用野史，陳儀

請兵有一日、二日、三日三說。這收入本書卷二，爲本書第八篇。

　　總之，兩蔣主政時代，陳君即跟著藍色的時代巨流，李、扁重本土，他又跟隨綠色的巨流。這種人永遠紅，因爲他會看巨流，並且依照巨流的立場，批判不合此立場之人。他不知道真正的學問，就在見微，就在於不疑處有疑。彰健投身學術，前後六十餘年，所做無他，校讎之學罷了。

　　校讎之學是耗時而費勁的工夫，而且最需專注。因此，心不能有旁鶩，才能綜覽比對。這種比對，十分繁複枯燥，寫出來的確煩瑣。這是校勘論證法的特色，它是優點，也是缺點。優點在於行家會予肯定，缺點在於非行家，或者喜歡快速閱讀者，以及講求提綱挈領者沒有辦法看懂。副研究員陳儀深，他當然是後者。也因此，他看不懂，自在意料當中。

附錄一、民國三十六年陳儀及彭孟緝往來電報目錄

1.	彭　　寅（三月）東（一日） 附：彭　　寅（三月）冬（二日）	已擬具警戒計劃電 致海軍第三基地司令部孟參字第2971號代電
2.	彭　　寅（三月）江（三日）申	報告臺南各地治安情況電
3.	陳　　寅（三月）江（三日）戌	暴徒有竄擾臺南之勢電
4.	陳一　寅（三月）支（四日）辰總戰	嘉義市初三日暴動，應設法以政治方法解決電
5.	陳一　寅（三月）支（四日）巳總戰 附：林則彬、張寧（申）福、華澤鈞、周慈森　寅（三月）支（初四）	嘉義市十九軍械庫爲暴徒所奪，希派隊進駐，令暴徒繳出所奪武器電 高雄秩序紛亂，內地人員死傷甚重，敬祈援救電
6.	彭　　寅（三月）支（初四）未	報告高雄臺南騷動情況，擬政治解決，正處理善後辦法中電
7.	陳　　寅（三月）支（初四）申戰一	任彭爲南部防衛司令電
8.	陳　　寅（三月）豪（初四）酉	加強兵力，守鳳山等軍械庫。守庫員兵與倉庫共存亡，否則以軍法論

			處電
9.	彭	寅（三月）微（五日）戌	報告高雄暴動情況，祈指示對策電
10.	彭	寅（三月）魚（初六）	高雄暴徒提出接收鳳山軍械庫及無異要求繳械，並持槍竟圖行刺，不得不作斷然處置，於午後二時收復高雄市政府及火車站，俘主犯八名，從犯百餘名電
11.	彭	寅（三月）虞	報告高雄變亂平，正辦理善後電
12.	陳	寅（三月）虞亥總戰一	貴官處置適宜，殊堪嘉慰電
13.	彭	寅（三月）佳（初九）	克復屏東，乞將嘉義敵情及我軍狀況詳示電
14.	彭	寅（三月）青（初九）午	屏東已增援，擬先攻臺南，續援嘉義，並擬利用登陸艇運輸電
15.	彭	寅（三月）佳（初九）未	左營暴徒已於九日正午戢平電
16.	陳	寅（三月）青（初九）戌	告知嘉義敵我軍情，希速出動援助電
17.	陳	寅（三月）青（初九）亥	如有車輛可輪送，則先攻臺南，續援嘉義電
18.	彭	寅（三月）灰（初十）酉	高雄俘獲人犯三百名，要犯現押本部軍法審判，餘交法院審判電
19.	彭	寅（三月）真（十一）	高雄平亂，兩營搜約四百餘人，業交地方法院偵訊，擬情輕者保釋，罪嫌重大者，再行依法辦理，祈核備電
20.	彭	寅（三月）真（十一）	報告高雄臺南情況，請派加強團以利綏靖電
21.	陳	寅（三月）侵（十二）	著即開始肅清參加暴動之主謀及奸僞分子電
22.	陳	寅（三月）文（十二）未	高雄林邊臺東段交通，暫予封鎖電
23.	陳	寅（三月）文（十二）戌總戰一	我軍已由嘉義推進埔里，並向臺中攻擊，希相機策應電
24.	彭	寅（三月）元（十三）未	祈確保日月潭電力發電所電
25.	彭	寅（三月）元（十三）	臺南學生軍七八百人，于六日攜械北上嘉義幫凶，目前尚未回臺南，除謹飭臺南戒備，並謹聞電
26.	彭	寅（三月）寒（十四）巳	報告臺東暴徒武力，高山族未參加電
27.	陳	寅（三月）鹽（十四）午	准予權宜槍決林界等數名首要電
28.	彭	寅（三月）寒（十四）午	報告南部各縣市綏靖情況電

29.	彭　寅（三月）寒（十四）未	潮州已戡平，林邊已解圍電
30.	彭　寅（三月）寒（十四）申	獨立團第二營是否仍歸職負責電
31.	彭　寅（三月）鹽	報告俘獲嘉義主犯五名，及武器數量電
32.	彭　寅（三月）刪（十五）	報告臺南一帶高山族之動態，及建議嗣後工作推進計劃電
33.	彭　寅（三月）刪（十五）戌	報告嘉義等地情況電
34.	陳　寅（三月）銑（十六）辰	爲新營暴徒活動，飭酌情辦理電
35.	彭　寅（三月）銑（十六）未	東港恆春相繼蕩平電
36	彭　寅（三月）銑（十六）申	涂平章擅取民財，經予槍決電
37.	彭　寅（三月）銑（十六）未 36 年 3 月 17 日孟秘字第 3135 號	抄呈佈告及告民眾書一份，請備查代電
38.	陳　寅（三月）效（十九）	復悉臺東暴徒武力電
39.	陳　寅（三月）效（十九）酉	復悉臺南高山族動態及今後工作推進計劃電
40.	彭　寅（三月）哿（二十）	報告此次戰役官兵傷亡人數、消耗武器彈藥電
41.	彭　寅（三月）養（二十二）	暴徒首犯林界、共產暴徒陳顯光，遵於馬日槍決電
42.	彭　寅（三月）迴（二十四）	復寅養機電，林界已執行槍決，已電呈在案電
43.	陳　寅（三月）迴（二十四）	復寅（三月）銑（十六）孟秘 3135 號代電及附件均悉電
44.	陳　寅（三月）有（二十五）亥	36 總戰一字第 3625 號代電
45.	彭　寅（三月）感（二十七）酉	報告奸匪在高山族活動情報電
46.	陳　寅（三月）儉（二十八）36 總戰一字第 3884 號	爲所報情況戰績准備查代電
47.	彭　寅（三月）儉（二十八）午　孟綏字 0106 號	在旗山緝獲匪徒文告，謹附呈祈設法制止代電
48.	陳　寅（三月）儉（二十八）未	槍決林界陳顯光准備案電
49.	陳　寅（三月）儉（二十八）36 總戰一字第 3970 號	速派隊搜繳布袋私梟槍械代電
50.	陳　寅（三月）　　（二十九）申	復報告書附建議各項已悉並辦理電
51.	陳　寅（三月）艷亥	寅感酉電悉，希續偵探，並與劉師長密切連絡電
52.	彭　卯（四月）多（二日）36 孟綏參字 0161 號	爲高山代表建議事項三條，請鑒核示遵代電
53.	陳　卯（四月）真（十一）36□戰一字 4841 號	綏靖期間，軍事宣傳應臻周密代電

54.	陳　卯（四月）文（十二）36 總戰一字第 4890 號	復卯東（初一）盂綏參字第 161 號代電
55.	彭　卯（四月）皓（十九）36 盂綏副字第 0451 號	遵造拘捕人犯現押及判決各名冊，呈核代電
56.	陳　卯（四月）梗（二十三）36 總戰一字第 5434 號	爲本省行政機構改組應嚴密戒備，綏靖清鄉應積極辦理代電
57.	陳　卯（四月）敬（二十四）	布袋東石兩地暴徒逃亡屏東，希注意偵緝電
58.	陳　卯（四月）寢（二十六）36 總法督字第 5655 號	爲退還所造拘捕人犯名冊代電
59.	彭　卯（四月）儉（二十八）盂綏參 561 號	爲實施緊急戒嚴演習報請備查代電
60.	陳　卯（四月）艷（二十九日）巳36 總法字第 5921 號	希從速訊判，限五月底以前清理完畢代電
61.	陳　卯（四月）艷（二十九日）午36 總法字第 5920 號	禁止軍公人員以私人損失，向鄉鎮參議會索賠代電
62.	陳　展（五月）江（初三）	准彭卯（四月）儉（二十八）盂綏參 561 號代電備查電
	附：蔣辰（五月）梗（二十三日）	電令彭，及彭辰（五月）迥（二十四日）覆電，及蔣覆電

追　　憶

敬悼黃彰健先生
── 從胡適的絕筆墨寶談起

吳　銘　能

　　中研院史語所黃彰健院士生前將所有藏書捐給川大，其中不乏兩岸三地著名學者簽名贈閱著作，如徐復觀、周法高、饒宗頤、黃盛璋、龔鵬程、黃一農、黃進興、茅海建、徐蘋芳等，其中有一張胡適親筆寫在宣紙上的墨寶：「明實錄　附校勘記　胡適題」，我一直很想寫一篇文章介紹，但總覺得不是什麼太大的影響，可有可無，於是就忽略了這件事。

　　胡適這張絕筆墨寶來歷，與黃先生是分不開的。

　　回想起2007年8月黃先生指示我將他一生所有的藏書打包郵寄成都，總共有77箱2000多公斤的圖書就這樣寄送到四川大學歷史文化學院珍藏。在我打包封箱之際，黃先生有時會到他的研究室看我工作情形，因此就有機會聊天、請教。我無意中翻到這張書有「明實錄　附校勘記　胡適題」的墨寶，正好夾在黃先生的大作《明實錄校勘記》第一冊內，於是我就向黃先生提起。黃先生興致很高，滔滔不絕向我說起這張小條幅是胡適之先生的最後絕筆：「當時他寫了幾張，讓我挑選了最滿意的一張作爲書名題簽，這一張沒有采用的就一直夾在書內頁了。第二天，胡先生就走了，因此這張題簽可以說是胡先生的

絕筆」。黃先生說完了，我把這張條幅題簽放回書內，繼續我的打包工作。

　　2010 年元旦，傳來黃先生年底（2009 年 12 月 29 日）過世的噩耗，我在哀痛之餘，想要好好談談黃先生校勘學的成就，於是就先從其第一部專著《明實錄校勘記》與他校勘的《明實錄》開始讀起。當我讀到《明實錄》內黃先生寫的〈校印國立北平圖書館藏紅格本明實錄序〉長文序言，意外在之後的〈後記〉讀到：

> 校印本明實錄的內封面，係適之先生本年二月二十三日晚十時在臺北福州街寓所所寫。而翌日先生即因主持中央研究院院士會議，過度操勞，心臟病作逝世。內封面所題的字，將是胡先生用毛筆最後所寫的字了。胡先生學問淵博。操守與風度之佳，爲近世所罕見。其謙虛慈祥，獎掖後進，這也是令人感念難忘的。

　　〈後記〉最後書 "民國五十一年五月十八日謹記"，這段文字寫於胡適先生逝世後兩個多月，其中提到 "胡先生學問淵博。操守與風度之佳，爲近世所罕見。其謙虛慈祥，獎掖後進，這也是令人感念難忘的"，胡先生學問淵博是不成問題的，但黃先生特別提到 "操守與風度之佳，爲近世所罕見"，只要深入研究胡適的專家都會同意這樣的論斷；然而，說到 "謙虛慈祥，獎掖後進，這也是令人感念難忘的" 云云，就不是一般的學者所能知道的，我猜想黃先生肯定是親炙胡先生，感受到他春風沐人的慈輝，才會有這樣溢於言表的話語。可惜，黃先生已歸道山，我也無從咨詢了！

　　這篇〈後記〉開頭一段說「校印明實錄序的初稿，撰寫於民國四十九年秋，承適之先生、濟之先生及陳、勞二先生賜閱

一過」，是指胡適、李濟、陳槃、勞榦四人都看過序言初稿，
又特別說了一段涉及胡適與校印《明實錄》相關的話：

> 史語所校印明實錄，需獲得國立北平圖書館善本甲庫書
> 的微卷，胡先生爲此曾寫了一封長達幾千字的信，請美
> 國國會圖書館將微卷送一全份與史語所。這些微卷的底
> 片，是胡先生在駐美大使任上，征得政府同意，委託國
> 會圖書館攝製的。胡先生在信中曾詳細徵引當年他與國
> 會圖書館往來有關函件。這一封信寄出，國會圖書館僅
> 回信告知以收到來信，幾個月之後纔正式回信同意。信
> 中說，曾查閱舊檔，胡先生所說都不錯；在信中幷大大
> 恭維胡先生當年惠允攝製善本甲庫書微卷，因爲這方便
> 了西方學人對中國歷史文化的研究。胡先生起初見國會
> 圖書館遲遲不表示同意，還以爲接洽不成功；及得此信，
> 遂大爲高興。現在史語所校印本明太祖實錄即將印好，
> 而先生已歸道山。音容宛在，請益無從。謹志于此，以
> 示哀思。

可見，胡適先生對明實錄校印出版所起的作用，是具有關
鍵性的決定影響。如果我的推測不錯，這篇〈後記〉文字應是
專門爲了紀念胡適而寫的。

不過，人間因緣湊巧是很奇妙的。胡適"謙虛慈祥，獎掖
後進，這也是令人感念難忘的"風範，竟然在我整理黃先生身
後遺稿得到了證實。

我受黃先生家屬委託整理遺稿事宜，今年二月十九日飛抵
臺北參加次日的追思紀念學術研討會，然後馬不停蹄整理黃先
生身後遺稿。其中黃家三女兒敦怡姐示我黃先生留下四頁遺書
中，首頁第一條即言：

朱子年譜　日本刻本

這是當年彰健治程朱理學，胡適之先生送給我的。有胡
先生題識，似可入藏本所善本圖書館。

這使我回想起這一綫裝本《朱子年譜》，胡適鄭重其事地
以朱紅色毛筆字簽名贈送黃先生，字體娟秀流暢，2007 年 8 月
黃先生曾經從其研究室書櫥內拿出翻閱示我，因此我的印象非
常深刻！可惜，我已經忘記了胡適題贈具體確實日期在何時
了。但從我所編〈黃彰健先生著作年表簡編稿〉，可以看到在
1950 年黃先生已有〈鵝湖之會朱陸异同略說〉文章發表在《中
央研究院歷史語言研究所集刊》第 22 本中 ，在 1956 年有〈論
四書章句集注定本〉文章發表在《中央研究院歷史語言研究所
集刊》第 28 本，同年又有〈讀錢賓四先生《中庸新義》〉文章，
發表在《民主評論》7 卷 1 期，〈讀錢賓四先生《中庸新義》
申釋〉文章，發表在《大陸雜志》12 卷 9 期與 12 卷 10 期，因
此，胡適贈送黃先生日本刻本《朱子年譜》應在此時期不遠，
除了 "謙虛慈祥，獎掖後進" 風範，找到了確鑿依據外，也說
明了黃先生當時校勘明實錄對版本重視，同樣也一貫表現在對
朱子的研究上，胡適是深知曉而以爲鼓勵的。

另外，我在清理黃先生的文章未刊稿、筆記、書信、家書
等，意外發現，有一本紙張泛黃、打書針裝訂已經生銹的《大
陸雜志》，在封面中央略靠左側，有胡適朱筆簽名：

彰健兄　　適之　　四八、十二、十二

我翻開內頁，首篇文章即是胡適先生的大作〈記美國普林
斯頓大學的葛思德東方書庫藏的磧砂藏經原本〉，這期封面印
有 "第十九卷第十期，中華民國四十八年十一月三十日出版"
的 《大陸雜志》，內頁英文刊名作 "THE　CONTINENT

MAGAZINE”，卷次日期書爲“Vol. XIX　No.10,November 30,1959.”，對照上述題贈文字，則知胡適先生把剛出版不久的文章，送給當時風華正茂、年方四十足歲的黃先生。以胡適當時的地位（中央研究院院長之職），史語所學者如過江之鯽，胡先生如此對待後生晚輩態度，稱呼黃先生爲“彰健兄”，黃先生內心的欣喜與感動，應是不難想像的！因此，黃先生說胡適“謙虛慈祥，獎掖後進，這也是令人感念難忘的”風範，又找到了第二個依據。

　　胡適先生對黃先生的影響如何？我在清理黃先生書信中，發現他對年輕人是非常鼓勵看重的。當時的鄺兆仁、朱鴻林、鄭欽仁、杜正勝等人，都是在海外研究所階段就讀或從師游學，從他們給黃先生的書信中，我得到了一項重要信息：謙虛慈祥，獎掖後進,實在有胡適之風。

　　記得我在1997年3至4月從北京寄了很多的履歷表到臺灣找工作，全部被封殺而出路無門，7月下旬從北京大學博士班畢業回到臺灣，最先去拜訪黃先生。在7月底的一天上午，我不安地打了電話到史語所，請總機轉接黃先生，言明希望與黃先生見面談談我的博士論文梁啓超研究的心得種種。先生以慈祥的口吻表示歡迎之意,幷言隨時可以接見,於是相約次日（星期三）到史語所研究室聊聊。

　　第二天一早，我把博士論文帶著造訪黃先生。黃先生與我簡單寒暄幾句後，就立即看我的論文。我注意到他的眼神專注表情，不斷地掃看內容，前面大半的篇幅他草草瀏覽翻過，而後當他看到我爲梁啓超年譜的文字做校勘時，他揚起目光看了我一下，然後徐徐道來，說他一直很服膺傅斯年先生的見解，大意是說史學研究貴在能够擴充新的材料，有了新的材料自然

會有新的見解云云；對于我能够利用北大珍藏梁啓超書信原件來爲年譜做文字校勘工作，表示極爲贊賞，但也指出我的不足在於沒有進一步提出現在做這樣校勘工作有何新意，怎樣解釋這一層意義。

10 餘年後，北大歷史系歐陽哲生教授主編《丁文江文集》，其中第六卷爲梁氏年譜，在序言中特別聲明吸收我的博士論文成果，尤其以我的校勘文字作爲《梁啓超年譜》的重要參考依據。前年上海交通大學出版社編輯任雅君女士有鑒于近現代影響較大的歷史人物新資料不斷被發掘，原來以丁文江、趙豐田主編的梁氏年譜已經不敷學術研究所需，有意物色專家學者重新編纂新的一部《梁啓超年譜》。任女士言透過哈佛大學哈佛燕京圖書館善本室主任沈津大力推薦，專程自上海多次長途電話邀請，幷親自到成都造訪，希望我能答應擔任主編的工作。

回首前塵，最先肯定我的學術貢獻的就是黃先生。現在，黃先生已經離我遠去了，我也來不及向他道謝致意了。思之哽咽，不勝悵然！

回憶當天拜訪黃先生的情景，他送我一本列爲"中央研究院歷史語言研究所專刊之九十八"新作《周公孔子研究》，封面印有出版日期是"中華民國八十六年四月　中華民國　臺北"，黃先生以紅筆在扉頁寫上：

送給銘能兄　　作者　　86、7、30

這種對晚輩的提携鼓勵，絕對不是偶然的。對照胡適對黃先生的態度，再仔細凝想黃先生對杜正勝等年輕人書信的往來，以及他對我素昧平生的簽名贈書，胡適先生人格的偉大，在黃先生身上的影響，是不必有任何懷疑的！

後來我成了黃先生的助理後，2005 年秋天應聘要到四川大

學歷史文化學院任教，臨行前，我與黃先生道別，黃先生特別找出一本早年的著作《經學理學文存》送我，還特別勉勵我好好認真工作。我接過這本著作後，當場翻開第一頁，簡直不敢相信上面寫的文字：

　　　　銘能兄指正　　　作者謹贈　　　九四、八

　　一位院士級學者很恭敬地送我著作，還尊稱我爲兄，請我指正，我當場感動地說不出話來！

　　黃先生的主要著作，有專著十一種，《明實錄校勘記》（共29 本，1963-1968 年，中央研究院歷史語言研究所）、《戊戌變法史研究》（1970 年，中央研究院歷史語言研究所專刊之54）、《康有爲戊戌真奏議》（1974 年，中央研究院歷史語言研究所）、《經學理學文存》（1976 年，臺灣商務印書館）、《明清史研究叢稿》（1977 年，臺灣商務印書館）、《明代律例彙編》（1979 年，中央研究院歷史語言研究所專刊之 75）、《經今古文學問題新論》（1982 年，中央研究院歷史語言研究所專刊之 79）、《中國遠古史研究》（1996 年，中央研究院歷史語言研究所專刊之 97）、《周公孔子研究》（1997 年，中央研究院歷史語言研究所專刊之 98）、《武王伐紂年新考幷論《殷曆譜》的修訂》（1999 年，中央研究院歷史語言研究所專刊之100）、《二二八事件真相考證稿》（2007 年，中央研究院與聯經出版社，列入院士叢刊），另有論文一百餘篇，都是擲地有聲的大文章，其取得的學術成就，是非常顯著的。黃先生生前獲得有臺灣教育部的杰出文科獎項（1971 年與 1983 年），臺灣領導人馬英九在其身後頒發褒揚令狀（2010 年 2 月 4 日），以表彰其"探賾明清實學奧旨，追溯文化考據深源，枕經藉史，紹統薪傳"的巨大貢獻。

　　中國社會科學院近代史研究所資深研究員耿雲志曾經對我回信言："1994 年 12 月，我到臺北得以親聆教益；他的學問，他的人格，他的誠懇待人，獎掖後進的風範，都是如今學界極難得的"，任何年輕人與黃先生有過接觸經驗的，大致都會同意這樣的論斷。

　　黃先生人格的偉大，套用他對胡適懷念的話，"謙虛慈祥，獎掖後進，這也是令人感念難忘的"，我想，把這句話用在黃先生身上也是合適的！

　　2010 年 2 月 5 日初稿、3 月 2 日二稿、3 月 10 日淩晨定稿于四川大學華西新村寓所

　　單 位 職：四川大學歷史文化學院副教授兼中國西南文獻
　　　　　　　　研究中心副主任

　　通 訊 處：成都市望江路 29 號四川大學歷史文化學院

　　郵　　編：610064

　　聯繫電話：13808099375

悼念黃彰健院士

武　之　璋

　　黃院士十二月二十八日走了，院士去逝大家並不意外，因為黃院士已經高齡九十，近年來屢為高血壓所苦，身體一天不如一天，去年黃院士夫人去世，對黃院士的心情應該是一個重擊。黃院士在八十多高齡還寫了一本六十多萬字的「二二八考證稿」，黃院士非但長壽，而且學術生命如此之長，想必與妻賢子孝有關，老伴走了，心情鬱悶可想而知。

　　我與黃院士因為追隨朱浤源教授一起研究二二八而相識，認識以後才瞭解黃院士是明清史學的大家。才開始讀了一些黃院士的文章及著作等，了解其本身對明清史有許多獨到的見解。我很有幸認識了一位大師級的學者，後來我常拿一些我寫的文章給黃院士看，得到黃院士多次的讚美與鼓勵，也曾多次與黃院士長談，談中國歷史、中國文化，談臺灣政治文化問題。有一次談到土地改革，我對共產黨的土改、陳誠的三七五減租、耕地放領等政策評價不高，黃院士聽了非常驚訝，他多次追問我原因，我說美、加、澳、紐等農業大國都有幾個特色：一、農場公司化、大型化。二、農業科學化。三、農業機械化。以中美作比較，美國耕地是中國的兩倍，農業人口才六百萬；中國農業人口八億；美國農民每人耕作八百畝地，中國農民每人

耕種四畝地所以臺灣的土地改革沒有那麼偉大，只不過在特定的時空完成了階段性的任務，臺灣的土地改革只是小國寡民的格局，其精神與農業現代化背離，至於大陸的土地改革，已經成為中國農業現代化的障礙。黃院士聽了先是震驚，後來接受我的看法，多次鼓勵我把這種看法寫出來，但是因為這個題目太大，我寫寫停停，迄今尚未完稿，黃院士已經仙逝，實在有負黃院士的期許，思之愧疚不已。

黃院士用明清史學的研究方法，寫了一部二二八考證稿，態度之嚴謹、搜證之周全、立論之公正，有關二二八研究的著作至今無出其右者。但是我對黃院士大作中的某些論證、某些觀點並不完全贊同，我寫了一些評論的文字，但是我一直不敢拿給黃院士看，因為黃院士實在太老了，我極怕影響黃院士的心情與健康。○七年我憂心臺灣的文化發展長，又擔心馬英九的選舉，搜集了過去寫的雜文，出了一本書「策馬入林」，我把文稿先給黃院士看，並要求幫我寫序，黃院士說：「你的知識很淵博，談到的東西很多我不懂，寫序難以下筆，我看沒有必要找任何人寫序，你的書一定會是暢銷書。」我完全了解黃院士的話，他不是謙虛，也不是看不起我，我們實在是隔了一個世代的人，黃院士又多年埋首書堆，不像我飽經憂患，在萬丈紅塵中打滾多年，讀的雜書較多，對臺灣社會百態比較瞭解。黃院士的預言不準，我的書沒有成為暢銷書，不過黃院士對我的謬許，使我至今引以為傲，也是我這幾年勤於讀書，勤於寫作的重要原因。

黃院士在完成考證稿後，朱浤源教授召集我們二二八增補小組的成員幫忙校稿，我認為黃院士的自序中說寫書的動機是為了「兩岸人民的福祉」，我建議這句是否改成「為臺灣的族群

融和」，黃院士立刻正色地說：「這句話不能改，二二八影響到臺灣內部和諧，也影響到兩岸關係，我花那麼大的力氣當然是爲兩岸人民的福祉。」黃院士觀照的是整個中國的文化與歷史，黃院士的高度真是大師級的高度。

有一次我們談到中共政權，黃院士對中共多所批評，並說中共「得天下不以其正」，我聽了心中暗笑，黃老夫子何其迂腐也，中國那一個朝代立國不是經過血腥屠殺，那一朝以「正」道得天下。可是時間久了，看到黃院士皓首窮經的求真精神，立身行事的儒者風範，我反覆咀嚼黃院士那句話，想到中國兩千多年來的專制政體、帝王之威勢、官吏之貪瀆、史治之黑暗，中國又多次歷經異族統治而沒有亡國，帝制王權臣還能自我節制，不正是因爲有很多類似黃院士般，志行卓絕、風骨凜然的儒士嗎？

黃院士走了，但是黃院士留下的風範，正如他的著作一樣，永遠活在我們的心中。

黃彰健院士與我

── 兼論黃院士著《二二八事件真相考證稿》

戚嘉林　博士

　　黃彰健院士於上（2009）年 12 月 28 日病逝，余深哀悼。我與黃院士相識，是約五年前應朱浤源博士之邀，於「臺北二二八紀念館」發表〈二二八事件研究方法、定義與發現〉的演講時認識。隨後，因參與武之璋董事長支持、朱浤源博士主持的〈二二八研究增補小組〉，幾次見面，瞭解黃先生是臺灣中央研究院的院士，是時正投身於有關二二八的研究。

　　記得黃院士曾就有關陳儀於 1947 年 3 月 13 日凌晨三時下達對二二八重要嫌犯的逮捕處決令相詢，我立刻將該史料全文影印寄贈。日後，渠出版《二二八事件真相考證稿》巨著，在該書第 552 頁的註中，我赫然發現如下記載「此據戚嘉林《台灣史》第五冊，並承惠贈歐陽可亮所著，張志銘譯，〈二二八大屠殺的證言〉，《台灣史料研究》，第十一期（臺北：吳三連財團法人文教基金會，民國 87 年 5 月）。全文。警總檔案記有三月十三日逮捕歐陽可亮，以奸偽嫌疑不足，保釋」；前輩風骨，即使如此小事，黃院士亦不掠人微美，據實以載，實為學界典範。

　　在〈二二八研究增補小組〉的幾次研討會中，我有機會與黃彰健院士比鄰而坐，渠均熱心與我討論其研究二二八事件之

心得。黃君以其長者及院士級的學術地位，如此相交，實有知音之感。記得在交談中，黃院士除贊余之治史外，至少二次告我治史方法，應「國史取詳年月，野史取詳是非，家史取詳官歷」等語。我一聽就能領會，因為我研究臺灣史二十餘年，其間苦惱的問題之一，就是如何呈現真實歷史及客觀史觀。我後來悟出方法，就是有關事件年月日期的記載，官方因人力物力充沛之故，檔案所載相關日期資料，遠非民間所能取得。例如清延處理閩粵械鬥，有關事發日期、官兵平亂等情，檔案多有詳載。至於閩粵怨懟百年是非，野史記載是非感性詮釋。關於個別官員的升遷調職，官方檔案較為零散，家譜或墓誌記載反而可能較詳。因此，就我的感受而言，是黃院士願將其一生治史心得結晶，與我這位非歷史科班出生的後輩分享；此外，在黃院士往生的前一年，他曾電話贊余並就某事推荐本人…。黃院士與我僅因二二八研究數面之緣，承蒙渠如此肯定，心中很是感念。當然，在黃院士晚年最後與我的談話中，相互也不無感慨之處。黃院士慨渠年老力衰，來日無多，未能更多的在此一領域發揮。我則慨然，政府有您這樣傑出的歷史學者，卻未能重用，徒讓二二八史實遭人歪曲等語，院士默然。

黃彰健院士之所以在其人生最後歲月，因「憂心時局」而投身二二八事件之研究，《二二八事年真相考證稿》書中〈自序〉即明言「這本書如能使二二八事件受害家屬明瞭事件真相，減少其對中華民國政府的怨恨，減少未來海峽兩岸和平統一的阻力，也許可以說是我對中華民族的貢獻吧」；當看到這段文字，我內心無比激動。因為早在 1980 年代初，島內仍處於威權統治，對岸則是改革開放初始困頓，余於兩岸關係茫然不知未來。但我深知臺灣史的重要性，因歷史是人類的集體記憶，孕育強

烈的近代國家意識，國族認同更是深源於歷史感的民族情懷。此外，我深信神州必有振興之日，兩岸終必統一，就如日據時期熱愛祖國的台士一樣，於國族騰飛世界時刻到來之前，孤燈黃卷，默默刻苦鑽研台灣歷史，盼日後台灣人能知道大清時兩岸國家一體化的雄偉史實，也盼日後台灣人能恢復對祖國的認同，俾爲兩岸統一略盡棉薄之力。故黃院士和我認識很短，僅數面之緣，惟都有爲兩岸統一盡份心力之意，相信黃院士和我就是因爲這樣的共同理念結緣。

　　黃彰健院士，湖南瀏陽人，中央大學歷史系畢業，一生著作等身，其中《戊戌變法史研究》、《今古文經學新論》分別獲1971、1983 年的台灣教育部文科學術獎，但我認爲最具時代意義的是《二二八事件真相考證稿》一書。爲修正及增補拙著有關二二八事件中的不足之處，我曾反覆詳細拜讀《二二八事件真相考證稿》，故知黃院士以渠治史半個世紀的深厚考證功力，對事件中的二二七緝私血案經過、高雄動亂真相、王添燈與三十二條、美國特務葛超智（George H. Kerr）等事，對比零散原史檔案，層層細膩考證，追根究底，不但洞察蓄意的歪曲歷史，發掘僞造的電報文書，提出諸多原創性的見解，還原諸多二二八事件的真相。故我深深相信，黃院士這本《二二八事件真相考證稿》，不但將有助台灣人對二二八事件真相的瞭解，該書也是眾多二二八事件相關著作中的經典之作，永留台灣，功在國族。

黃彰健先生的校勘之學與史學精神
── 以二二八事件研究為例

四川大學歷史文化學院副教授
中國西南文獻研究中心副主任
吳　銘　能

　　黃彰健院士不幸辭世，我曾寫下〈敬悼黃彰健先生〉一文，表達我對前輩學者提攜晚輩的懷念與感恩之誼。當時剛從醫院動完手術返家休養，不及翻檢書籍，頗多疏漏，今趁開會之便，提出修正，請讀者參見〈附錄三：〈敬悼黃彰健先生〉校補後記〉。

　　黃先生的校勘之學及其貢獻，沒有人談過，而且也不容易談。主要原因出在校勘的方法，學界不太重視，而且也沒有多少人能認識到由此入手做學問，實際上是大有空間可以發揮，而且史料建立在此紮實穩固基礎上，實在是史學研究講求考信的準則。如今，黃先生已歸道山，筆者不敏，謹嘗試對其校勘考證的貢獻略談一二，以志哀思。

　　黃先生生前曾經為筆者自言其校勘方法，源自中國傳統史家，如要系統談起，可以追溯從裴松之《三國志注》開始，然後由司馬光《通鑒考異》、李燾《資治通鑒長編考異》、王世貞《史乘考異》、王鳴盛《十七史商榷》、萬斯同《石園文集》、錢牧齋《明太祖實錄辨正》、潘力田《國史考異》、黃宗羲、錢大

昕《二十二史考異》、梁啓超《中國歷史研究法及其補編》、柳詒徵《國史要義》、夏閏枝等一路繼繩下來，其於《明清史研究叢稿》與《戊戌變法史研究》基本上就是延續前賢而來的，必須要如此，才能得其肯綮（詳見〈附錄一：我與黃院士交往的回憶文字（日記二則）〉）。

壹、從校勘《明實錄》說起

黃先生是在民國 33 年五月入史語所工作。那個時候開始接觸到《明實錄》[1]。

從事明實錄的校勘工作，先是發軔於傅斯年整理內閣大庫檔案，而後由其高徒李晉華繼起工作，時間從民國 22 年 7 月開始，後增助手有那廉君、鄧詩熙、潘愨三人[2]。可惜，李晉華投入心力過度，積勞成疾，不幸於民國 26 年 2 月病逝。同年 7 月，傅先生另聘任王崇武、吳相湘、姚家積三人繼續校勘工作。後來，因爲日本入侵戰亂因素，這項工作就沒能夠完成[3]。

民國 37 年冬，史語所遷到臺灣楊梅鎮。民國 43 年，史語所再遷至臺北近郊南港。民國 44 年冬，李濟所長徵詢黃先生校勘《明實錄》工作意願，於是就由黃先生繼續《明實錄》的校勘工作[4]。一直到民國 50 年春，這個工作才基本完成了初步階段。

---

1 黃彰健〈校印明實錄序〉，頁 10。見中央研究院歷史語言研究所校印本《明實錄》第一冊（《明太祖實錄》），以下簡稱〈校印序〉。
2 〈校印序〉頁 2。
3 〈校印序〉頁 10。
4 〈校印序〉頁 11。

　　黃先生的校勘工作做得相當細膩，對於明代史料的整理與史實研究，提出了許多甚有見地的見解。如說：

　　　　我們對明代歷史的知識，主要得自《明史》，而《明史》多取材實錄。取《明史》所記以判斷實錄異文的是非，有時只能證明修《明史》的人所見的實錄作某，而不能證明應該作某。而且修《明史》的人所利用的實錄不止一種本子，他所根據的本子也可能有錯。（按：以下引例，從略）

　　　　如果取《國朝典彙》及《國榷》 這一類的書來判斷，這也不穩妥。這些書也常常整段抄實錄，自然不妨參校，但有時也只能證明他們所見的實錄作某，而不能證明應該作某。而且這些書傳抄刊刻多誤，有時所記人名常與實錄各本不同，這在我看來，倒應該用實錄來校正這些書，而不能用這些書來校正實錄。

　　　　判斷實錄各本異同的是非，在我看來，宜引用那些材料來源可靠，而又非因襲實錄的載籍。如地名異文，宜參考《一統志》；某些人名異同，宜參考《進士題名碑》。這些書所記如與實錄某本合，則實錄某本所記就大概是對的。

　　　　判斷實錄異文，也宜參考實錄所根據的書。如實錄之修曾參考起居注。今本《萬曆起居注》雖有訛誤，然實錄某本異文如與起居注合，則與起居注相合的異文，也多半是對的。

　　　　實錄所載奏疏，多源於檔冊。其載於文集的，自亦可供校勘。

　　　　實錄所附臣工傳，有時係據墓誌、神道碑潤色。文集中

所載墓誌、神道碑之類，自亦可供參證。不過，用文集來校訂，所據文集也得係精本。本文前引太祖文集，內府寫本與明刊本不同，即其一證。像《皇明文衡》所載明人神道碑，其中錯字極多，用來校勘，即令人放心不下，總覺得應該找到石刻拓本來校勘纔好[5]。

又說：

明代官修的書，如會典，自然也可供參證。

現存的《明實錄》，民間傳抄本錯字當然很多，但實錄進呈寫本絕[6]不如此。李光濤先生曾見過清實錄廢篇，就因爲有一個錯字，經校對的人指出，而作廢重寫。

由於實錄進呈本繕寫極其鄭重，因此我覺得判斷實錄某些異文的正誤，有時宜利用實錄，以本書校本書。像左侍郎一本作右侍郎，如果根據雷禮《國朝列卿紀》一類著作來判斷，也不如根據實錄上下文爲好。像《國朝列卿紀》這一類著作，錯誤極多，有時應取實錄來校正，而不可根據牠來校正實錄。

以本書校本書，就得分類剪貼，或作人名索引，而這一點是現在人力財力所不允許的。

利用明人文集來參校，這也得先有明代文集篇目分類索引，而這也非短時間所能編[7]成的。

即令有這些書，而某些文義兩通的異文，其去取也不易定。而某一些異文，要判斷其是非，還需要具有某些特殊的知識。如判斷四夷人名異文，有時就需要通曉其時

---

5 〈校印序〉頁 21-22。
6 原文作「決」，疑誤，今據上下文意改。
7 原文作「完」，今據黃先生藏本親筆所改改。

四夷的語言；如判斷與天文曆法有關的異文，還需通曉
天文曆法。實錄所記，天文地理，典章經制，無所不包，
而一人所知畢竟有限。校籤既如是之多，內容所牽涉的
又如此之廣，而工具書又如是的欠缺，我們也只好盡力
而爲，於所不知，就存疑不斷，多存異文了。

由於校籤浩繁，判斷異文不易，我才深深的體悟到爲甚
麼有些校勘記僅列舉異文。凡是大部頭的書，如《大正
藏》之類，所附的校勘記，是僅能列舉異文，而無法詳
細考證抉擇的[8]。

沒有真正下過實地校勘工夫，這些話是說不出來的。而作
這類校勘工作，并不是件簡單的事。既要集合多人的力量，又
耗時耗力。正如黃先生完成校勘後，有所感嘆：這一工作即經
歷三十年始得完成，而其刊行完畢，又得歷時數年[9]。如今純以
文章發表在何種刊物的評鑒機制之下，鮮少注意到文章品質與
價值的浮華學風下，有幾多研究明史的專家，肯對此下紮實艱
苦工夫，更不必說對史料能夠有如此深刻真切的認識呢！

這些實務校勘經驗的心得，在校印出版《明實錄》後，黃
先生實際上是真正能夠身體力行，并沒有停止繼續校勘的工
作。何以見得？翻檢他個人捐獻給川大的藏書，正好爲吾人提
供了重要綫索。請略舉例《明實錄》第一冊內七例如次：

1.〈附李景隆解縉等進實錄表〉頁五第二行「臣朱絃」句
黃先生朱筆眉批注：

按朱絃，南豐人。建文庚辰進士。事蹟詳《乾隆建昌府
志》。

---

8 〈校印序〉頁 22-24。
9 〈校印序〉頁 25。

2.〈明太祖實錄卷四〉頁三第六行「置提刑按察使司以王習古王德芳爲僉事」句

黃先生朱筆眉批注：

> 王習古名王謙，宋濂《翰苑別集》卷二有王謙墓誌。《明史》作王濂，附郭景祥傳。

3.〈明太祖實錄卷五〉頁三第八行「丁丑徐達兵徇宜興取常熟」句

黃先生朱筆眉批注：

> 宋濂《芝園續集》卷三花雲墓誌謂丁酉春正月取常熟，與實錄異。

4.〈明太祖實錄卷一一〉頁五第四行「是歲以元帥吳復爲振武衛指揮同知」句

黃先生朱筆眉批注：

> 此條紀事有誤。是時尚未罷翼設衛。

5.〈明太祖實錄卷一五〉頁五第九行「先是溫州土豪周宗道據溫之平陽，屢爲明善所逼，歸降於我」句

黃先生朱筆眉批注：

> 周宗道事蹟參蘇平仲撰〈故元中奉大夫江浙府左行中書省參知政事周公墓志銘〉。其降明事，志銘不書。蓋周氏爲抗方國珍，其降明蓋不得已也。平陽後爲方國珍攻陷，實錄不書其事，蓋有所諱。《＝平仲集》卷十三〈周＝德墓表〉，平陽以癸卯九月十八陷[10]。

6.〈明太祖實錄卷二二〉頁三第二行「李二遣裨將韓乙盛兵來鬥」句

_____

10 由於年代久遠，眉批文字有的漫患不清，只能存疑以＝符號示之。

黃先生朱筆眉批注：

> 《介庵集》11／366〈故彭城衛指揮僉事張公墓誌銘〉云：
> 「從指揮傅友德征付，金陵子寨獲僞官李匡等，以功升
> 徐州衛副千戶」，此李匡疑即李二。

7.〈明太祖實錄卷二四〉頁四第九行「上禦戟門召學士朱
升及範權領樂舞生入見」句

黃先生朱筆眉批注：

> 周應賓《舊京詞林志》卷一 26 改范權作范常。按《明史》
> 范常字子權。

以上各條所列僅是《明實錄》第一冊內一鱗半爪內容，尚
不包含錯訛誤字或顛倒錯置字句的勘定，但工夫之細緻與全
面，讀者當不難窺見其端倪之一斑。其餘一百多冊經由黃先生
親筆眉批校閱者，如要一一查核抄錄，篇幅就很可觀了。由此
可見，黃先生所言「實錄所附臣工傳，有時係據墓誌、神道碑
潤色。文集中所載墓誌、神道碑之類，自亦可供參證」，絕對不
是誇誇而談之囈語，而是身體力行深造有得的經驗之談。

《明實錄》校勘之後，黃先生認爲應該做的工作列有三項：

1. 編實錄人名索引，不僅可以整理實錄校勘記，還可以考
   證實錄，校訂《明史》。以野史家乘文集與實錄核對，這
   一人名索引也是不可少的工具書[11]。
2. 分類剪貼實錄。用以整理明代典章制度，及明史外國傳、
   土司傳等。修明史時，曾分類摘抄實錄。如潘耒修食貨
   志，即抄實錄所記有關材料爲數十鉅冊。這一類實錄長

---

11 我受黃先生家屬之託，2010 年 2 月下旬清理黃先生遺留下來的書信、文
稿與書籍等，在史語所研究室發現有黃先生所做的明實錄人名索引數疊
資料，齊整地擺放在書櫥內。可見這項工作他早已經完成了。

編，在以前無法印行，而現在則可以。日本學人所編《明
代滿蒙史料》、《明實錄鈔》，即採用孟心史先生《明元清
系通紀》的方法。

3.編明代文集篇目分類索引。修明史時，雖曾廣搜文集，
但未有這一種工具書，還有很多寶貴的材料未曾利用[12]。

四十年後的今天，有了掃描機翻拍書刊，使用電腦做分類
檢索的系統更加完備精密，黃先生提到的第一項與第三項工
作，已經可以輕而易舉地完成，但有的建議如第 2 項仍可以繼
續再做，使明代研究資料更加完備。這是黃先生校勘出版《明
實錄》的卓越貢獻。

學術研究，譬如積薪，後來居上。黃先生對《明實錄》的
校勘工作，所熔鑄的心得，運用在臺灣史的研究，同樣是大有
創獲，饒多新見，二二八事件研究就是一個明顯例證。

二二八事件的研究方法

以上大略簡單勾勒校勘《明實錄》工作的特點與後續發展
方向。接下來，可以談談黃先生研究二二八的成就了。臺北中
央社 2 月 4 日發表一則消息：

總統馬英九今天明令褒揚中央研究院院士黃彰健，肯定
黃彰健畢生專研史學，以及發掘二二八事件真相的努力。

又說：

黃彰健專研明清政治史與法制史、經學與宋明理學，特
別是出版「明實錄校勘記」與「明代律例彙編」兩部重
要史料。晚年主持「二二八研究增補小組讀書會」，出
版「二二八事件真相考證稿」[13]。

---

12 〈校印序〉頁 24。
13 見 2010 年 2 月 4 日臺北《聯合晚報》。

　　這則在黃先生身後的襃揚令消息，基本上說得是符合事實的[14]。再進一步說，如果我的觀察不錯，黃先生研究二二八的方法，應該是延續早年校勘《明實錄》的經驗總結。例如他自言其研究方法來源出處：

> 沿襲清初學者黃宗羲與萬斯同整理明代史料的方法,「國史（包含檔案）取詳年月，野史（包含口述歷史與回憶錄）取詳是非，家史取詳官歷」。以野史家乘補檔案之不足，而野史的無稽、史家的溢美，以得於檔案者裁之[15]。

這樣的見解，與他早年寫〈校印明實錄序〉長文中的一段話：

> 就明代遺留下的史料來說，實錄所記，與野史家乘常有不同。國史所記，常失之於忌諱，但以源本檔冊，其所記年月日常較他書爲可信。野史雖可用以參求事情內幕，但多本諸傳聞，常多無稽之談。而家史所記，又多詼塚中枯骨，失之溢美。要審核野史家史之誤，仍得利用實錄中那些真實可信的材料[16]。

　　兩者相互比勘對讀，彼此若相仿佛，立意精神是一致的。因此，說黃先生的考證功底，實在是在校勘《明實錄》時期即已奠定，一點是不爲過的。

　　當黃先生把《二二八事件真相考證稿》完成後，曾將部分篇章送交劉翠溶院士看過，劉院士評爲「薑是老的辣」。這樣的評論，應是充分肯定黃先生史學研究，在史料上的努力，具有常人難以企及的功底。這是以下本文要談的重點。

14　「二二八研究增補小組讀書會」是由近代史研究員朱浤源先生主持的。
15　見《考證稿》原書序，以及頁 129。
16　〈校印序〉頁 24-25。

貳、二二八事件研究的創見

由於在史料上的努力，透過細膩校勘、排比方法，使得黃先生的二二八研究創獲新見，能夠超邁時賢，得到很大的成就[17]。

一、史料真偽判定影響到研究結論

當事者的回憶錄或口述歷史記錄，以其接近歷史事件發生時間的現場，以「現身說法」據實直抒，最容易引起注意，也較具有公信力。可是，誰也沒有想到，史學界引用研究的資料依據，如彭孟緝《臺灣省二二八事件回憶錄》與其幕僚〈二二八事變之平亂〉所引錄的電報，竟是偽造的[18]。黃先生指出柯遠芬寫的〈事變十日記〉，也有不忠實處[19]。

這點展示黃先生在史料上鑒別真偽的努力，目光如炬，頗有過人之處，一點都不馬虎滑過。

筆者曾經有言：今後學者對二二八事件詮釋，容或因史觀或立場有所不同，但想要推翻黃先生的見解，必得先要在史料上下絕大工夫，則是可以斷言的[20]。

---

17 黃先生對二二八研究的貢獻，筆者已經有了書評，可參見吳銘能〈檔案、校勘與歷史真相：以黃彰健《二二八事件真相考證稿》為例〉一文，發表在《海峽評論》第 206 期，2008 年 2 月。現收在拙作《書評寫作方法與實踐》（臺北：秀威圖書，2009 年 2 月），頁 117-134。
18 《考證稿》，頁 3-18。
19 《考證稿》，頁 219-230。
20 見拙作〈敬悼黃彰健先生〉一文，發表在 2010 年 3 月號《海峽評論》。

　　由於《二二八事件研究報告》在史料上所下的工夫，有所欠缺，因此竟說：

> 當時陳儀曾命彭氏循政治方式解決，幷嚴令「限電到即撤兵回營，恢復治安，恪守紀律，否則該員應負本事件肇事之責」。然彭氏則視當時民間代表至要塞司令部要求繳械，爲軍人之奇恥大辱，幷不瞭解此次事變只是「部份臺胞的一時衝動」。事件過後，政府竟拔擢其爲臺灣警備司令，因而造成民間更深的不滿與怨懟。[21]

　　這就是誤信僞電報的研究結果，值得引以爲殷鑒！

　　口述歷史也有不忠實處。黃先生透過不同人物的口述歷史相互比對，與當時往來電報檔案的校勘，發現許雪姬所作的口述歷史〈王作金先生訪問紀錄〉，事件當事人王作金即有有意隱諱歷史事實，所述的已有不忠實處；即使他的動機是善意的，不想影響到本省人與外省人的團結和諧，致有此曲筆[22]。因此，黃先生以爲，口述歷史還是要審愼取擇後，才可采信運用研究[23]。「史明《臺灣四百年史》係野史，而王作金、李捷勳、彭明敏、陳浴沂、孫太雲諸人訪問紀錄述所經歷，或傳聞失真，或有意歪曲史實，幸賴有警總檔案及當時陳儀、彭孟緝來往電報

21　《研究報告》（行政院版下冊，頁 365），轉引自《考證稿》頁 19。然而，正式出版的《研究報告》頁 410 爲了把國軍繳械隱諱不提，已經改爲「事變發生時之高雄要塞司令彭孟緝，在三月六日下午二時採取斷然鎭壓之手段，使南部亂事不致擴大。就政府立場而言，彭氏之功績甚大；然在高雄市民看來，彭下令鎭壓，軍人無差別的掃射，造成民衆大量的傷亡，確有疏失可議之處。事件過後，政府竟拔擢其爲臺灣省警備司令，更造成民間深刻的恐懼與不安」，這點細微差異的改變，可見《研究報告》不忠實處，已昭然若揭。

22　《考證稿》，頁 30-41。

23　《考證稿》，頁 64 注解第 94。

以資判斷。《回憶錄》述自己所經歷，與口述歷史性質相近，而彭孟緝爲當年高雄事件重要當事人，其《回憶錄》更應據警總檔案審核」[24]。

《考證稿》有了如此嚴謹紮實的細膩比對工夫，其立論的基礎就比較站得住腳，而《研究報告》在不同說法之中，沒有提出令人信服的裁擇理由，其可信度自然就大打折扣了。

而最不可原諒的，口述歷史介入了個人主觀意識的操弄，影響到歷史真相探索，也牽涉到學術良知的道德問題，不能不嚴正指出的！詳以下〈口述歷史真僞與有意操作痕跡〉段討論。

二、新的見解建立在紮實考據工夫

（一）蔣介石是否　鎭壓禍首

《二二八事件責任歸屬研究報告》指出蔣介石是二二八事件的「元兇」。[25]

《研究報告》說二二八事變爆發後，陳儀即因援軍不能馬上到，遂采緩兵之計，與臺北二二八事件處理委員會作拖延談判，等國軍登陸抵臺，陳儀就撕破臉，遂以軍事武力鎭壓[26]。

黃先生的研究指出，從二二八到三月六日，陳儀致電蔣只有二電（丑儉電、寅支電），均未言及向蔣請求派兵事[27]。黃先

24　《考證稿》，頁 72。

25　2006 年 2 月 19 日「二二八紀念基金會」委託的研究《二二八事件責任歸屬研究報告》公佈，認爲蔣介石是二二八事件的「元兇」。本《二二八事件責任歸屬研究報告》原件筆者未見，僅見 2 月 20 日《中國時報》與《聯合報》的相關報導。

26　《研究報告》，頁 202，頁 206-207。

27　《考證稿》，頁 212。

生指出，《研究報告》引用楊克煌、蘇新、唐賢龍、柯遠芬、趙毓麟等人的說法[28]，與《大溪檔案》記載蔣介石決定三月五日派兵不合[29]。對蔣介石日記研究致力甚深的楊天石指出，蔣在日記表明二二八事件的處理對策，因兵力不足以「威懾」情況下，「現時惟有懷柔」[30]，可作爲另一旁證。

（二）彭孟緝出兵具有正當性

二二八事件爆發後，彭孟緝與陳儀來往電報與代電，已編入了中研院近史所出版的《二二八事件資料選輯》第一、第三、第四、第五及第六冊，但其內容順序是零散的，閱讀、研究頗不方便，《考證稿》依序長編排比輯成，清晰呈現如何平息這場暴亂的經過[31]。黃先生指出，彭孟緝出兵平亂是正當的，是被迫獨斷專行，是別無選擇不得不然地處置[32]，與《研究報告》說彭孟緝採取斷然鎮壓手段，無差別的掃射，確有報復行爲[33]，兩者顯有不同。

新的資料出現後，可以帶來新的見解，使立論更加嚴謹；也可以修正原有推論的錯誤。黃先生的研究指出，《研究報告》說黃仲圖是自願上山的，這九個條件是黃市長提出，這是與事實不合的。由審訊筆錄與軍事法庭判決書可以確定，帶槍上山的只有涂光明一人。《研究報告》說涂上山談判未帶手槍，這也

28　《研究報告》頁 202。
29　《考證稿》，頁 215。
30　楊天石〈二二八事件與蔣介石的對策 —— 蔣介石日記解讀〉，見 2009 年 2 月號《傳記文學》（臺北）。
31　《考證稿》，頁 99-128。
32　《考證稿》，頁 19，頁 23。
33　《研究報告》，頁 407-410。

與事實不符[34]。

黃先生也指出，《研究報告》隱諱涂光明提出包含接收鳳山軍械庫與要求國軍繳械等九條不合理內容要求，係為了坐實國軍鎮壓屠殺的說法，不是史家應有的忠實態度[35]。

（三）關於蔣渭川、王添燈與三十二條要求

《研究報告》以為陳儀欲利用蔣渭川所領導的臺灣省政治建設協會勢力，削弱處委會的力量，以達到「內部的分化、瓦解」，又以為柯遠芬請蔣出面，係出自于「蓄意利用」，「自始即是一種利用的動機」，對於蔣在二二八事件中投注心血努力的貢獻一概抹煞，還編造蔣「可能亦藉此難得機會立功成名」說辭[36]。黃先生不避繁瑣，根據檔案、報刊、文件等大量新材料，發現從三月二日到三月六日，代表臺灣民間向陳儀提出政治改革，為臺灣人民爭取權益的，是蔣渭川與其領導的處委會民間代表。黃先生對蔣苦心孤詣做了澄清，發潛德之幽光，給予公正評價，還諸應有的歷史地位[37]。

---

34 《考證稿》，頁 184。〈郭萬枝先生訪問紀錄〉先在《口述歷史 3》說「涂光明偷藏了兩把槍，一把在後面，另一把藏在胸前，上要塞要繳械，他只繳了一把」，但三年後，到了《高雄市二二八相關人物訪問紀錄》卻增加了「聽說」二字，於是語意變成了「聽說涂光明偷藏了兩把槍，一把在後面，另一把藏在胸前，上要塞要繳械，他只繳了一把」，這樣意思就有了很大不同了。《研究報告》為了隱諱涂帶槍，在口述歷史動了手腳。關於口述歷史動手腳的研究，可參見吳銘能〈檔案與口述歷史之間：「口述歷史」文字之更動與二二八事件研究〉，《九州學林》7 卷 1 期，2009 年春季號，頁 206-234。

35 《考證稿》，頁 163。

36 《研究報告》頁 59-61。

37 《考證稿》，頁 377-423。蔣渭川在《研究報告》中是個熱衷功名的投機分子，與《考證稿》中的形象大相逕庭，黃先生花了絕大力氣以專章寫了〈論蔣渭川與二二八〉，重新為蔣渭川定位，使後人不致埋沒其貢獻。

　　黃先生經過檔案、報刊等資料細膩工夫比對校勘，指出《研究報告》完全不理會英國領事館的檔案，也漠視了美國領事館的檔案，更不欲深究三十二條與四十二條要求的各種不同版本關係，因此觀點就有了局限與偏見，把王添燈歌頌爲英雄人物；而實際上，王添燈提出三十二條要求，第一條即是要求國軍繳械，另有撤除警備總部等多條超出地方權限的要求，幷在三月八日《人民導報》刊出三十二條內容，還編造出三月七日下午四時二十分向陳儀提出條件的謊言，把欲國軍繳械要求刪略，也把《人民導報》的三十二條通知英、美領事館，企圖以移花接木、魚目混珠方式推卸責任。

　　其他考據精彩處，可以三十二條要求爲例。王添燈提出三十二條要求，見於三月八日《新生報》，但是英國領事館檔案的三十二條與《新生報》登載的內容有歧異，黃先生發現美國人葛超智（George H. Kerr）向美國大使報告的三十二條文件係出自於《人民導報》，而英國領事館檔案的三十二條內容與《人民導報》同一出處，而以《人民導報》的內容和葛氏的報告比較，則知葛氏的報告取材於《人民導報》與三月八日《新生報》，葛氏對於第一條要求國軍繳械沒有據實報告，還刻意隱瞞，欺騙了美國大使。黃先生又找到了三月八日《中外日報》，知其條文內容與《新生報》相符，而與《人民導報》不合，再根據大溪檔案的時間記載比對，證明瞭王添燈的《人民導報》對臺灣人民的欺騙。

　　關於四十二條要求，黃先生所知道的就有三種不同版本，即是三月八日《新生報》所載、三月七日晚六時二十分王添燈的廣播、長官公署《臺灣省二二八暴動事件報告》收錄者，但

三者內容次序有若干的不同[38]。

　　這些都是《研究報告》所無法處理的關鍵問題，也是所有研究二二八學者所忽略的。黃先生能夠在錯綜複雜的史料中理出頭緒來，這就是歷史研究新見解建立在嚴密考據的基礎上，才能有此成績。

三、口述歷史真偽與有意操作痕跡

　　黃先生有言：「有些人的口述歷史可以補檔案之不足，有些人的口述歷史則與檔案抵觸，顯係錯誤。有些錯誤係記憶有誤，有些則由於所得資訊自始不完整，有些則由於隱諱、歪曲、有意不忠實。」[39]這些都是當事人追憶往事所容易出現的問題，值得注意判斷，避免在研究時為其所誤而陷入歧途。

　　另外一種情況，黃先生沒有指出的，是訪問者對被訪問者所言口述歷史的刻意篡改，問題就非同小可，不容等閑視之。如中研院近史所口述歷史組第一次出版《口述歷史 3》（1992年 2 月）、《口述歷史 4》（1993 年 2 月）對日本殖民統治臺灣，大多以「日據時代」、「日據時期」或「日本時代」稱之，但相隔三年後出版的同樣口述歷史，集中焦點主題，編為《高雄市二二八相關人物訪問紀錄》（上、中、下，三冊，1995 年 2 月），就憑主觀意識一概改為「日治時期」；更駭人的，口述歷史或有肆意加入訪問時間以後的事，或有抽調原來的照片而另行插入不同照片，或有同一照片而解說文字卻截然不同，刻意強調傷亡慘痛遭遇，以博得更多的同情，或有擴大渲染歷史傷痕（臺

38　《考證稿》，頁 425-467。
39　《考證稿》，頁 21。

灣與中國、本省與外省截然劃分矛盾對立）[40]，已經違背了《研究報告》所說的「倘能有助於海內外同胞對此事件真相之瞭解，從而化解四十餘年來受難者對政府的怨懟與省籍的隔閡，促進社會之融洽祥和，裨益國家民族，當爲研究同仁之最大願望」之宗旨[41]，令人遺憾！

參、史學經世精神

二二八事件本來不是黃先生夙所研究的領域。黃先生爲何要在晚年奮力撰寫一個自己不熟悉的《考證稿》專著？這應該是很多人共同的疑問。

黃先生受傅斯年先生的影響，秉持「讀書不忘救國，救國不忘讀書」理念，這是近代中國自五四時期以來的傳統。

過去傅斯年目睹民生經濟達到不堪忍受的境地，以孔祥熙、宋子文爲首的豪門涉及不法貪瀆，寫下了〈這個樣子的宋子文非走開不可〉、〈宋子文的失敗〉、〈論豪門資本之必須剷除〉

---

40 參見吳銘能的研究，〈檔案與口述歷史之間：「口述歷史」文字之更動與二二八事件研究〉，《九州學林》7 卷 1 期，2009 年春季號，頁 206-234。這篇文章原發表在 2005 年 11 月 5 日中央研究院近代史研究所[記憶與認同研究群]與[明清研究會]主辦的「記憶載體與近代中國的認同建構」學術研討會上，原題爲〈從中研院近代史研究所「口述歷史」文字之更動見歷史研究的若干問題 —— 以高雄地區二二八事件爲例〉，時隔三年，仍未見有論文集出版，初稿也曾經送呈主要訪問者許雪姬教授做回應，訪問者遲遲沒有任何答復，於是就投稿在正式學術刊物發表。如果，歷史可以這樣操弄，則學術淪爲政治奴婢，就辜負文明國家賦予學者「獨立之精神，自由之思想」的社會期待，也違背了傳統史家自揭奚斯、章學誠以來一再強調研究歷史的精神首重史德 —— 史家心術。因此，這篇文章仍有再流傳的價值。
41 《研究報告》頁 12。

三篇文章，十五天後，宋子文迫於輿論壓力就下臺了[42]。據黃先生說，他很佩服傅先生的愛國情操，《考證稿》的完成正是體現了這種史學經世精神，「（彰健）退休後，寫了三本書：（一）《中國遠古史研究》（二）《周公孔子研究》（三）《武王伐紂年新考，並論殷曆譜的修訂》，均印入史語所專刊。正撰寫第四本《論衣禮與經傳所記禘袷》，已寫第一章及第四章，以憂心時局，遂擱置，而寫《二二八事件真相考證稿》。記得民國三十七年傅斯年先生由美國回國，在史語所大門前晤談，傅先生說，他有許多書要寫，因憂心時局，不能不過問政治。我現在正是這種心情」，「這本書如能使二二八事件受害家屬明瞭事件真相，減少其對中華民國政府的怨恨，減少未來海峽兩岸和平統一的阻力，也許可以說是我對中華民族的貢獻吧」[43]，則這部晚年絕筆代表力作，實具有關懷現實的意義！

　　黃先生在〈論蔣渭川與二二八〉一文曾說：

> 蔣渭川在二二八事件後的角色與功勞，《二二八事件研究報告》不但不給予肯定，還頗多污蔑曲解，本文根據檔案、報刊、文件等新材料重新研究，擬給予公平的論斷，不欲使其人之貢獻埋沒，還諸應有的歷史地位。致力史學研究應該實事求是，既不阿諛奉承，也不婉曲隱諱，作〈蔣渭川與二二八〉[44]。

　　這段文字可以說明黃先生的歷史研究講求忠實學術良知，絕不阿諛奉承執政當局，亦不隱諱事實，這也是中國史學家從

---

42 Wang Fan-sen, Fu Ssu-nien：A Life in Chinese History and Politics（Cambridge：Cambridge University Press, 2000）, pp.180-181。

43 《考證稿》，自序。

44 《考證稿》，頁 377。

司馬遷以來所建立的史學特色與優良傳統。

　　黃先生表現在史學經世的精神，化爲具體行動，就是公開參加反對軍購與發表兩岸和平論述的聯名簽署[45]。

　　以賴澤涵爲總主筆，黃富三、黃秀政、吳文星、許雪姬等人合撰的《研究報告》（1994 年 2 月）自出版以來，似主導著臺灣二二八事件的詮釋權，代表著官方觀點的主流見解，也是二二八事件研究最權威的著作。黃先生以殘年餘力寫出《考證稿》巨著，正是敢於對官方主流觀點提出挑戰的第一人[46]。這種「自反而縮，雖千萬人吾往矣」道德勇氣精神，是很了不起的！

　　《研究報告》的作者在當時以集體合作的力量，投入衆多的人力物力，係以接受一件任務來完成，但由於時間倉促，可以商榷之處頗多[47]。因此在《研究報告》出版後，仍然有大量

---

45 在扁政府時期，黃先生 2004 年 9 月 20 日參加「反軍購聯盟」，以實際行動反對立法院表決 6108 億元軍購案，與勞思光、許倬雲、楊國樞、胡佛、于宗先、林毓生、李歐梵、王德威、劉兆漢、張灝院士共同發表連署「認識危機，消弭災難」的聲明，呼籲民衆及早警覺，共同努力，「讓臺灣越過五十年來最嚴重的難關」。見次日《中國時報》。2005 年 10 月 23 日，黃先生又與于宗先、林毓生、胡佛、張玉法、勞思光、楊國樞院士聯署共同發表「兩岸和平論述 — 和平中國運動的起點」聲明。見當天《聯合報》。這兩則新聞，在大陸影響頗大的《參考消息》第二天全文轉載刊登。

46 李敖首先對《研究報告》提出異議的觀點，但根本上無法撼動《研究報告》所依據的材料，僅能補充其研究之疏漏不足，直到黃先生以近九十歲高齡年紀，以「釜底抽薪」方式在史料上直擊《研究報告》要害，獨力完成皇皇六十萬言《考證稿》巨冊專著問世後，學界才開始正視兩者的異同。關於此，可參看比較拙作書評〈檔案與口述歷史之間：「口述歷史」文字之更動與二二八事件研究〉與陳儀深的書評〈爲何考證？如何解讀？評論黃彰健著《二二八事件真相考證稿》〉，陳文發表在 2008 年 9 月《中央研究院近代史研究所集刊》第 61 期。

47 見《研究報告》序二，頁 7，以及原書〈前言〉，頁 11。

史料公佈，正如總主筆賴澤涵在《研究報告》序中所言「本研究報告雖爲一年，但因官方檔案資料的取得延誤甚多，事實上只有九個月左右，可謂相當匆促，故在文獻搜集和口述歷史上難免有遺漏之處，這些遺憾，只待未來更多資料的出現，再作修訂」。十六年後的今天（《研究報告》初版在 1994 年 2 月 20 日），二二八史料公佈更多，基本上也沒有任何研究或口述的禁忌了，可是，那些《研究報告》的作者，如今有多少人還繼續再研究二二八呢？

然而，黃先生的研究只有一人單槍匹馬[48]，但花費的心力之多與不厭其煩修改，可以說是達到一個最高極限。

只要試著把黃先生的學術年表排序拈出，文章仔仔細細閱讀，就可以看出其學術精神是一貫的，那就是具有精益求精的奮進精神，一點也不讓年輕人步伐。

《考證稿》特別用一「稿」字入題，說明他的信念：學術研究貴在創新，是沒有止境的，只要有新的史料出現校勘比對，哪怕是自己曾經覺得嘔心瀝血的得意之作，也必須以史料證據爲判，推翻原有的觀點也在所不惜[49]。

我要以一個親身經驗的例子，作爲本文的結束，說明黃先生這種精神是很難得的[50]。

我記得一年半之前，黃先生已經看到新公佈的資料，可以補充已經發行第二版《考證稿》專著的觀點，爲了寫這篇文章，

---

48 另外，朱浤源先生以及其助理群朱麗蓉、高偉文、楊欽堯、黃種祥等人協助黃先生書稿文字輸入電腦。

49 見拙作〈敬悼黃彰健先生〉一文，發表在 2010 年 3 月號《海峽評論》。

50 黃先生精益求精的奮進精神，在其《考證稿》揭示學術研究進境的歷程，另可參閱拙作〈檔案、校勘與歷史真相：以黃彰健《二二八事件真相考證稿》爲例〉一文。

在 2008 年 7 月我回臺北省親之際，他讓我根據其口述觀點，整理成在學術刊物發表有關二二八事件的最後一篇文章[51]。

原稿他看了幾次，都是不滿意退回。當時我沒有錄音設備，只有聽完他的講解後，憑著簡單速記與印象，趕緊回到近史所朱法源先生提供的研究室整理文字。我曾經為此改寫了四遍，在大熱天太陽底下，往返跑進跑出黃府共有五次之多。最後他才滿意說可以發表了。

我印象最深刻的，有一次，他實在是太累了，說了一句抱怨的話：「我說這樣改，你為甚麼沒有照我的意思？」我每想起他的話語，內心就感到無限的心疼。像他這樣的年紀，還如此工作，真是令人肅然起敬！

　　庚寅正月初五初稿，時為小女滿月後六日於成都外雙楠
　　庚寅春分定稿於四川大學華西新村寓所

本文承蒙史語所前任所長管東貴先生愷切評論，又麻煩朱法源先生助理幫忙做了文字方面的編排，非常辛勞而效率工作，謹此表達內心的謝忱！

51　黃彰健口述、吳銘能整理〈讀侯坤宏先生新編《大溪檔案》〉，發表在 2008 年 9 月《檔案季刊》，7 卷 3 期特稿，頁 4-7。讀者如果想知道黃先生對其《考證稿》的修正意見，這篇文章是必須要參閱的。

附錄一：我與黃院士交往的回憶文字
（日記二則）

2007 年 2 月 1 日　　星期四

　　我問：很多口述歷史對同一件事互有出入的回憶，爲何您能判斷那麼正確？

　　答：我用的是傳統的史學方法，就是萬斯同、黃宗羲所說的，「國史（包含檔案）取詳年月，野史（包含口述歷史與回憶錄）取詳是非，家史取詳官歷，以野史家乘補檔案之不足，而野史的無稽、史家的溢美，以得於檔案者裁之」，以一件可靠正確的檔案爲准，其它的口述就能斷定是否合乎史實。從前在李莊的時候，周法高與人聊天，提到史語所年輕的研究人員，就說將來以嚴耕望和黃彰健最有成就。這是他後來告訴我的。傅斯年先生過去曾經寫過〈這樣子的宋子文非走開不可〉，就是因爲關心國事，不得不停下研究工作而寫這樣的文章。他死後，人家整理他的遺物，才知道他有很多計劃寫的文章都沒有完成。

　　問：完成了二二八研究，您是否繼續寫原預定欲寫的書呢？

　　答：我恐怕沒有精力了。

　　我說：先休息個半年到一年，等身體養好再說。

　　到了五時左右，告辭黃府。

　　院士把稿子借我回家看，星期日再見面。

2007 年 2 月 4 日　星期日

上午十點在中研院近史所。

我對院士言：您的著作很有考證功底，尤其是校勘的方法，
　　　　　真是可以寫成一篇文章好好介紹。

他的興致很好，就娓娓道及中國傳統校勘學必要參閱的著
作有裴松之《三國志注》、司馬光《通鑒考異》、李燾《資治通
鑒長編考異》、王世貞《史乘考異》、王鳴盛《十七史商榷》、萬
斯同《石園文集》、錢牧齋《明太祖實錄辨正》、潘力田《國史
考異》、黃宗羲、錢大昕《二十二史考異》、梁啟超《中國歷史
研究法及其補編》、柳詒徵《國史要義》、夏閏枝、黃彰健《明
清史研究叢稿》、黃彰健《戊戌變法史研究》。

黃院士言繆鳳林先生說他的文章最大缺點是太過於單調，
沒有流暢文采。因郭冠英言其文章考據繁瑣，一般讀者很難耐
性讀完而有此言。

附錄二：黃彰健先生著作年表簡編稿

吳銘能謹編

　　黃彰健（1919.2.2.- 2009.12.29），湖南瀏陽市人，中華民國中央研究院院士，歷史學家。1943 年畢業於國立中央大學（1949年後大陸更名爲南京大學，1962 年在臺復校，仍名中央大學），獲歷史系文學士學位。歷任中央研究院歷史語言研究所助理員、助理研究員、副研究員、研究員、通信研究員、兼任研究員。

　　1948 年冬隨中央研究院遷居臺灣，爲研究明清檔案專家。1971 年以《戊戌變法史研究》獲教育部文科學術獎，1983 年以《今古文經學新論》獲教育部文科學術獎。1982 年當選中央研究院院士。

　　先生一生學術，有專著十一部，論文一百餘篇，主要發表陣地多在《中央研究院歷史語言研究所集刊》與《大陸雜誌》，可以五方面述之，一爲文獻考訂之學　有《明實錄校勘記》與《明代律例彙編》專著；二爲學術思想史　有《經學理學文存》與《經今古文學問題新論》專著；三爲明清史個案研究　有《戊戌變法史研究》、《康有爲戊戌真奏議》與《明清史研究叢稿》專著；四爲上古史研究　有《中國遠古史研究》、《周公孔子研究》與《武王伐紂年新考幷論《殷曆譜》的修訂》專著；五爲臺灣史研究　有《二二八事件真相考證稿》專著。

　　尤其晚年以獅子搏兔氣力寫出《二二八事件真相考證稿》專著，質疑臺灣當今主流論述，道德勇氣，令人敬仰。

著　作

（一）專　書

《明實錄校勘記》（臺北：中央研究院歷史語言研究所，1963-1968），共 29 本。

《戊戌變法史研究》（中央研究院歷史語言研究所專刊之 54，臺北：中央研究院歷史語言研究所，1970），頁 660。

《康有爲戊戌真奏議》「附康有爲僞造「戊戌奏稿」，中央研究院歷史語言研究所史料叢書（臺北：中央研究院歷史語言研究所，1974），頁 534。

《經學理學文存》（臺北：臺灣商務印書館，1976），頁 255。

《明清史研究叢稿》（臺北：臺灣商務印書館，1977），頁 655。

《明代律例彙編》（中央研究院歷史語言研究所專刊之 75，臺北：中央研究院歷史語言研究所，1979），頁 1391。

《經今古文學問題新論》（中央研究院歷史語言研究所專刊之 79，臺北：中央研究院歷史語言研究所，1982），頁 809。

《中國遠古史研究》（中央研究院歷史語言研究所專刊之 97，臺北：中央研究院歷史語言研究所，1996），頁 191。

《周公孔子研究》（中央研究院歷史語言研究所專刊之 98，臺北：中央研究院歷史語言研究所，1997），頁 373。

《武王伐紂年新考並論《殷曆譜》的修訂》（中央研究院歷史語言研究所專刊之 100，臺北：中央研究院歷史語言研究所，1999），頁 287。

《二二八事件真相考證稿》（臺北：中央研究院/聯經出版公司，2007），頁 602。

（二）論　文

〈「張三世」古義〉，《學原》一卷八期（1947），頁 15-19。

〈洪武二十二年太孫改律及三十年律誥考〉，《中央研究院歷史語言研究所集刊》第 20 本（1948），頁 223-250。

〈鵝湖之會朱陸異同略說〉，《中央研究院歷史語言研究所集刊》第 22 本（1950），頁 261-265。

〈大明律誥考〉，《中央研究院歷史語言研究所集刊》第 24 本（1953），頁 77-101。

〈讀明史王艮傳〉，《中央研究院歷史語言研究所集刊》第 24 本 （1953），頁 103-105。

〈明外史考〉，《中央研究院歷史語言研究所集刊》第 24 本 （1953），頁 107-134

〈孟子與告子論性諸章疏釋〉，《大陸雜誌》六卷七期（1953），頁 1-7。

〈釋《漢書・地理志》所記秦郡與漢郡國的增置〉，《中央研究院院刊》第一本（1954），頁 281-336。

〈釋孟子「天下之言性也則故而已矣」章〉，《大陸雜誌》十卷七期（1955），頁 6-10。

〈孟子性論之研究〉，《中央研究院歷史語言研究所集刊》第 26 本（1955），頁 227-308。

〈釋孟子「公都子問性」章的才字情字〉，《民主評論》六卷十六期（1955），頁 91-92。

〈宋刊殘本《禮記正義》跋〉，《大陸雜誌》十一卷五期（1955），

頁 32。

〈讀錢賓四先生《中庸新義》〉,《民主評論》七卷一期（1956）,
　　頁 4-7。

〈讀錢賓四先生《中庸新義》申釋〉,《大陸雜誌》十二卷九
　　期（1956）,頁 10-14、十二卷十期（1956）頁 14-20。

〈論四書章句集注定本〉,《中央研究院歷史語言研究所集刊》
　　第 28 本（1956）,頁 497-515。

〈跋史語所藏明刊清修本《天工開物》〉,《大陸雜誌》十四
　　卷四期（1957）,頁 8-9。

〈論秦以前的賜姓制度〉,《大陸雜誌》十四卷十一期（1957）
　　頁 7-12；十四卷十二期頁 17-22。

〈讀皇明典禮〉,《中央研究院歷史語言研究所集刊》第 29
　　本（1958）,頁 661-676。

〈論明史所記四輔官事〉,《中央研究院歷史語言研究所集刊》
　　第 30 本（1959）,頁 557-595。

〈蒙古世系譜撰人〉,《慶祝董作賓先生六十五歲論文集》（中
　　央研究院歷史語言研究所集刊外編第 4 種,1960）上冊,
　　頁 327-328。

〈明史纂誤〉,《中央研究院歷史語言研究所集刊》第 31 本
　　（1960）,頁 303-346。

〈明末實錄書成謄寫四分說〉,《中央研究院歷史語言研究所
　　集刊》第 31 本（1960）,頁 347-352。

〈明實錄校勘記引據各本目錄〉,《中央研究院歷史語言研究
　　所集刊》第 31 本（1960）,頁 353-380。

〈影印國立北平圖書館藏紅格本明實錄並附校勘記序〉,《中
　　央研究院歷史語言研究所集刊》第 32 本（1961）,頁 1-17。

〈論皇明祖訓錄所記明初宦官制度〉，《中央研究院歷史語言研究所集刊》第 32 本（1961），頁 77-98。

〈論皇明祖訓錄頒行年代並論明初封建諸王制度〉，《中央研究院歷史語言研究所集刊》第 32 本（1961），頁 119-137。

〈讀明刊毓慶勳懿集所載明太祖與武定侯郭英敕書〉，《中央研究院歷史語言研究所集刊》第 34 本（1963），頁 617-625。

〈論朱子對論語「夫子之文章」的注釋並論了解論語的方法〉，《孔孟月刊》第三十八期（1965），頁 26-30。

〈明史纂誤續〉，《中央研究院歷史語言研究所集刊》第 36 本，下冊（1966），頁 445-512。

〈汲古閣詞苑英華本《少游詩餘》校錄〉，見饒宗頤編校本《淮海居士長短句》（1966），頁 133-151，香港龍門書店出版。

〈皇明世法錄影印本評介〉，《書目季刊》第一期（1966），頁 55-57。

〈論明初北元君主世系〉，《中央研究院歷史語言研究所集刊》第 37 本（1967），頁 313-322。

〈奴兒哈赤所建國號考〉，《中央研究院歷史語言研究所集刊》第 37 本（1967），頁 421-448。

〈論張儒紳齎夷文至明年月並論奴兒哈赤的七大恨及滿文老檔諱稱建州國〉，《中央研究院歷史語言研究所集刊》第 37 本（1967），頁 449-457。

〈滿洲國國號考〉，《中央研究院歷史語言研究所集刊》第 37 本（1967），頁 459-473。

〈清太祖天命建元考〉，《中央研究院歷史語言研究所集刊》第 37 本（1967），頁 475-496。

〈滿洲開國史叢考〉，《中央研究院歷史語言研究所集刊》第
　　37 本（1967），頁 421-509。

〈論清太祖於稱汗後稱帝，清太宗即位時亦稱帝〉，《中央研
　　究院歷史語言研究所集刊》第 37 本（1967），頁 497-503。

〈論滿文 nikan 這個字的含義〉，《中央研究院歷史語言研究
　　所集刊》第 37 本（1967），頁 505-510。

〈明史纂誤再續〉，《中央研究院歷史語言研究所集刊》第 37
　　本（1967），頁 511-576。

〈譚嗣同全集書札繫年〉，《中央研究院歷史語言研究所集刊》
　　第 38 本（1968），頁 293-318。

〈康有爲衣帶詔辨僞〉，《中央研究院歷史語言研究所集刊》
　　第 38 本（1968），頁 319-350。

〈論康有爲「保中國不保大清」的政治活動〉，《大陸雜誌》
　　三十六卷十二期（1968），頁 1-29。

〈論光緒丁酉十一月至戊戌閏三月康有爲在北京的政治活
　　動〉，《大陸雜誌》三十七卷九期（1968），頁 7-24。

〈歷史語言研究所校印明實錄的工作〉，《中央研究院歷史語
　　言研究所四十周年紀念特刊》（1968），頁 207-213。

〈論光緒賜楊銳密詔以後至改變爆發以前康有爲的政治活
　　動〉，《大陸雜誌》三十八卷九期（1969），頁 7-24。

〈論今傳譚嗣同獄中題壁詩曾經梁啓超改易〉，《大陸雜誌》
　　三十八卷九期（1969），頁 25-29。

〈律解辯疑大明律直解及明律集解附例三書所載明律之比較研
　　究〉，《中央研究院歷史語言研究所集刊》第 39 本（1969），
　　頁 289-308。

〈明史考證攟逸〉糾謬，《慶祝蔣複璁先生七十歲論文集》

（1969），頁 125-156。

〈讀康有爲《日本變政考》〉，《大陸雜誌》四十卷一期（1970），
　　頁 1-11。

〈唐寫本周易正義殘卷後〉，《大陸雜誌》四十二卷九期（1971），
　　頁 30-33。

〈關于拙著《戊戌變法史研究》 ── 敬答汪榮祖先生〉，《大
　　陸雜誌》四十三卷四期（1971），頁 53-55。

〈釋周公受命義〉，《大陸雜誌》四十六卷五期（1973），頁
　　48-59。

〈釋周公受命義〉，《東方雜誌》，復刊第七卷第十一期（1974），
　　頁 34-39。

〈釋周公受命義續記〉，《大陸雜誌》四十八卷三期（1974），
　　頁 43-48。

〈讀清世祖實錄〉，《中央研究院歷史語言研究所集刊》第 45
　　本（1974），頁 241-254。

〈明洪武永樂朝的榜文峻令〉，《中央研究院歷史語言研究所
　　集刊》第 46 本（1974），頁 557-594。

〈康有为与「保中国不保大清」〉，《大陸雜誌》四十九卷五
　　期（1974），頁 43-52。

〈理学的定义、范围及其理论结构〉，《大陸雜誌》五十卷一
　　期（1975），頁 1-49。

〈《明代律例彙編》序〉，《大陸雜誌》五十三卷四期（1976），
　　頁 1-19。

"On the Hundred Days Reform"，見 Paul A. Cohem & John E.
　　Schreckern 所編 "Reform in Nineteenth-Century China"
　　（1976），頁 306-309。

〈四論周公受命攝政稱王問題〉，《大陸雜誌》五十四卷三期
　　（1977），頁 114-118。

〈陶弘景著《帝王年曆》以竹書爲正〉，《大陸雜誌》五十五
　　卷六期（1977），頁 270-272。

〈杜正勝著「尚書中的周公」書後〉，《大陸雜誌》五十六卷
　　三、四期合刊（1978），頁 123-124。

〈讀明史余應桂、揭重熙、傅鼎銓三人傳〉，《明史研究專刊》
　　第一期（1978），頁 170-172。

〈經今古文學問題新論〉，《大陸雜誌》五十八卷二期（1979），
　　頁 49-87。

〈經今古文學問題新論（中篇之一）〉，《大陸雜誌》六十卷
　　一期（1980），頁 1-24。

〈經今古文學問題新論（中篇之二）〉，《大陸雜誌》六十卷
　　二期（1980），頁 64-87。

〈論鄭桓公滅鄶，並論京兆鄭縣非鄭桓公封邑，申臣瓚說〉，
　　《大陸雜誌》六十卷五期（1980），頁 1-5。

〈經今古文學問題新論（中篇之三上）〉，《大陸雜誌》六十
　　一卷一期（1980），頁 1-29。

〈經今古文學問題新論（中篇之三下）〉，《大陸雜誌》六十
　　一卷二期（1980），頁 16-31。

〈論康有爲進呈「孔子改制考」月日，幷論康「戊戌奏稿」、
　　「請尊孔聖爲國教摺」爲康事隔多年僞作〉，《大陸雜誌》
　　六十一卷五期（1980），頁 216-217。

〈康有爲戊戌年真奏議 ── 「日本變政考」、「傑士上書彙錄」
　　等書，已在北平故宮博物院發現〉，《大陸雜誌》六十二
　　卷六期（1981），頁 1-7。

〈經今古文學問題新論（中篇之四）〉，《大陸雜誌》六十四
卷一期（1982），頁 11-22。

〈敬答陳槃庵先生〉，《大陸雜誌》六十四卷五期（1982），
頁 8-9。

〈明史廣西土司傳考證 ── 明史纂誤三續〉，《大陸雜誌》六
十八卷一期（1983），頁 7-27。

〈明史貴州土司傳記靄翠奢香事失實辨〉，《大陸雜誌》六十
八卷二期（1983），頁 4-11。

〈與友人論「古文奇字」書〉，《大陸雜誌》六十八卷四期
（1984），頁 192。

〈象山思想臨終同於朱子〉，《大陸雜誌》六十九卷一期（1984），
頁 32-42。

〈再談戊戌政變 ── 答汪榮祖〉，《大陸雜誌》七十七卷五期
（1988 年），頁 1-7。

〈再論清太祖清太宗的國號、年號及位號 ── 敬答蔡美彪先
生〉，《大陸雜誌》七十六卷五 5 期（1988），頁 1-5。

〈拙著《戊戌變法史研究》的再檢討 ── 並評介最近幾年國人
研究戊戌政變法的成績〉，《中央研究院第二屆國際漢學
會議論文集‧明清與近代史組》（1989），下冊，頁 729-768。

〈了解《論語》的方法 ── 並簡論漢宋學派對《論語》的解釋〉，
《清華大學學報》（哲學社會科學版）1990 年第一期第 5
卷，頁 45-65（1989.7.20 在新竹清華大學人文社會學院演
講稿）

〈論「傑士上書彙錄」所載康有為上光緒第六書第七書曾經光
緒改易，並論康上光緒第五書確由總署遞上〉，《故宮學
術季刊》第九卷第一期（1991），亦登載《清史研究》1996

年第 4 期。

〈康有爲與戊戌變法 —— 答汪榮祖〉，《大陸雜誌》八十六卷
　　三期（1993 年 3 月），頁 1-23。

〈康有爲與戊戌變法〉，《清史研究》1993 年第 4 期，頁 83-106。

〈論譚嗣同獄中詩〉，中華仁學會（1994），頁 1-10。

〈劉著《尚書學史》讀記〉，《大陸雜誌》八十八卷六期（1994），
　　頁 1-9。亦登載《中國典籍與文化論叢》第二輯，1995 年。

〈讀杜預「春秋序」，幷論左傳原書的名稱〉，《大陸雜誌》
　　八十八卷一期（1994），頁 1-3。

〈《大眾草書千字文》序〉，1995 年 7 月 22 日。

〈論譚嗣同獄中詩 —— 與孔祥吉先生商榷〉，《大陸雜誌》九
　　十卷二期（1995），頁 1-5。

〈戊戌變法與素王改制〉，《大陸雜志》一百卷五期（2000），
　　頁 1-19。

〈釋 "武成" 月相，敬答張聞玉先生〉，《大陸雜誌》一百二
　　卷一期（2001），頁 1-5。

〈論衣禮與商代周祭制度上〉，《中國史研究》（2002）2002
　　年第 1 期，頁 11-49。

〈彭孟緝與高雄事件真相〉，《高雄研究學報》（2002），頁
　　77-92。

〈再論彭孟緝與高雄事件真相（二稿）〉，在「大高雄地區近
　　百年文化變遷研討會」印出宣讀（2003.11.13）。

〈林茂生之死考〉，《歷史月刊》193 期（2004），頁 135-146。

〈釋《春秋》左氏經傳所記魯國禘禮並釋《公羊傳》 "五年而
　　再殷祭" 〉，《中央研究院歷史語言研究所集刊》第 75
　　本（2004），頁 699-743。

〈二二八高雄事件新考〉，《歷史月刊》229 期（2007），頁
　　72-74。

論「春秋」學的時代使命 —— 並簡介我對春秋經傳禘祫問題的
　　研究。《華學》第 9、10 輯（2008），頁 472-480。

〈讀侯坤宏先生新編《大溪檔案》〉，《檔案季刊》七卷三期
　　（2008），頁 4-7。

〈讀茅著《從甲午到戊戌：康有爲《我史》鑒注》 —— 與茅海
　　建先生商榷的信〉《古今論衡》20 期（2010），12 頁。

附錄三：〈敬悼黃彰健先生〉校補後記

後記：

這篇文字，以兩個半天時間完成，當時處在情感激動的情況下，很多往事憑著記憶，不及翻檢資料，如我說 1997 年 10 月初的星期二上午與黃先生初次見面，實際上，應該是 7 月 30 日才是。因為我找到了黃先生送其新作《周公孔子研究》給我，上面親筆簽名，並寫下日期。這次正式出版，文字也不更動，留下當時的心情，特在此說明。

另外，我說關於黃先生二二八研究的貢獻，可參閱我在《九州學林》第 6 卷第 4 期（2009 年冬季號）的文章〈檔案與口述歷史之間：口述歷史與 "二二八" 事件研究〉。其實，那是校稿的情況，最近收到印刷出版品，應該是 7 卷 1 期（2009 年春季號）。

其次，昨日收到史語所秘書室林明雪女士受黃先生家屬之託的郵件，1 月 13 日轉寄來黃先生遺稿複印本，其中有給茅海建先生的信件草稿，內有言：

> 尊著《我史鑒注》找到了戊戌年手稿本，證實了我當年寫《戊戌變法史研究》，對康有為年七十對自編年譜的題記不可信據，並且確實解決此一問題。彰健撰寫《戊戌變法史研究》時，海峽兩岸不能往來，根本無法利用北京故宮軍機處檔案，尊著《鑒注》仔細的利用檔案，核對康自編年譜，在孔祥吉之後，實應以尊著此書貢獻最大。

這段文字說明我的〈悼念〉文提到：

> 以戊戌變法研究為例，哈佛大學費正清研究中心研究員
> 孔祥吉自言其成績曾受到黃先生的名作《戊戌變法史》
> 啟發頗多。而後起之秀的北京大學歷史系茅海建教授在
> 《戊戌變法史》出版三十年後，曾經興致勃勃到臺北故
> 宮翻檢清代檔案，意圖找尋新的討論題材；但他最後放
> 棄了，說黃先生的研究把所有能夠談的問題都做完了，
> 『連一點湯都不給我留下』。可見黃先生治學勤奮，目光
> 如炬，其史學研究已臻出神入化的境界！

對照上引書信草稿，可以證明我的學術品評，找到了確鑿
的依據。至少，黃先生會同意我的判斷。

2010-1-26 於川大望江校區

論　　著

（簡評）

檔案與口述歷史之間：「口述歷史」文字之更動與二二八事件研究[*]

吳 銘 能[**]

一、前 言

　　大陸學者對臺灣所作二二八研究有極高的評價，認爲「臺灣學者在資料的發掘、搜集、整理、出版方面下了很大功夫，取得了豐碩成果」，這是有一定事實的根據，但接著說「特別值得稱道的是花大力氣訪問了數以千計的事件親歷者，對他們的陳述做了客觀的記錄，并結集成冊，公布于世，這些資料爲進一步深入研究二二八事件奠定了堅實的基礎」[1]，這種「訪問了數以千計的事件親歷者」、「做了客觀的記錄」提法，只是誇大其詞的耳食之見，並沒有深入細究真實情況，也未考慮到其間的複雜性質[2]。

---

[*]　原載《九州學林》7 卷 1 期，2009 年春季號，頁 206-234。
[**]　四川大學歷史文化學院副教授、中國西南文獻研究中心副主任。
1　詳見中國社會科學院近代史研究所副編審杜繼東發表〈臺灣二二八事件研究綜述〉一文，收在《近代史研究》（北京：中國社會科學院近代史研究所），2004 年第 2 期，頁 258-290。
2　口述歷史的訪問，難有完全客觀的呈現，往往受制於社會背景與當事者選擇性記憶及模糊印象、採訪者意圖及預設立場等因素的影響。這方面的研究，參見王明珂〈誰的歷史：自傳、傳記與口述歷史的社會記憶本質〉一

　　研究二二八事件，「檔案文獻」與「口述歷史」均為重要的資料之一，運用「檔案文獻」所發揮的作用，黃彰健院士已經取得了極大的成就[3]，而透過不同版本「口述歷史」文字的比對校勘，其間所突顯的背後有意操作與本文所欲探究的問題，則是值得注意，這方面，郭譽孚先生先發現了疑點[4]，激起吾人不得不詳細作文字校勘的死工夫，頃近經過玩索深思，有了一點心得提出報告，期待同好參與討論。

　　以近代人物訪談記錄，中央研究院近代史研究所分別在1992 年 2 月、1993 年 2 月出版《口述歷史 3》與《口述歷史 4》，讀者反應良好，短時內銷售一空[5]，於是在 1995 年 2 月第二次出版，集中焦點主題，編成《高雄市二二八相關人物訪問紀錄》上、中、下共三冊發行。把兩次出版的文字仔細核對，其間的出入，有的是异體字或辭彙的更動，如「姐妹」改成「姊妹」、「爸爸」改成「父親」等，有的是被訪問者以閩南語交談，第一次出現的方言用語，第二次改成通俗語，如〈陳蔡嬌女士訪

文，1996 年 9 月《思與言》第 34 卷 3 期，頁 147-184。

3 黃院士運用檔案所收彭孟緝與陳儀來往電報數十通，透過逐日逐時排序與事件發展因果關係推論，將高雄事件各種不同記載，理出清晰頭緒，饒多新意，詳見〈彭孟緝與高雄事件真相〉、〈再論彭孟緝與高雄事件真相（初稿）〉、〈再論彭孟緝與高雄事件真相（二稿）〉。關於二二八研究最新成果，在方法與史料鑑別真偽均取得極大的成績，突破前人研究的水準，參見黃彰健專著《二二八事件真相考證稿》（臺北：中央研究院、聯經出版公司，2007 年 2 月）。

4 郭譽孚先生告知筆者〈郭萬枝先生訪問紀錄〉第二版被刪掉了關于描述塗光明的一段，遂激發我逐篇詳加校勘，撰成這篇文字，郭先生點撥提示，功不可沒，特予申謝。

5 許雪姬為《高雄市二二八相關人物訪問紀錄》作序言「近史所曾于民國八十一年二月出版《口述歷史》第三期，其中刊載二二八事件時高雄地區的口述歷史十三篇，引起重視，到十一月全部二千本已告售罄，是否再版尚在評估中，若能藉此機會予以重印亦順理成章」，說明中研院近史所口述歷史出版後在社會的影響力。

問紀錄〉第二版將「黑頭車」改寫成「黑色轎車」、「阮厝邊」改寫成「我鄰居」等即是，或者是標點符號的不一致，從文獻校勘學的角度看來，這些無關宏旨枝節是爲了文從字順，使讀者閱讀流暢易懂，不得不爲之的處理方式，影響不大；比較值得注意的，有的文字頗不一致，却是極爲關鍵的字眼（key word），牽涉到學術倫理與忠實訪談人物意見的道德問題，不得不嚴肅面對。換言之，編者更改訪談者的意見，尤其是足以影響到歷史評價的若干文字，更該謹慎處理，不得扭曲。而很不幸地，《口述歷史 3》、《口述歷史 4》與《高雄市二二八相關人物訪問紀錄》出版僅相隔近三年，其中的問題重重，值得進一步探究。

　　藉著本文的撰寫，期能引發對口述歷史如何訪談、紀錄與出版，有一反思的機會。

二、日本殖民統治臺灣的評價問題

　　日本人甲午戰役打敗滿清政府，統治臺灣半個世紀，臺灣人與大陸人經過長達五十年不同教育體制與地理隔閡的疏離，在政經制度與文化思想難免形成巨大的落差，因此光復不久，竟爆發了臺灣史上慘痛的「二二八事件」，臺灣籍菁英份子在短期內消失，隱藏爲其後代家屬長期以來的歷史悲情意識。

　　日本殖民統治臺灣所帶來的利弊得失，是該總結清理，提出見解的時候了。

　　《口述歷史 3》與《口述歷史 4》對日本人殖民臺灣時期，大多以「日據時代」（或說「日據時期」、「日本時代」）一詞稱之，但到了第二版印刷，集中聚焦爲《高雄市二二八相關人物訪問紀錄》，均改爲「日治時期」；雖然「日據」與「日治」僅

是一字之差，卻在漢文語境中有著截然不同的意義：前者代表「非法占領」的意思，後者是「肯定統治」的口吻，這種用詞不同的轉換，是一個值得關注的風向變化。

三、文字更動對照

編者爲何在《高雄市二二八相關人物訪問紀錄》把被訪談者幾處文字做更動，而且這已經是牽涉到歷史觀感的印象，這個部分影響很大[6]，可惜編者並沒有進一步合理的說明。

以下先將這些關鍵性文字更動的例子一一列出，并排對照，以**粗斜字**標示之，然後再加注筆者個人的案語，明顯者不另特別說明。

下列所引據的例子，收在《口述歷史 3》與《口述歷史 4》的訪談紀錄文字在先，而收在《高雄市二二八相關人物訪問紀錄》的文字在後，其中篇名、頁碼與行數均清楚標示，以便於讀者按覆。

〈謝有用先生訪問紀錄〉

1.日本投降到**國民黨**接收這段時間，臺灣的社會秩序維持得很好，**日據時期**一般都有防衛團、壯丁團，通常是由大家推選年紀較大的人出來領導，以維持局面。(《口述歷史 3》，頁 183，行 15 起）

日本投降到**中國**接收這段時間，臺灣的社會維持得很好，**日**

6　《口述歷史 4》序言云「二二八事件爲臺灣光復初期發生的一場悲劇，長久以來真相未明，民國八十年政府決定澄清此事件，遂由行政院于二月成立研究二二八工作小組，并于翌年二月公布研究報告。不過研究報告究屬論文形式，且以事繫日，較難引起讀者的共鳴。口述訪談紀錄，以人爲經，以事爲緯，且敘述活潑，較能引起一般人的興趣，此爲本所出版二二八事件專號的原因」，足見欲宣導社會的效應。

*治時期*一般都有防衛團、壯丁團，通常是由大家推選年紀較大的人出來領導，以維持局面。（上冊，頁 139，行 2 起）

2.以後是愈看愈失望，因爲期望大，*失望也就大*。（《口述歷史 3》，頁 184，行 10）

以後*臺灣人*是愈看愈失望，因爲期望大，*失望也就愈大*。（上冊，頁 140，行 11）

3.我還碰過*一個壯漢*，三月五日時，背著一管空機關槍，在市政府民眾教育館樓頂，說要打憲兵隊，*我問他有沒有子彈？*會不會使用？他說沒有子彈，也不會使用，但起碼有嚇阻效力。（《口述歷史 3》，頁 192，行 18 起）

三月五日時我曾見*兩、三個流氓*扛著一管空機關槍，要到市政府民眾教育館樓頂，說要打憲兵隊，*我問其中蕭某說有沒有子彈？*會不會使用？他說沒有子彈，也不會使用，但起碼有嚇阻效力。（上冊，頁 150，行 4 起）

4.*臺灣新生報記者兼高雄二二八處委會宣傳委員*謝有用先生*出獄後*與妻足枝（已故）合影留念（謝有用先生提供）（《口述歷史 3》，頁 182 照片）

*劫後餘生餘悸猶存*謝有用與愛妻足枝（已故）合影（上冊，頁 154 照片）

　　銘能案：同樣一張照片，解說文字却不同。

　　〈郭萬枝先生訪問紀錄〉

1.塗光明爲人悍悍的，在開會時隨身帶有手榴彈，身上披了整排子彈，開會時常搶著發言，有人叫他別鬧，他就作勢要丟手榴彈，大家也不當一回事，不理他也不和他說話。一般人對他風評不好。（《口述歷史 3》，頁 206，倒行 3 起）

　　銘能案：此段文獻，《高雄市二二八相關人物訪問紀錄》刪除，

沒有說明爲何要如此刪除。

2.塗光明偷藏了兩把槍，一把在後面，另一把藏在胸前，上要塞要繳械，他只繳了一把。（《口述歷史 3》，頁 207，行 8）

聽說塗光明偷藏了兩把槍，一把在後面，另一把藏在胸前，上要塞要繳械，他只繳了一把。（下冊，頁 46，行 17）

銘能案：根據檔案〈高雄要塞司令部判決書〉明言「手槍壹桿、子彈七顆沒收」，足見塗光明確有帶槍，《高雄市二二八相關人物訪問紀錄》加上「聽說」二字，意思就起了很不同的變化，有誤導視聽之嫌。

〈李佛續先生訪問紀錄〉

1.**父母親**篤信佛道，我的名字即由宗教信仰而來。（《口述歷史 3》，頁 212，行 1）

母親篤信佛道，我的名字即由宗教信仰而來。（上冊，頁 25，行 1）

2.黃市長會講國語，議長則**不太會講**。（（《口述歷史 3》，頁 215，行 6）

黃市長會講國語，議長則**不會講**。（上冊，頁 30 行 14）

3.中飯後士兵們便打下山，可以聽見從市區**傳來的槍聲**。（《口述歷史 3》，頁 215，行 15）

中飯後士兵們便打下山，可以聽見從市區**傳來連續不斷的槍聲**。（上冊，頁 31，行 5）

4.他給了我四包米，**并要副官陪我出來，稍後派五名衛兵**，以一輛卡車送我下山，他交待了副官後我就出來了。（《口述歷史 3》，頁 216，行 2 起）

他給了我四包米，**並派五名衛兵來保衛公司**，以一輛卡車送我們下山，他交待了副官後我就出來了。（上冊，頁 32，行 2

起）

5.于三月六日與六位談判代表上山見彭孟緝將軍的李佛續先生
與其夫人合照（李佛續先生提供）（《口述歷史 3》，頁 212 照
片）

參加三月六日高雄要塞司令部談判者中，除彭孟緝外，唯一
健在的李佛續。與其妻合影于民國三十七年（上冊，頁 26 照
片）

銘能案：同樣一張照片，解說文字卻不同。

〈陳錦春先生訪問紀錄〉

1.三月六日早上（**按為 下午二時**），上級下令，軍隊即從壽山攻
下來。（《口述歷史 3》，頁 219，行 9）

三月六日早上（**按：為 中午十二時**），上級下令，軍隊即從壽
山攻下來。（上冊，頁 168，倒行 3）

〈陳桐先生訪問紀錄〉

1.且很生氣地起身返回室內，這時候，司令部的衛兵，却發現
塗光明正要從其西裝中，**掏出手槍的動作**，立即由後面抱住
塗光明，阻止了這項行動；（《口述歷史 3》，頁 225，倒行 4
起）

且很生氣地說提此條件豈是要求政治改革，根本是要造反。
說完即欲起身返回室內。這時候，司令部的衛兵發現塗光明
正要從其西裝中**做探囊取物的動作**，立即由後面抱住塗光
明，**并從塗手中奪得子彈已經上膛的白朗寧手槍一支**，及時
阻止了這項流血行動。（下冊，頁 223，行 15 起）

2.反而是有一支從鳳山開過來的部隊，**其連長**在建國路上，被
暴徒們架設在火車站陽臺上的機關槍打死。（《口述歷史 3》，
頁 228，行 4 起）

反而是一支從鳳山開過來的部隊，**有一班長**在建國路上，被暴徒們架設在火車站陽臺上的機關槍打死。（下冊，頁 225，倒行 2 起）

3.在會中**有人**提議要貼安民公告，希望老百姓們不要輕舉妄動。但**為人**所反對，認爲此舉，反而增加緊張氣氛，因此這件事就不了了之。（《口述歷史 3》，頁 225，行 7 起）

在會中**彭孟緝司令**提議要貼安民佈告，希望老百姓們不要輕舉妄動。但為**王清佐**所反對，認爲此舉，反而增加緊張氣氛，因此這件事就不做決定。（下冊，頁 222，行 11 起）

　　〈張萬作先生訪問紀錄〉

1.人是死在我們家的，看他血水直流，我們也只好整理整理，**那夜大家都忙著屍體的處置**。（《口述歷史 3》，頁 233，行 1）

人是死在我們家，看他血水直流，我們也只好料理善後。我在幫福州師傅處理屍體時，發現打在他身上的子彈不是普遍用的銅彈，而是獵人打野獸用的，打中以後彈片會碎掉散開來，所以屍體內五臟六腑皆震碎，傷口很難處理；牆壁被子彈打得也是整片碎碎的。這種子彈是全世界禁用的，而國軍面對自己的同胞居然用這種子彈，實在是很不人道的行爲。（中冊，頁 170，行 14 起）

2.開鐘錶店的張萬作先生（《口述歷史 3》，頁 232 照片）

中光鐘錶行店主張萬作在要塞兵行搶時不在家，逃過一劫（中冊，頁 170 照片）

銘能案：同樣一張照片，解說文字却不同。

　　〈柯旗化先生訪問紀錄〉

1.老闆只好拿出紅包賄賂才保住性命。（《口述歷史 3》，頁 238，行 16）

老闆只好拿出紅包賄賂，*使其胞妹嫁給憲兵隊長*，才保住性命。（下冊，頁 264，行 12 起）

2.柯旗化先生，雄中畢業，耳聞不少二二八事件時雄中同學的動態（《口述歷史 3》，頁 237 照片）

二二八後不到四年，柯旗化即嘗到白色恐怖的滋味，一九五二年被逮捕，前後在獄中十七年（下冊，頁 262 照片）

銘能案：同樣一張照片，解說文字却不同。

　〈林流夏先生訪問紀錄〉

1.受同鄉人之託前往收屍的木匠林流夏先生（林流夏先生提供）（《口述歷史 3》，頁 242 照片）

受託為許江塭殮葬的林流夏（上冊，頁 333 照片）

銘能案：同樣一張照片，解說文字却不同。

2.三月六日代替當鄉長的兄長到市政府開會，不料卻因此而橫死的許江塭先生（許江陶先生提供）（《口述歷史 3》，頁 242 照片）

任職高雄監獄的許江塭遺影（上冊，頁 334 照片）

銘能案：《口述歷史 3》的許江塭照片，身著戎裝，雙腿挺立，手握武士刀，表現耀武揚威強悍氣概，而上冊竟抽調換成半身文弱遺影，個中意味，耐人尋思！

　〈陳蔡嬌女士訪問紀錄〉

1.至於我對外省人的看法如何？我也不會說。我只知道當時附近有一些少女，因為要學北京話，不少人被那些憲兵騙去，婚後生活不是過得很好！（《口述歷史 3》，頁 249，行 9 起）

至於我對外省人的看法如何？我也不會說。我只知道當時附近有一些少女，為了要學北京話，不少人被一些憲兵騙去，婚後生活不是過得很好！*鼓山的蔡明輝，也曾因與外省人合*

作生意，被騙去了不少錢。（下冊，頁 274，行 5 起）

2.陳銀櫃、陳蔡嬌夫婦合影（陳銀櫃先生提供）（《口述歷史 3》，頁 249 照片）

阿牛仙阮阿牛為開設的皇后酒家刊登廣告，其失明的岳母于事件中受難于自宅（取材自《民報》民國三十六年一月七日）（下冊，頁 273 廣告）

銘能案：《口述歷史 3》原來刊登陳銀櫃、陳蔡嬌夫婦合影照片，表現伉儷情深、其樂融融氣氛，但到了第二版，竟抽調以與二二八無關的阿牛仙開設皇后酒家廣告，并加以牽強附會的文字說明，尤顯不倫不類（注意：取材民國三十六年未發生二二八事件的一月七日報紙）。

〈高李麗珍女士訪問紀錄〉

1.三姨陳金絨有個*遺腹子*江雲華，*她在丈夫過世，待小孩出生後*，將小孩託給我媽媽。（《口述歷史 3》，頁 264，行 16 起）

三姨陳金絨有*獨生子*江雲華，*她的丈夫早過世，當時小孩很小*，便將小孩託給我媽媽。（上冊，頁 299，倒行 1）

2.加拿大籍的*滿雄才*牧師（《口述歷史 3》，頁 266，行 18）

加拿大籍的*劉忠堅*牧師（上冊，頁 301，倒行 6）

3.希望永遠不再有類似二二八事件發生，或因省籍的差別看不起受日本統治過的臺灣人，必須互相接納、互相交換意見。（《口述歷史 3》，頁 267，行 17 起）

希望永遠不再有類似二二八事件發生，*外省人*就因省籍的差別看不起受日本統治過的臺灣人，必須互相接納、互相交換意見。（上冊，頁 303，行 5 起）

4.而且這些人在社會上*被歧視*，受到差別待遇，不能當公務員。（《口述歷史 3》，頁 267，行 14 起）

而且這些人在社會上*倍受歧視*，受到差別待遇，不能當公務員。（上冊，頁 303，行 2 起）

5. 許宗哲先生是高雄第一中學的學生，屍體於愛河邊被發現，時年十六（高李麗珍女士提供）（《口述歷史 3》，頁 264 照片）

許宗哲在事件中爲高雄中學一年級學生，在由雄中出發前往市政府後失踪，尸體于愛河邊發現（上冊，頁 299 照片）

銘能案：同樣一張照片，解說文字却不同。

6. 江雲華先生，雄商學生，屍體於愛河邊被發現，時年十八歲（高李麗珍女士提供）（《口述歷史 3》，頁 265 照片）

許宗哲的表哥江雲華，連同另一表兄弟楊榮洲，三個表兄弟在同一天過世（上冊，頁 300 照片）

銘能案：同樣一張照片，解說文字却不同。

〈王作金先生訪問紀錄〉

1. 二二八時任二十一師獨立團上尉連長的王作金先生（王作金先生提供）（《口述歷史 4》，頁 357 照片）

事件時任上尉連長的王作金（下冊，頁 253 照片）

銘能案：同樣一張照片，解說文字却不同。

〈周李翠金女士訪問紀錄〉

1. 二二八事件時姪女、姪女婿、姪孫*均遇難*于高雄火車站附近的周李翠金女士（蔡說麗攝）（《口述歷史 4》，頁 371 照片）

姪女、姪女婿、姪孫*三人亡命*于火車站附近的周李翠金（已亡故）接受訪問時攝（上冊，頁 364 照片）

銘能案：同樣一張照片，解說文字却不同。「遇難」是死亡，「亡命」並沒有死亡，二者宜有所分別，可惜編者將此弄混淆了。

〈陳泙錄先生訪問紀錄〉

1.我並非要控訴政府，**也非要求賠償**，但我想立碑是需要的，更重要的是政府要公開道歉、公開承認過去的錯誤。(《口述歷史 4》，頁 378，行 3 起)

　我並非要控訴政府，但我想立碑是需要的，更重要的是政府要公開道歉、公開承認過去的錯誤。(中冊，頁 168，行 5 起)

2.經營鐘錶店**爲高雄要塞司令部士兵槍擊致死**的陳家富先生（陳泙錄先生提供）(《口述歷史 4》，頁 375 照片)

　開鐘錶店**爲軍隊搶劫並被開槍擊中鼠蹊部流血至死**的陳家富（中冊，頁 165 照片）

　銘能案：同樣一張照片，解說文字却不同。

四、問題探討

　　把二次不同時間出版的「口述歷史」，開列了文字并排對照，有如上述，觀察其中的細微變化，問題自然就轉爲清晰明顯，以下歸納五點討論。

（一）無關宏旨的謬誤

　　有校勘經驗的人當能體會，文字校勘宛如清掃滿地落葉般，永遠掃不盡淨。《口述歷史》兩次出版，有的錯別字或漏字沒有校出，是情有可原的，可是有的謬誤却是自相矛盾，太過于荒腔走板，不可以等閑視之。

　　〈李佛續先生訪問紀錄〉的地點，第一版說在「高雄師範大學宿舍李宅」，第二版竟換了地點「高雄師範大學宿舍周宅」。〈林黎彩女士訪問紀錄〉的地點，第一版在「臺北縣新店林宅」，第二版變成了「臺北縣新店廖宅」。類似的情形，也發生在〈高

李麗珍女士訪問紀錄〉上，第一版訪問時間是「民國八十年八月二十二日」，訪問地點在「臺南市高宅」，第二版時間換成「民國八十年八月二十六日」，不僅如此，地點也換「臺北市瑞安街高宅」，令人匪夷所思，難以置信。這樣的變化，沒有任何解釋，讀者實在想不透原因何在？

　　〈高李麗珍女士訪問紀錄〉第一版說「三姨陳金絨有個遺腹子江雲華，她在丈夫過世，待小孩出生後，將小孩托給我媽媽」，第二版卻變成「三姨陳金絨有獨生子江雲華，她的丈夫早過世，當時小孩很小，便將小孩托給我媽媽」，小孩出生到底在父親過世之前抑是之後？兩次出版，文字如此予人印象不同，不該如此閃爍不定，令人弄不明白。同一篇訪問紀錄，第一版說是「加拿大籍的滿雄才牧師」，第二版竟變成了「加拿大籍的劉忠堅牧師」。

　　以上列舉這些細微的謬誤，本來是校勘的基本工夫，連這一點都不能做好，先前投注的心血與時間，付諸東流，令人感到可惜。

　　從校勘學的觀點言之，歷代經典在前人不斷努力下，可以有較好的版本互校，也較易找出問題。相形之下，「口述歷史」標榜僅此一家的回憶，如果沒有中研院近史所兩次不同版本的核校，如何引發以下所欲討論的問題呢？于是「口述歷史」該如何做才是比較好的方式，成爲不容迴避的現實操作層面。筆者對此問題無法圓滿回答，謹留待學界先進賜教指正。

（二）圖片說明兩次不同

　　圖片配合文字說明，使事件描繪更生動，可以加深讀者印象，也能導引閱讀的興致。「口述歷史」第一版與第二版關于圖

片的安排，略有异同，顯見是「煞費周章」的。以下分三類說
明。

　　一類是同樣一張照片，解說文字却不同。試著把同樣一張
照片，兩個不同版本文字說明排列一起對照，則就很容易看清
楚問題了。

第一組　〈謝有用先生訪問紀錄〉

　　「臺灣新生報記者兼高雄二二八處委會宣傳委員謝有用先
生出獄後與妻足枝（已故）合影留念（謝有用先生提供）」（《口
述歷史 3》，頁 182 照片）

　　「劫後餘生餘悸猶存謝有用與愛妻足枝（已故）合影」（上
冊，頁 154 照片）

第二組　〈李佛續先生訪問紀錄〉

　　「于三月六日與六位談判代表上山見彭孟緝將軍的李佛續
先生與其夫人合照（李佛續先生提供）」（《口述歷史 3》，頁 212
照片）

　　「參加三月六日高雄要塞司令部談判者中，除彭孟緝外，
唯一健在的李佛續。與其妻合影于民國三十七年」（上冊，頁
26 照片）

第三組　〈張萬作先生訪問紀錄〉

　　「開鐘錶店的張萬作先生」（《口述歷史 3》，頁 232 照片）

　　「中光鐘錶行店主張萬作在要塞兵行搶時不在家，逃過一
劫」（中冊，頁 170 照片）

第四組　〈高李麗珍女士訪問紀錄〉

　　「江雲華先生，雄商學生，屍體於愛河邊被發現，時年十
八歲（高李麗珍女士提供）」（《口述歷史 3》，頁 265 照片）

　　「許宗哲的表哥江雲華，連同另一表兄弟楊榮洲，三個表

兄弟在同一天過世」（上冊，頁 300 照片）

敏銳讀者當能發現，第一版照片的文字叙述稍微平和，第二版則更加強調慘痛遭遇，以博得更多的同情。這樣使圖像文字張力更爲擴大，自然可以達到某方面的效果。

當然，也有弄巧成拙的情況。如〈周李翠金女士訪問紀錄〉有一張周李翠金女士半身肖像，旁有文字說明雲「二二八事件時侄女、侄女婿、侄孫均遇難于高雄火車站附近的周李翠金女士（蔡說麗攝）」[7]，第二版同樣一張肖像，文字作如此更動「侄女、侄女婿、侄孫三人亡命于火車站附近的周李翠金（已亡故）接受訪問時攝」[8]，比較兩次文字的异同，均在表達親人悲慘命運，「遇難」是指死亡，「亡命」幷非死亡，二者南轅北轍，渺不相干，這樣一改，把意思完全弄錯了。

比較值得注意的，另一類是抽換照片，背後隱藏不易發現的玄機。如〈林流夏先生訪問紀錄〉第一版有身著戎裝、手握日本武士刀的許江塩全身立照（《口述歷史 3》，頁 243 照片），予人耀武揚威、嚴肅強悍氣概，第二版抽調換成半身遺影照（上冊，頁 344 照片），則把臺灣人扮成斯文形象，配合受難者身份的文字描述，二者帶給讀者截然不同的觀感。又如〈陳蔡嬌女士訪問紀錄〉附有陳銀櫃、陳蔡嬌夫婦合影照片（《口述歷史 3》，頁 249 照片），表現是伉儷情深、和煦融融風貌，但第二版抽調換成一張皇后酒家的廣告（下冊，頁 273 圖片），其實與二二八事件是無關的，却以文字說「阿牛仙阮阿牛爲開設的皇后酒家刊登廣告，其失明的岳母于事件中受難于自宅」，意欲以悲情氣氛烘托呈現，塑造兩者截然不同情境。爲什麼這樣抽調互

7　《口述歷史 4》，頁 371 照片。
8　上冊，頁 364 照片。

換照片圖像，沒有任何理由說明？

　　還有一類照片，是超出訪問時間，令人啼笑皆非，直感不可思議。〈林黎彩女士訪問紀錄〉明明訪問時間是「民國八十年七月二十五日」，偏偏在第二版增加了一張照片，并加文字說明雲「民國八十一年二月二十八日二二八四十五周年時林黎彩手持父親遺照參加游行」，又另附了一張「臺灣臺北地方法院檢察署檢察官不起訴處分書八十一偵字第九〇五一號」判決書影本，并加說明「林黎彩于民國八十一年連續向法院控告彭孟緝偽造文書涉嫌非法處決告訴人之父林界先生，且在事後未按法庭程序通知家屬領回尸體，而自行草草埋葬，有草菅人命，湮滅罪證之嫌」。「口述歷史」訪談時間是「民國八十年七月二十五日」，怎能再另外隨意加入此時之後發生的事，而不必有任何說明？

　　這些俯拾即是的疑問，該如何解釋呢？有沒有其它的意圖？如果沒有其它的意思，又何必多此一舉？

（三）過度恣肆悲情，溢出歷史之外

　　任何人的生命都是尊貴的。

　　二二八事件不幸發生，許多家庭遭逢親友不明不白亡故或失踪，是件無奈傷心事。筆者完全同情受難者家屬內心沉痛的感受，但既然「口述歷史」講求是時間、人物、地點的精確，就不能任令情緒無限度發泄，溢出訪問時間、地點之外。

　　上述〈林黎彩女士訪問紀錄〉所附圖像擺了一個烏龍，就是個例證。

　　無獨有偶，〈高李麗珍女士訪問紀錄〉也患了同樣的毛病，明言訪問時間是「民國八十年八月二十二日」，第二版竟然出現

了在此時間以後的兩段文字，一說「一九九二年二月她回來參加在國家音樂廳舉辦的二二八紀念音樂會，蒙總統握手安慰，她老人家受到很大的安慰」[9]，另一說「表哥雲華遇難後，我的養母（大姨媽）也去世，後來三姨改嫁給我養父之後，一直與我們同住，一直到今年（民國八十三年）三月一日蒙主恩召安然去世」[10]！

由上列文字溢出「口述歷史」訪問時間之外的「意外演出」，不難窺見訪問者是同情受訪者的遭遇。但作為訪問者兼具歷史學家身分，除了同情心之外，是不是該有冷靜的思慮，控制得宜，避免悲情過度恣肆？

當然，人非金石之質，豈能對此悲劇無動于衷？歷史探索講求冷靜客觀，這之間如何捉捏得宜，值得深思！

（四）誇大想像描述

「口述歷史」的困難，不僅僅在于受訪者願不願意接受訪問的問題，也不在于受訪者的記憶模糊，而癥結在于受訪者可能受到不同情境氛圍的影響或情感傷痛煎熬導致精神狀態不佳，輒對往事做了（可能無意識）過度想像的描述，如果不加細察，往往會陷入一團迷霧中。

如〈張萬作先生訪問紀錄〉第一版說明為福州師傅收尸的情形，「人是死在我們家的，看他血水直流，我們也只好整理整理，那夜大家都忙著尸體的處置」，第二版竟誇大成為如此：

> 人是死在我們家，看他血水直流，我們也只好料理善後。
>
> 我在幫福州師傅處理屍體時，發現打在他身上的子彈不

9　上冊，頁302。
10　上冊，頁302。

　　是普通用的銅彈，而是獵人打野獸用的，打中以後彈片
　　會碎掉散開來，所以屍體內五臟六腑皆震碎，傷口很難
　　處理；牆壁被子彈打得也是整片碎碎的。這種子彈是全
　　世界禁用的，而國軍面對自己的同胞居然用這種子彈，
　　實在是很不人道的行為。

　　為何第一版沒有叙說身體受到傷害的嚴重程度，第二版却
描述得委曲詳盡，極逞傳神之能事？

　　據學者的研究發現，美國駐臺北副領事葛超智（G.H.Kerr）
交出國軍三月一日所用的達姆彈係日本製造。日本帝國主義在
第二次中日戰爭時，以達姆彈與毒氣屠戮中國國軍，在日本投
降時，日本將這些國際禁用的化學武器埋藏于地下，只有臺籍
浪人與臺籍日本兵可能有，日本幷未移交給中國政府，去年在
黑龍江發現，中國大陸人民已要求日本賠償。美國副領事葛超
智所交出的達姆彈與洋裝書一冊，現正在二二八紀念館陳列。
而且，國軍所消耗的彈藥，警總檔案皆有紀錄，沒有達姆彈這
一項。中國政府兵工廠也不會製造達姆彈來傷害同胞，只有日
本侵略中國，才製造達姆彈來傷害國軍[11]。

　　〈張萬作先生訪問紀錄〉同一天的訪問，第二版增加的資
料，其根據何在？如果沒有確鑿的證據，任意信口開河，「口述
歷史」豈不是成為可以隨心所欲扭曲炒作的囈語？

---

11 關於這一段有關美國駐臺北副領事葛超智（G.H.Kerr）造謠國軍使用達
　　姆彈的最新研究成果，係參考黃彰健院士〈二二八處委會致美國文書考
　　證〉一文，黃院士以為葛超智不是一個誠信的史學家，他造謠國軍使用
　　達姆彈，意在引起國際干涉。後收在其專著《二二八事件真相考證稿》
　　（臺北：中央研究院、聯經出版公司，2007 年 2 月），卷四第十七章（篇
　　名略有增詳，不具引），頁 514-516。

（五）擴大渲染歷史傷痕

二二八的不幸，任何人都該寄與同情的。

「口述歷史」第一版與第二版文字的出入，有如上述所例舉，而把兩種版本的文字并列對照，第二版似乎有些文字更加強化了臺灣人的歷史悲情，于是臺灣與中國／本省與外省截然劃分。以下試以幾組文字並排爲例。

「日本投降到**國民黨**接收這段時間，臺灣的社會秩序維持得很好」

「日本投降到**中國**接收這段時間，臺灣的社會維持得很好」

「以後是愈看愈失望，因爲期望大，*失望也就大*」

「以後**臺灣人**是愈看愈失望，因爲期望大，*失望也就愈大*」

「*或*因省籍的差別看不起受日本統治過的臺灣人」

「**外省人**就因省籍的差別看不起受日本統治過的臺灣人」

「而且這些人在社會上*被歧視*，受到差別待遇，不能當公務員」

「而且這些人在社會上*倍受歧視*，受到差別待遇，不能當公務員」

「至於我對外省人的看法如何？我也不會說。我只知道當時的附近有一些少女，因爲想學北京話，不少人被那些憲兵騙去，婚後生活不是過得很好！」

「至於我對外省人的看法如何？我也不會說。我只知道當時

的附近有一些少女，因爲想學北京話，不少人被一些憲兵騙去，婚後生活不是過得很好！**鼓山的蔡明輝，也曾因與外省人合作生意，被騙去了不少錢。**」

這些細膩的差異，沒有下過校勘比對的綉花針工夫，一般學者很不容易察覺，而社會大衆更不可能想到可以這樣比較對照。

此刻，筆者不由聯想到一個嚴肅的問題：研究歷史的目的何在？如果以後我有機會從事口述歷史或田野的調查工作，文字該如何表述呢？應不應該以形容詞強化某方面的情緒？我的困惑，陡然愈陷愈深，難以自拔。

五、「口述歷史」辨僞舉隅

人的記憶往往很不可靠。有時需要有鑒別真僞的能力，才不致于陷入團團迷霧，誤入歧途。「口述歷史」內容有的說得煞有其事，歷歷如繪，仿佛親臨現場般，而待耐心冷靜，層層剖析梳理，或可發現其中破綻迭出，不足爲憑。以下筆者要以〈陳桐先生訪問紀錄〉爲例，說明「口述歷史」辨僞的必要。

〈陳桐先生訪問紀錄〉第一版說三月六日塗光明等人上山與彭孟緝談判情形：

> （彭孟緝）很生氣地起身返回室內，這時候，司令部的衛兵，却發現塗光明正要從西裝中，掏出手槍的動作，立即由後面抱住塗光明，阻止了這項行動。

到了第二版，描述得更進細膩：

> （彭孟緝）很生氣地說提出此條件豈是要求政治改革，根本是要造反。說完即欲起身返回室內。這時候，司令

　　部的衛兵發現塗光明正要從其西裝中做探囊取物的動
　　作，立即由後面抱住塗光明，并從塗手中奪得子彈已經
　　上膛的白朗寧手槍一支，及時阻止了這項流血行動。

　　比較第一版與第二版的不同，第一版僅說「很生氣地起身
返回室內」、「塗光明正要從西裝中，掏出手槍的動作」，第二版
加油添醋道「很生氣地說提出此條件豈是要求政治改革，根本
是要造反。說完即欲起身返回室內」、「塗光明正要從其西裝中
做探囊取物的動作」、不但「從塗手中奪得子彈已經上膛」，而
且是「白朗寧手槍一支」。

　　第一版又說「有一支從鳳山開過來的部隊，其連長在建國
路上，被暴徒們架設在火車站陽臺上的機關槍打死」，第二版變
成「有一支從鳳山開過來的部隊，有一班長在建國路上，被暴
徒們架設在火車站陽臺上的機關槍打死」。第一版說「連長」被
打死，第二版卻說「班長」被打死，沒有任何說明為何如此更
動，「口述歷史」能夠這樣做嗎？

　　讀者也許進一步想要知道到底第一版較為可信，還是第二
版較可信，也可能急欲尋找其他資料作為旁證。從學術研究的
常理，這樣做是無可厚非的，但卻可能因此陷入歧途而不自知。
究其實，陳桐當時根本沒有在現場。

　　據他自己說，「從三日回到家後，直到七日謝東閔南下的這
四天期間，我一直待在家中，藉著電話來瞭解外界所發生的情
況」。也就是說，四天的情況，陳桐通通是藉著電話的「道聽塗
說」。

　　既然陳桐當時根本不在現場，為何又說得歷歷如繪，煞有
其事？這個疑問，筆者一直百思不解。

　　前述有四天（三月四日到三月七日）躲在家裏，〈陳桐先生

訪問紀錄〉第二版又添加了如下一段：

> 在事件中最令我驚心者，莫過于三月五日傍晚在我住處附近有一外省籍法院法官被暴徒從室內打到室外，但聽暴徒邊喊邊追：「幹ＸＸ，為什麼說我有罪，今天要給你死。」接著我就聽到慘叫聲和棒擊聲，不久得知此人已被活活打死，此事應可從高雄法院方面查證。

經由查證，當天並沒有外省籍的法官被活活打死的事情發生[12]。陳桐的說法又出現了紕漏。

即使陳桐表示自己在現場，也會有「不實的記憶」。試以「謝東閔南下處理」這一段為例，陳桐振振有詞說道：

> 三月七日，彭司令在事件告一段落之後，曾發電給陳儀報告事情的經過。同日我接獲謝東閔南下高雄，欲造訪彭司令的消息之後，我曾與彭司令連絡，彭司令要我陪同謝氏一起上山。在要塞中，彭司令曾對謝氏作過簡報，解釋開槍原因，彭司令表示對事情的發展，感到十分遺憾，而謝東閔也表示，高雄會發生這些事，是國家的不幸，憂心忡忡等等。這件事除了我之外，章次江大隊長也頗為清楚。

把謝東閔南下高雄處理「現場實況」說得天花亂墜，似乎真的有這麼一回事兒。然而，據林曙光《高雄人物評述》言謝東閔只南下到楠梓即折回，又據許雪姬、沈懷玉訪問，吳美慧紀錄的〈謝東閔先生訪問紀錄〉，謝東閔也說他只到楠梓就返回二水故鄉，并沒有到高雄見到彭孟緝，當然也不可能有如陳桐所說的上述情況[13]。陳桐的說法，再一次禁不起檢驗。

12　見《高雄市二二八相關人物訪問紀錄（下）》頁231，註釋（2）。
13　見《高雄市二二八相關人物訪問紀錄（下）》頁231，註釋（3）。

　　一個人的「口述歷史」有上述如此不可靠的「捏造」紀錄，我們又有什麼理由相信其他所說的呢？以下〈陳桐先生訪問紀錄〉第一版說：

> 在會中有人提議要貼安民公告，希望老百姓不要輕舉妄動。但爲人所反對，認爲此舉，反而增加緊張氣氛，因此這件事就不了了之。

〈陳桐先生訪問紀錄〉第二版搖身一變卻說：

> 在會中彭孟緝司令提議要貼安民佈告，希望老百姓不要輕舉妄動。但為王清佐所反對，認為此舉，反而增加緊張氣氛，因此這件事就不做決定。

　　「有人」一下變成了「彭孟緝司令」，「爲人所反對」一下變成了「爲王清佐所反對」，人物由模糊不確定到指名道姓肯定，不過是短短三年的時間，作爲讀者，我們到底要不要相信這樣的說法？

　　這篇破綻百出、貽笑學界的訪問紀錄，以嚴謹的辨僞方法，一一揭穿，受訪者固不足取，編者豈能以編輯出版就草草交差了事？難道不該開會檢討負起學術良心的責任嗎？

六、「口述歷史」如何成為歷史研究的資料

　　行文至此，有什麼理由要相信「口述歷史」？換言之，我們該問，什麼樣的「口述歷史」才能成爲可資信任的歷史研究資料？

　　黃彰健院士退休後孜孜研究二二八有年，曾指出口述歷史有很多是靠不住的，必要依據檔案爲準。這是深造有得的寶貴經驗之談。

　　由中央研究院近代史研究所兩次不同版本的「口述歷史」

發行，其明顯缺失有如前述所列，這批關於二二八事件「口述歷史」的價值不免令人心底有所疑問：短短三年之間，為何由「日據時代」可以轉換成「日治時期」？史學家對名詞的界定，可以如此輕率嗎？

　　「日據」與「日治」用語之別，牽涉到一個極為嚴肅的歷史評價問題：如何看待日本殖民統治臺灣半個世紀的功過得失？儘管歷史學家以個別立場與研究視野角度，可以有不同史觀的爭論，但在官方正式文書或學校教科書，或者是具有社會教育意義的「口述歷史」叢書，該如何書寫表述呢？令人遺憾地，中央研究院近代史研究所「口述歷史」第二次印行，被編者有意而系統地將「日據」改為「日治」，為何如此更動，遍尋全書，并沒有任何合理的說明文字。

　　「口述歷史」能夠這樣做嗎？誰有權力這麼做？編者做這樣「一致性」的文字轉換，是不是都告知了受訪問者，是否都經過受訪問者的同意？我衷心期盼編者有個說明，以消釋我的疑惑。

　　其次，大家應該思考的另一個問題：「口述歷史」第二次印行，能不能夠另外加進新的圖片（照片）？又能不能够把同樣的一張照片，另做有別于第一次印行的文字說明呢？當做這樣改寫文字說明的圖片，是不是也要說明為何要如此迥然不同的改寫？需不需要經過被訪問者的同意？這不僅是尊重被訪問者的基本禮貌，也是一個學術道德的問題。該如何拿捏呢？

七、結　論

　　《口述歷史　3》序言說「由于雄中、雄工、雄商學生，及以塗光明為首組成的隊伍，圍攻憲兵隊，并欲彭孟緝繳械和平

解決，乃于六日派代表七人上山談判，彭見和平條件不合理，因此扣押談判代表」，猶多少說出事情的真相，而在《高雄市二二八相關人物訪問紀錄》序言却說「七人代表抵達要塞司令部後，談判不成，南部防衛司令（高雄要塞司令）彭孟緝以塗光明帶槍暗殺他爲由，扣押七人代表」，這樣表述方式，把「欲彭孟緝繳械」語刪掉，另加「彭孟緝以塗光明帶槍暗殺他爲由」一語，顯然有意把問題淡化，避重就輕，沒有深中肯綮。

　　編者把被訪問者幾處文字做更動，而且增補與調整許多圖片的說明，或已影響到歷史事件的評價，或者已推翻原來的觀點，其例證有如以上各節所討論，細覽全書文字，中央研究院近代史研究所口述歷史組僅在《高雄市二二八相關人物訪問紀錄》之〈弁言〉說「力求應訪者盡情暢談，所成筆錄文稿保留口述原意，不予刻意修飾」，然則，真的是這樣嗎？由本文當能思過半矣。〈弁言〉又說「初稿送應訪者校訂後視爲定稿」云云，這裏所謂「定稿」都送被訪問者校訂後才出版，但筆者對此說法却有所保留。蓋「口述歷史」經過筆者詳細比對後發現，有的被訪問者被訪問了第二次，所以第二版文字增減或用語會有不同，這完全可以解釋爲被訪問者有意識的改變，是尊重其自由意志表達；可是被訪問者只有被訪談了一次，在第一版說「日據時期」，第二版竟「一致性」改說「日治時代」，其間隱含的意義，就不得不啓人疑竇了。

　　〈弁言〉又說「紀錄或有語意不清，或手民誤植」，難道本文所列舉二次版本文字不同的諸多情況，能夠如此解釋，這樣通嗎？能令讀者滿意嗎？

　　「口述歷史」的目的何在？怎樣的「口述歷史」才是善盡歷史學家的良知與責任？這點結論提供大家思考。

八、餘　論

不同時間與地點對口述者作口述歷史，有時候因訪問者的提問方式與氛圍的轉變，會出現截然不同，甚至與上回完全相反追憶的結論，因此口述歷史就必須非常小心，也必須細密推敲，才不致於弄巧成拙，混亂事實的真相。今人對口述歷史的研究，曾指出口述歷史的屬性，具有流動變异，充滿了影響事實的不確性因素存在[14]。

怎樣的口述歷史才是可靠的，或許配合檔案的堅實基礎之下，口述歷史才能得到更有說服力的支撐，但這之間仍然具有主觀因素的成分涉入其中的灰色地帶，并不完全能够客觀超然。由此可知，口述歷史對史實的真相該如何去把握，猶如一刀雙刃，向什麼方向傾斜，就向什麼方向切割，這是一個值得深省的哲學問題。

本文初稿完成後，考慮到應該給另一方意見得到陳述的機會，曾經提送呈請許雪姬教授作回應，但許教授遲遲沒有任何答復，這使得讀者失去直接瞭解的機會。好在原書俱在，有意深究的讀者仍可檢尋判斷。

文章後記

有關臺灣二二八事件的研究，由於大溪檔案已經陸續完整公布，黃彰健先生晚年以「獅子搏兔」力量獨立完成五十萬字

---

14 王明珂〈誰的歷史：自傳、傳記與口述歷史的社會記憶本質〉，見 1996 年 9 月《思與言》第 34 卷 3 期，頁 147-184。

專著《二二八事件真相考證稿》已經把這個問題作了深入而精彩的論斷，再配合美國史丹福大學胡佛研究所公布的蔣介石日記原件，對這段歷史真相可以說是已經撥雲霧而見青天了[15]。但以往島內有關於二二八事件的觀點，大多建立在口述歷史的拼湊，仍有不少持意識形態觀點學者，不願意承認大溪檔案的證據，每年二二八依舊以既定的成見撩撥這道歷史的傷痕，操弄族群對立，影響到海峽兩岸中國人的福祉。本文即在說明即使是中研院的「口述歷史」仍免不了操弄的痕迹，透過文章主旨，可見史學研究冷靜客觀絕非易事。

　　值得說明的，本文在方法上采取傳統校勘學死校文字，來研究近代史上的問題，仍證明其效力是顯著的，是知史學方法沒有古今新舊之分，端在乎能否實際解決具體的問題。

　　又本文評審者認為在 1990 年初期所從事的二二八口述訪問，有特殊的時空背景，應將當時的大歷史背景加以澄清，并瞭解該工作與行政院二二八工作小組及官方調查報告之關係，宜避免從今日的立場來看十餘年前的情形云云。的確，二二八

---

15 關于《二二八事件真相考證稿》一書的評論，可見吳銘能〈檔案、校勘與歷史真相：以黃彰健《二二八事件真相考證稿》為例〉一文，發表在2008 年 2 月《海峽評論》第 206 期，另有陳儀深 2008 年 9 月在《中央研究院近代史研究所集刊》發表的書評，兩文觀點大相徑庭，讀者可取參閱對讀。對於陳儀深文章的批評，黃彰健先生表示他近年為高血壓所苦，原書所附檔案影像具在，學界自有公評，不願做無謂的論辯，但仍關心新資料的公布，黃先生關於其著作《二二八事件真相考證稿》的補充觀點，可參見由其口述，吳銘能筆記整理的文章〈讀侯坤宏先生新編《大溪檔案》〉，見 2008 年 9 月《檔案季刊》第 7 卷 3 期特稿，頁 4-7。最近楊天石對蔣介石的日記致力研究，其中涉及二二八事件，蔣介石在日記上表明二二八處理的基本對策，因兵力不足以"威懾"，"現時惟有懷柔"，可參見其作〈二二八事件與蔣介石的對策 ─ 蔣介石日記解讀〉一文，見 2009 年 2 月臺北出版《傳記文學》。

事件所以有今天蓬勃的研究成果與較為持平的心態看待，1990年初期的口述訪問起了一個非常重要的開端，而當時為了平復受難者家屬與後代的心理創傷，并解除數十年來的研究禁忌，公布了大量文件資料，同時也儘可能讓親歷二二八當事者暢所欲言，留下口述歷史記錄，这些成就是很难得的；然而，作者事後也坦言當時僅有一年的期限，也受到相關機構資料不願意公開的限制，當然影響到資料蒐集與「口述歷史」的運作，使得官方版的「二二八事件」研究報告無法有詳盡的分析[16]。不過，這樣的解釋不足以解決本文的疑問。

　　史學工作者仍應該以哀矜悲憫的態度從事歷史真相的探究，其目的也是要啟迪人心，從中獲取歷史的教訓，避免悲劇再次重演。

　　本文原於 2005 年 11 月 5 日中央研究院近代史研究所記憶與認同研究群、中央研究院明清研究會主辦「記憶載體與近代中國的認同建構」學術研討會上宣讀，近代史研究所所長陳永發先生對本文提及兩次「口述歷史」出版的更動問題，公開表示歉意，其虛懷若谷態度，令在場學者動容！

　　本文原題為〈從中研院近代史研究所「口述歷史」文字之更動見歷史研究的若干問題-以高雄地區二二八事件為例〉，現改為今名，并根據本刊兩位評審者的審查意見，有若干文字上的修訂。

　　作者對兩位評審者費心審閱與提出寶貴意見，表示萬分感謝。

---

16 詳見賴澤涵〈「二二八事件」研究的回顧與展望—兼談過去研究的秘辛〉一文，收在許雪姬主編《二二八事件 60 周年紀念論文集》（臺北：臺北市文化局、臺北市二二八紀念館，2008 年 3 月），頁 9-16。

2005 年 4 月 20 日初稿、4 月 27 日二稿於中央研究院近代史研
　　究所檔案館 2109 室

2005 年 9 月 28 日修改於四川大學望江校區竹林村

2008 年 8 月 22 日定稿

2009 年 2 月 16 日校稿於四川大學望江校區華西新村

2009 年 7 月 20 日晚校竟，距離完成已經歷 4 年又 3 個月

管東貴教授：

剛才朱先生已經介紹了兩位報告人，我就不必多說了。因為時間很緊，我為什麼會來參加這個會，這是閒話，等下有時間再說。接下來請吳先生報告。

中　略

謝謝吳先生的報告。我們先評論吧，因為評論也許比較簡單。

剛才我提到我為什麼會來參加這個會議？因為我要把前面開頭的時間跟現在的時間放在一起，所以現在說。我跟黃院士在史語所同事五十多年，常常見面。他幾個女公子，現在在座有兩位，我是看著她們長大的。我在到史語所的時候，她們很小很小，所以感情深厚。有一天我接到她們姊妹給我的電話，希望我來參加這個會，我毫無考慮，我說我參加，可以。因為我跟黃先生有多年的交情，我沒有任何理由推辭。

過了兩天我就接到她們兩位女公子給我寄來的資料，一份是會議的議程，另外一份是吳先生的敬悼黃彰健先生的這篇東西，我以為是要我評這個東西，因為附在會程表裡頭寄來嘛。我想這個怎麼評？

可是我又接到了一份吳教授的新稿，我看這新稿根本是個外行阿！我對二二八一竅不通，我是研究古代史的。這怎麼辦呢？如果我來評，那就是外行人評內行人，這是很糟糕的。可是我也知道籌備單位相當辛苦，經歷了很多的困難，我想大家感覺得出來，這個會程表的一再更改，就知道裡面很辛苦，所以我不想再給會議增加困難，我就承擔起來了。我用外行人講外行話，如果講錯了，請各位原諒。

還有，等一下各位提意見的時候，我稍微有兩句話要先講，就是這個會的主題是多少帶有一點敏感，而且很容易沾上意識

形態。我們要尊重黃先生的「求真相」的話，就要把意識形態的成分丟掉，因為你一沾上意識形態，這樣的研討會，一次、兩次、一百次、一千次也開不出結果來。所以我們發言也好、講什麼意見也好，一定要把意識形態拋開，希望這一點我們大家都能做到。

我現在來說吳先生的這篇文章的問題。抱歉，我是個外行人講話。你這篇文章的第九頁中間這一段，關於四十二條要求，黃先生所知道的有三種不同的版本，是：三月八日《新生報》紙；三月七日六點二十分王添燈的廣播；長官公署談二二八暴動事件報告。收錄者提到的三點內容次序有若干不同。

這裏面我第一個想到的就是，為什麼會有三十二條變成四十二條？這個四十二條裡面幾次的內容不同，這個我沒有研究，希望等一下吳先生補充說明。還有一個要請教的就是，也許這種內容的不同，隱藏了當時的一些訊息。就是裡面有些微妙的訊息，他為什麼要變、為什麼要改？如果能把這些訊息從它的不同面向去了解的話，也許可以明白裡面的一些微妙的地方，請吳先生再說明一下？

現在下面我還有一個問題。回到第六頁第一段，如果所引用彭孟緝的電報是偽造，是真、是假？恐怕並不難判斷。如果是偽造，這是很嚴重的事，學術忠誠完全沒有了。所以這裡面是不是因為具名、不具名，多少透露了一點甚麼訊息，採用不具名資料的時候，要特別謹慎。你最好經過仔細的考證，確定雖然不具名，他仍是真的或假的。這種東西我們最好用交互參證的辦法，也許可以釐清，這種資料雖然不具名，他的真假應該仍可以判斷。這一點是不是也可以請吳先生補充一下有什麼心得看法。好，謝謝，我就講這兩點。

黃院士的中共論述與最新發現

— 中國共產黨與臺灣二二八事變[*]

國立臺灣大學國家發展研究所法學博士

中華大學行政管理學系副教授

國立新竹教育大學人力資源發展研究所暨國立臺灣大學國家發展研究所兼任副教授

曾　建　元

摘　要

　　本文爲紀念中央研究院院士黃彰健之作。黃彰健析證國家檔案，認爲中國共產黨中央以至臺灣省工作委員會組織領導渙散和無力，並無力主導二二八變局，臺灣省行政長官陳儀自始將責任推諉於中共，又對於和平解決缺乏誠意，臺灣省參議員王添灯提出之〈處理大綱〉，要求國軍繳械，亦過於躁進，終於導致國民政府誤判形勢，以大軍鎮壓，釀成歷史悲劇。中共組織雖於二二八起義中角色有限，但中共黨人在二二八起義中仍基於其個人秉性，以及前臺灣共產黨所遺留的社會關係網絡，

* 本文曾宣讀於國立臺灣大學教師會、中央研究院二二八研究增補小組於二〇一〇年二月二十日假國立臺灣大學社會科學院第一會議室合辦之《黃彰健院士與二二八研究》追思學術研討會，感謝中國統一聯盟第二副主席藍博洲的評論。

於抗爭中發揮一定作用。本文整理國民黨政府公然指控與中共有關之二二八期間抗暴事件，略述其經過，並論證其是否屬於中共之組織性行為，以釐清中共之責任。

關鍵詞：黃彰健、二二八事件、陳儀、王添灯、中國共產黨

壹、前　言

　　民國三十四年臺灣光復，中華民國在臺灣實施特殊化的地方制度，依〈臺灣省行政長官公署組織條例〉設置臺灣省行政長官公署。該條例規定，行政長官「綜理臺灣全省政務」，「於其職權範圍內得發佈命令，並得制定臺灣省單行法規」，「對於臺灣省之中央各機關有指揮監督之權」，緣此，行政長官乃兼掌有臺灣全省之行政與立法之權，此外，行政長官陳儀又受任為臺灣省警備總司令，其乃集臺灣省軍政二元大權於一身。

　　民國三十五年十二月二十五日，制憲國民大會通過〈中華民國憲法〉，三十六年元旦，國民政府公布〈憲法〉及〈憲政實施之準備程序〉，預計於年底起實施憲政之治。在此之前，中華民國乃實施訓政，由中國國民黨一黨組織之國民政府進行統治。由於國民政府厲行反共產主義政策，中國共產黨僅能依其實力，活躍於其統治之革命根據地與解放區，在國民政府實際統治管轄的地區，則受限於〈非常時期人民團體組織綱領〉第十一條之規定：「各種人民團體須受中國國民黨之指導」，以及〈非常時期黨政機關督導人民團體辦法〉關於人民申請組織團體時，除省縣政府派員視查外，並須同時函知省縣國民黨黨部之規定，公開活動根本無法獲得國民黨黨國之同意，何況共產

黨亦不願在黨務上受到國民黨之指導，因此共產黨只能潛入地下發展，雖然因爲抗日民族統一戰線的緣故，國民政府被迫事實承認共產黨，並且亦於三十五年二月十三日廢除了〈危害民國緊急治罪法〉，無法任意將共產黨員以危害民國之名義治罪。國民政府對於新收版圖的臺灣，係實施特別省制，關於臺灣人民之結社自由，則頒佈有〈臺灣省人民團體組織暫行辦法〉，其第二條規定：「一切人民團體，應切實協助政府，推行政令，以建設三民主義之新臺灣，不得有妨害國家民族之行爲」，（薛化元、陳翠蓮、吳鯤魯、李福鐘、楊秀菁，2003：33-34）因此共產黨乃更不可能在臺灣發展其組織並從事公開之黨務活動。

　　中華民國的制憲，是在共產黨杯葛、以及抗戰勝利後旋即爆發而斷斷續續的第二次國共內戰的背景下展開的。共產黨指控國民政府召開制憲國民大會的決定，乃違反了政治協商會議上各黨所通過與支持的決議，該決議約定召開制憲國大的條件，爲內戰完全停止、政協各項決議已付諸實施、人民自由已獲確保，而由改組後的國民政府，依各黨協商之日期來加以公布，制憲國大審議的唯一合法憲法草案，只唯由參加政協的五方人士組成的憲草審議委員會，依政協通過的修改憲草原則所提出者。但國民政府主席蔣中正既未改組國民政府，內戰亦實際持續中，最後由國民黨片面決定召開的制憲國大，其憲草審議委員會亦缺乏共產黨和中國民主同盟之參與，當然其所審議的憲草，以及制憲國大最後通過的〈憲法〉，係完全違背政協精神而不具正當性，故而共產黨與民盟皆拒絕承認之，要求國民政府將之廢棄。（苗建寅主編，1990：426-427）在內戰初期佔有優勢的國民政府自然不肯接受共產黨與民盟之要求，事實上，其更可據〈憲法〉之高度而指控共產黨與民盟破壞憲政、

危害國家。至此，國共雙方關係乃進入一零合的賽局結構當中，只有戰爭的勝負，才能徹底解決雙方的歧見。三十六年一月八日，美國特使喬治・馬歇爾（George C. Marshall）軍事調處失敗奉令返國，和平希望乃告破裂，內戰轉趨激烈，蔣中正此際於二月十日以手諭指示陳儀，稱：「據報：共黨分子已潛入臺灣，漸起作用，此事應嚴加防制。勿令其有一個細胞遺禍將來。臺省不比內地。軍政長官自可權宜處置也。」（總統府機要祕書處編，1992：57-58；陳儀深，2008：652）

國民政府為求有效達成決勝的戰略目標，在三十六年二月選定山東省和陝西甘肅寧夏三省交界的陝甘寧邊區，對中國共產黨地方政權展開重點進攻，特別是陝甘寧邊區首府中共中央黨部所在地延安，中共中央主席毛澤東遂決定採取誘敵深入的方針，放棄延安，布局陝北以伺機反擊殲敵，（苗建寅主編，1990：420-421）就在此刻，臺灣爆發了二二八事變。

有關共產黨在二二八事變中的角色，早期國民黨政府皆將二二八的責任歸咎於中共的煽惑蠱動甚至領導，但若謂中共的策動領導，則應指組織性、計畫性和預謀性地介入。（陳儀深，1992：31）近年經過當事人的證述以及史家的考掘，已經對此問題有所釐清，即二二八的起事，中共中央事前並無預見與準備，同時也無力支援，至於中共臺灣省工作委員會及其他地下組織，也因在臺灣組織發展不成熟，而無力主導整個時局。但儘管如此，諸多中共地下黨員，仍以個人身份透過組織網絡參與二二八的起義，為二二八後地下黨的發展乃至於臺灣的解放做出準備。不過在此我們要提醒的是，地下黨人個別的行動，並不等於中共地下黨的組織性行為，而雖然皆同屬國際共產主義運動陣營，臺灣共產黨是日本共產黨的臺灣民族支部，並不

屬於中共，亦不能把前臺共黨人視同中共黨人。事實上，當時國民革命軍二十三萬大軍在第一戰區司令長官胡宗南領軍下已進逼延安，中共中央正忙於撤退轉進，其則根本無暇顧及遠在海角天邊的臺灣島上突如其來的民變。

　　從這個歷史格局來看中共與二二八的關係，則可知二二八事變之爆發，與中共全無關連，中共地下黨縱是在地方參與反抗行動，於大局亦無重大影響。但前臺共黨人利用其過去組織上的既有社會網絡上投入起義的行列，事屬必然，則不令人意外。

貳、黃彰健二二八研究中的中共論述

　　中央研究院黃彰健院士，從考證著手，深入政府檔案文獻，傾餘生之力，為二二八研究開啓新的視野，研理務精，亦確實指出了主流論述的某些不足與偏廢，筆者有另文加以討論。（曾建元，2010）關於中共與二二八事變的關係，黃彰健在《二二八事件真相考證稿》一書中，對於中共在其間的角色，乃有清楚的判定。他認為二二八事變爆發後，陳儀以〈丑儉（二月二十八日）電〉第一時間報告國民政府主席兼最高國防委員會委員長兼行政院長蔣中正，將事件歸咎於「奸匪勾結流氓」，是全然卸責之舉。黃彰健認為中共並無煽動群眾之能力，（黃彰健，2007：275）而從陳儀因應二二八的種種作為來看，戀棧權位，剛愎自用，不願依照二十八日蔣中正電話口頭指示之處理原則「政治上可以退讓，儘可能的採納民意」，在第一時間同意廢長官公署改為省政府，並廢除專賣制度及官營貿易制度，向臺灣

人民道歉、認錯和引咎辭職，（黃彰健，2007：219-222）直到三月五日晚間收到蔣中正出兵支援的急電，才承認自身並無力控制局面，通知應其請求出面協助解決事變的臺灣省政治建設協會理事長蔣渭川，謂其答應在「臺灣必須永久為中華民國之臺灣」和「臺灣必須不為共產黨之臺灣」的原則下，廢長官公署改為省政府，並提前實施縣市長民選，（黃彰健，2007：408-409）又以緩兵之計欺騙臺灣仕紳，明知中央派兵之決定，三月六日致函蔣中正，指二二八是「有計劃、有組織的叛亂行為」，對於「奸黨亂徒，須以武力消滅，不能容其存在」，認為臺灣至少須有國軍二師，方足以對付奸黨和消滅希望獨立的叛國舉動，（賴澤涵總主筆，1994：204-205）期待憑藉自大陸增援國軍的力量助其以軍事平亂，但當晚八點半卻還在對全省做二二八期間第三次廣播中，就「如何改善政治的問題」發表講話，（黃彰健，2007：416-417）夸夸其言，猶在營造政治手段和平解決的氛圍；陳儀更以實施戒嚴和軍法審判，掩飾其謀殺異議者之惡行，（黃彰健，2007：559，571-572，578）實在罪無可逭。三月十日蔣中正在南京中樞紀念週發表〈臺灣事件之經過及處理方針〉演說，即受陳儀之誤導，稱二二八為前臺灣籍日本兵中部份為共產黨員者，「藉此次專賣局取締攤販，乘機煽惑，造成暴動」。（《臺灣新生報》，1947.3.11：1；陳芳明，2009：257-258）

　　黃彰健更在其大著中就臺灣警備總司令部所藏有關中共檔案進行疏證與分析討論。一為三十六年四月十日中國國民黨臺灣省黨部調查統計室轉來南京中國國民黨中央執行委員會調查統計局史漢臣〈臺情335卯（四月）虞（七日）致陳新周代電〉，內附新華廣播電臺陝北臺於三月二十三日（寅梗）根據同年三

月二十日《解放日報》社論〈臺灣自治運動〉所做的廣播稿；二為〈關於二二八事件的經驗教訓〉一文，該文曾作為三十七年五月至六月香港中共臺灣工作幹部會議文件，根據《吳克泰回憶錄》所作考證推論，該文原刊於三月下旬出版之中共省工委油印刊物《新認識》第一期，為中共上海局對二二八的評價與對於臺灣地下黨的批評，可能是林昆於三月下旬稍早從上海帶回臺灣者，時序應在〈臺灣自治運動〉和〈寅梗廣播〉之後，黃彰健認為該文係警總直接自《新認識》抄錄而來；三為三十六年四月十二日臺灣省黨政軍特種聯席會報祕書處主任祕書柯遠芬向兼會報主席陳儀（新周）提出報告，內容為王添灯三月八日於《臺灣新生報》發表之〈二二八事件處理大綱〉與三十五年十月十日中共省工委〈目前具體綱領〉之對校，而發現〈處理大綱〉係參考〈目前具體綱領〉起草者，而論斷二二八為中共所策動者，王添灯則為中共之代理人。（黃彰健，2007：276-286）惟警總檔案並未收錄〈目前具體綱領〉。按，〈目前具體綱領〉制定的時間，為蔡孝乾在臺灣建立省工委初期的三十五年十月十日，不可能像〈處理大綱〉能夠具體處理二二八事變期間的臺灣政局，因此必然是一個綱領性、原則性的文件。我們看〈處理大綱〉的內容，實與當時已公布的〈中華民國憲法〉有關地方自治規定之精神無二，比如省自治、省長民選，以及縣自治、市比照縣，只是要求在〈憲法〉和〈省縣自治通則〉通過生效前提前辦理實施爾。如果說提出此一主張即為附和中共，則可反證國民黨自始並沒有在臺灣實施地方自治的誠意。

　　國防部長鄭為元七十八年四月在立法院所做二二八專題報告，曾引蘇新〈二二八事件為何失敗？〉一文，指王添灯和林

日高爲前臺灣共產黨份子，而爲中共地下黨爭取作爲其於二二八事件處理委員會中之代理人，但黃彰健則依藍博洲〈二二八蜂起的旗手：王添灯〉與陳君愷〈穿透歷史的迷霧 —— 王添灯的思想、立場及其評價問題〉兩篇研究，對王添灯是否爲臺共提出質疑。（黃彰健，2007：287-288）

　　鄭爲元報告又提到，「臺灣各地武裝暴動最激烈的地區，均由共黨份子領導，如臺中的謝雪紅、楊克煌、嘉義的陳復志、高雄的涂光明、斗六的陳篡地等」，再稱蔣渭川領導之臺灣省政治建設協會中，王添灯與王萬得俱爲共黨份子。但黃彰健則指出，王添灯僅爲理事，王萬得雖爲常務理事兼社會組長，但實際上僅有附庸作用，（黃彰健，2007：288）國民政府爲歸罪諉過於中共，乃誇大了共黨份子對臺灣省政治建設協會的影響。

　　大體而言，黃彰健的中共論述，雖非其研究之重心，但也一語中的，點出中共中央至臺灣省工委組織領導的渙散和無力，不過，這不代表中共黨人在二二八起義中不存在個別的串連投入和積極表現，而中共地下黨人之所以能活躍在二二八的個別起義事件中，主要還是緣自其個人的秉性，以及前臺共所遺留的社會關係網絡，但最後無法成事，也因爲在日本長期的反共政策下，臺灣社會對於共產黨多保持著敬而遠之的態度，使得前臺共系統不可能成爲主導的力量，而方才想要利用臺共基礎進入臺灣的中共，則更不具有社會滲透力了。以下則對於中共地下黨人在二二八中的相關行動作一回顧與檢視，也爲黃彰健大著所未處理的部份，作一點補白。

參、中共黨人在二二八中的行動

一、抗議查緝私煙執勤不當

　　二二八事變的導火線，是三十六年二月二十七日晚間七時省專賣局查緝員葉得根、鍾延洲、趙子健、劉超群、盛鐵夫、傅學通等人，在臺北市太平町查緝私煙而與民眾間引發的衝突。其人執勤態度粗暴，盛鐵夫以槍托打傷煙攤小販林江邁，乃招致圍觀民眾之眾怒，在眾員警躲避群眾圍毆而逃至永樂町戲園時，傅學通為拔槍示警，又不慎誤殺當地居民陳文溪。憤怒的群眾尾追逃逸的緝私員警，於當晚九時許包圍了本町臺北市政府警察局和臺北憲兵第四團團部。國立臺灣大學文學院特別班學生詹世平（詹致遠／吳克泰），為省工委臺北市工作委員會學生工作委員會書記，時在《中外日報》兼任記者，途遇抗議群眾，便跟隨進行採訪並加入抗議行列，而與同報記者周青（周傳枝）於次日共同發表了第一篇有關二二八的新聞報導，該篇報導原為《中外日報》副社長鄭文蔚所阻擋，但遭到印刷工人警告如不刊登即砸毀印刷廠，才得以刊出。第二天早晨，吳克泰目睹了臺北市整個的沸騰，自然形成了總罷工、總罷課和總罷市，身為地下黨學委書記的他說道，任何個人、任何組織都不可能在這麼短短的兩小時內動員這麼多的群眾，這完全是臺眾自發的。（吳克泰，2002：203-209；藍博洲，1991：52-55）

　　二十八日上午，則有人敲鑼打鼓、沿路號召民眾罷市上街遊行抗議，該一群眾行經太平町一丁目延平路警察派出所，群

情激動，一湧而入，完全搗燬該所，並毆打所長黃某，是二二
八第一個攻擊官署的群眾事件，這一批群眾有一說係以省工委
幹部臺大學生吳裕德為首，（謝阿水，1980：55；馬起華，1987：
27-29；劉勝驥，1987：125）而後群眾則進一步前往本町重慶
南路南昌街口臺灣省煙酒專賣局臺北分局抗議，中午包圍行政
長官公署，官民再起衝突，而有民眾廖峻得等遭到行政長官公
署衛兵槍殺，於是臺灣人民對於國民政府的新仇舊恨一齊爆
發，開始出現攻擊外省人和公務員的暴力事件。下午二時群眾
在中山公園舉行大會聲討政府，二時半，開南商工職業學校學
生與民眾進入臺灣廣播電臺，三點，臺灣省參議員王添灯被群
眾簇擁著進入電臺進行全省廣播，王添灯呼籲臺灣人民「起來
驅逐各地的貪官污吏，以求生存」，陳儀宣布臺北市戒嚴。（藍
博洲，2008：229-300）

　　自此，全臺一呼百應，臺北縣板橋鎮在中共黨人臺灣省參
議員林日高和省工委林樑材領導下率先在當天下午發難，接著
各地民眾紛紛自組武裝，驅逐官吏，接管政府與各官署，三月
一日，臺北市參議會邀集全體臺灣省選出之制憲國民大會代
表、臺灣省參議員和臺北市參議員及臺灣省行政長官公署代表
成立臺灣省二二八事件處理委員會，研商對策，午夜陳儀解除
戒嚴表達善意，然民變已勢如燎原大火蔓延全省而無法收拾。
（柯遠芬，1992：20-21）

　　二二八事變爆發當時中共在臺黨員僅約五十名左右，最多
不超過一百人，省工委書記蔡孝乾自衡實力，並無事前籌劃武
裝暴動之準備，（張炎憲總編輯，2006：96）賴澤涵教授提及省
工委宣傳部長洪幼樵曾告訴他，二月二十八日當日他與妻子在
臺北市中山北路步行，聽到行政長官公署出事，因省工委並無

準備，便決意躲避風頭。（賴澤涵談話，2010）

　　二二八事變發生後，吳克泰以身為記者所具有的新聞敏感度，以及身為地下黨人的革命性格，和周青都親自參與和觀察了二二八在臺北整個形勢的發展，並且為地下黨編印了《廣播快報》，報導全省各地起義狀況，直到國軍整編第二十一師劉雨卿部於三月八日傍晚開進臺北市進行鎮壓。吳克泰與周青後逃往大陸。（吳克泰，2002：212-222；藍博洲，1991：53-58）另則傳出有名曰吳裕德的臺大學生，於三月五日邀集臺大、延平學院、臺灣省立師範學院學生數百人集會開會抨擊政府施政，最後議決集體簽名參加共產黨，[1]並發表〈告全臺灣同胞書〉之事蹟。（歐素瑛，2006：150；馬起華，1987：40；劉勝驥，1987：127）

　　吳克泰、周青和吳裕德三人在二二八事件的相關記載中，出現於爆發初期，被認為對於臺北群眾抗議行動的投入和擴大，在訊息的傳播和群眾的號召上，均有其顯著而關鍵的角色，因而有學者認為此正為中共介入與領導二二八事件的兩大鐵證，（劉勝驥，1987：127-128）有關於此，吳克泰則澄清其事發之初的角色純為記者，為報導新聞真相，必然置身於群眾當中，而當警察大隊與群眾衝突，協助群眾疏散，亦是人性與良心之作為，他亦否認其與周青之報導有煽動激情之動機，而身為省工委市工委學工委書記的他，也否認當時周青為共產黨員。（吳克泰，2002：206-207）周青則自述二月二十七日晚間，他和吳克泰跟隨抗議群眾到了憲兵團第四團團部，天空突然下起小雨，他則為《臺灣新生報》日文版主編吳金煉邀至該報報

1　臺灣省警備總司令部，〈臺灣暴動經過情報撮要〉，（中央研究院近代史研究所編，1997：448）

社躲雨，周青問他：「有鑼沒有？」吳金鍊則立刻向該報工會借了一面交予周青，等雨停，讓周青回去憲兵團爲群眾敲鑼助威，（戴國煇、葉芸芸，1992：196-197；藍博洲，1991b：140）在此之後至國軍登陸後逃亡期間，雖然他並不如吳克泰般具有黨職而活躍投入運動，但因《中外日報》仍堅持每日定期出刊直到被查禁爲止，（藍博洲，1991b：141）周青作爲一名記者，則克盡其職守，使事件的發展得爲外界知悉。

　　吳裕德的情形，則相當詭異，因爲除了警總的記錄，沒有人認識他，像當時的臺大學生或地下黨人，如陳炳基、吳克泰的文字資料或口述歷史，乃至於郭琇琮、鄭文峰的判決書或有關檔案，都沒有再出現這個名字。當時臺大學生人數不多，參加地下黨者則更爲有限，不可能是吳克泰或陳炳基所不認識者。有其他資料顯示，二月二十八日當天上午敲鑼打鼓、沿路號召民眾罷市上街遊行抗議，並且縱容群眾攻擊太平町一丁目延平路警察派出所的，是歸綏市場流氓林秉足，用意是爲了替好友陳戌己（戌巳）的三叔陳文溪出頭向政府討一個公道，[2]（褚靜濤，2007：244-245；朱浤源，1993：20-21）一說則指帶頭者爲周達鵬，（李翼中，1992：375）從社會動員的能量來看，具有地緣關係的林秉足、陳戌已或周達鵬這些流氓，遠比一個平日在校籍籍無名的大學生更有可能領導和煽動群眾。吳裕德率眾之記載，筆者目前所知乃出自民國六十九年國防部總政治作戰部重刊之署名謝阿水者所著《「二二八事件」真相》一書，該書並無引注，乃不知其所本。至於吳裕德號召數百名臺北各大學學生集體加入共產黨之事，此一說法則出自於臺灣省警備

2　〈長官公署警務處警察大隊因暴動事件逮捕之人姓名冊〉，（中央研究院近代史研究所編，1997：88）

總司令部三十六年之〈臺灣暴動經過情報撮要〉，但從無其他資料可資佐證。國史館所出版《二二八件檔案彙編（七）》收錄之臺灣大學檔案亦未見有此人之記載。（歐素瑛、李文玉編，2002：1-194）

　　無論如何，吳、周兩人與「吳裕德」彼此間並無意思的聯絡，蔡孝乾也對於他們的行動沒有任何具體明確的指示和指導，就此說他們的行動屬於中共的組織性行為，則太過於牽強，何況他們都只是大學生或相當的年紀，熱情有餘，智慮未必充分，加以社會經驗和資源極為匱乏，怎麼可能擔當領導臺灣人民抗暴革命的領導重任？

　　至於省工委書記蔡孝乾，臺北事發當時，其人在臺中，（白德華，2007）於事起時完全未起領導作用，黨人根本聯繫不到他，也不知道該怎麼辦，如參與臺中三月二日起義的地下黨人楊克煌即證稱：「此時，黨的領導在哪裡？黨的方針如何？黨的指示是什麼？在照個關鍵的時候找不到林英傑（省工委聯絡員），叫我們怎麼辦？」謝雪紅也說：「我們和黨得不到聯繫，不瞭解黨要我們做什麼，我們也不知道該做什麼，只能臨機應變吧！但要慎重一些……」。（楊克煌，2005：278-280；何池，2008：167-168）時政府情治人員金變佳曾於四月七日呈報上級，指：「此次事變確非出諸共黨之煽動，惟事變擴大後共黨份子混雜其間進行部分的煽動則確有其事」。（張炎憲總編輯，2006：96）所以縱如鄭為元所言地下黨人活躍其間，也只代表這些曾在日據時代反對殖民統治、而在戰後依然反對準殖民統治的臺灣左翼菁英，因著他們積極入世的社會實踐性格，乃促使他們在人民蜂起的歷史時刻，義無反顧地再次投入革命的戰鬥，戰後幾個活躍的社會團體，如臺灣省政治建設協會、臺灣

地方自治同盟、臺灣民眾協會、臺灣人民協會、臺灣文化協進會等等，無處不遍佈著戰前臺灣社會運動者的身影，因而極容易以前臺共和左派人士為中心，在二二八時期形成一個反陳儀政府的統一戰線。（劉勝驥，1987：142-143）被國民黨政府視為中共黨人領導二二八的頭號人物謝雪紅，其行動即係憑藉前臺共與其個人長期經營之社會關係，而不受省工委書記蔡孝乾的領導，故而嚴格說來，類似他們所從事的抗爭，應與中共區隔開來，（褚靜濤，2007a：536）而反陳儀政府的統一戰線，與其說是以臺共為中心，更倒不如說是在反日鬥爭中受到民主與反殖民啟蒙的臺灣社會菁英的統一戰線。

　　具有中共地下黨人身份，而參與二二八武裝起義者，則主要集中在臺北、臺中和嘉義。

二、臺北學生軍起義與鄉土自衛隊組建

　　臺北方面，三月三日省工委臺北市工作委員會書記廖瑞發在省工委約集少數同志開會，決定武裝起義，[3]借住其家中的延平學院學生葉崇培（葉松培、葉紀東），因組織讀書會，而透過讀書會成員，擁有各校人脈伸展，也因而成為廖瑞發、地下黨人前日本帝國陸軍少尉李中志和臺灣學生聯盟與臺北各校學生自治會的中介，葉崇培說，武裝鬥爭的構想還是李中志主動找上他和陳炳基的。（藍博洲，1991a：21，28）

　　三月四日下午，國立臺灣大學校本部、臺大法學院、延平學院等校學生自治會和臺灣學生聯盟領袖，在延平學院祕密集

3　延平學院法政學系學生古瑞雲回憶，廖瑞發三月三日早晨告知將準備武裝起義，並表示可否聯絡烏來高山族參與，他當即與《中外日報》會計同事周秀青商議同行到新店，因找不到帶路人而作罷。（古瑞雲，1990：18）

會討論李中志草擬的作戰計劃，決議組織學生軍對臺灣省行政長官公署發動武裝進攻。學生軍總指揮由李中志擔任，副總指揮為臺大醫學系助教郭琇琮，以下分為三個大隊，第一大隊在臺北市立建國中學集結，由臺大公共行政專修科學生陳炳基帶隊[4]；第二大隊在師院集結，由郭琇琮領隊；第三大隊在臺大校本部集結，由李中志領隊，各校學生各有負責人，分別為：臺大校本部工學院學生楊建基[5]、師院理化系學生陳金目、臺大法學院陳炳基、延平學院葉崇培，另有士林、圓山工人組織的第四大隊，桃園方面亦有武裝大隊準備來援。具體計畫為五日凌晨兩點先由第三大隊會合臺北縣烏來鄉泰雅族軍隊攻打景美鎮軍火庫，[6]先佔領新店鎮，再與第二大隊會攻馬場町軍火庫；第一大隊則進攻陸軍醫院軍火庫和憲兵司令部，取得充分武裝後，再分頭攻取臺北市內的警察大隊、軍營、憲兵司令部等武裝據點，拂曉時會攻行政長官公署，成立人民政權。陳金目與原住民學生則負責先行至烏來請兵。學生軍總指揮所設立於臺北市東門警總附近廖瑞發住所，省工委書記蔡孝乾和委員林樑

---

4 家父曾群芳時為臺大法學院商業專科學生，曾多次親口向筆者證實其曾隨同班同學鄭文峰共同參與第一大隊，接受陳炳基領導。（曾建元、曾薰慧，2010）

5 楊建基是楊廷椅的姪子，於二零零六年五月三十日接受陳翠蓮訪問，表示從未參與行動，根本不知有此事，亦不認識葉紀東。（陳翠蓮，2008：238）藍博洲以為楊建基為地下黨人楊廷椅的化名，（藍博洲，2007a：271）此應有誤，因楊廷椅日後為省工委學生工作委員會重要領導，當時的學生日後不可能在記憶中將楊建基與楊廷椅兩人混淆，楊廷椅亦不可能借用楊建基名義行事。

6 二二八事變中烏來鄉泰雅族的角色，陳英泰則提供了另一個版本的說法，景美當地民眾以李家圳、高漢橋、王忠賢、許希寬等為首，在木柵進入景美入口處的李家圳家會商，計劃聯合烏來泰雅軍突襲駐守景美鎮農會的國軍，但烏來泰雅族因受該族新竹縣角板鄉衛生所所長林瑞昌之勸阻而未出兵，導致整個景美軍事行動計劃告吹。（陳英泰，2009：92）

材等人則聚集該處，隨時掌握狀況，吳克泰也在此協助編印《廣播快報》。臺北學生軍武器十分簡陋，約只有步槍五十多把和少許彈藥，蔡孝乾派林樑材到臺中請求謝雪紅支援武器，但沒有結果。（藍博洲，1991a：28-30；戴國煇、葉芸芸，1992：265）

　　臺北學生之起義，待至五日凌晨，始終未等到烏來泰雅族軍隊答應下山，李中志乃逕行率第三大隊試圖攻取景美軍火庫，但受到國軍強大火力抵抗而放棄，整個軍事行動乃告取消，等到六日烏來通知同意重新動員時，學生已經四散。（古瑞雲，1990：51；藍博洲，1991a：28-30；2007a：271-273；曾建元、曾薰慧，2010）事實上，二二八當日新竹縣角板鄉衛生所所長林瑞昌（樂信・瓦旦）與新竹縣角板鄉鄉長簡天貴、縣參議員陳祥隆即在行政長官公署民政處商議要務，目睹臺北市亂象，乃前往全省山地鄉鄉長受訓集會處，共約穩定局勢。三月四日，泰雅族在角板成立對策本部。烏來鄉長陳志良派員鄉民代表シランムロン等兩人前往角板請示臺北請援之事，林瑞昌曾親自出面分析大局，並命其速返烏來，阻止族人下山參戰。（范燕秋，2008：368-369）故而一如前地下黨人陳英泰的調查，烏來泰雅族軍隊的失約，和林瑞昌的勸阻有關，即認為泰雅族和臺北民軍／學生軍實力不足以抗衡國軍，草率出兵無異於以卵擊石，一旦招致國軍的報復，會為泰雅族帶來亡族滅種的災禍。（陳英泰，2009：92）

　　臺北學生軍的領袖如郭琇琮、陳炳基，其時皆非地下黨人，他們英勇的表現，得到廖瑞發的欣賞，乃邀請他們入黨，（藍博洲，1991c：92；2005a：63-64）因學生隊伍的壯大，省工委直

屬的學生工作委員會方得於八月成立。[7]（曾建元、曾薰慧，2010）

　　而被史明視爲中共地下黨人參加領導的唯一行動，則爲蔣渭川爲掌握二二八處委會青年代表之組成所組織之臺灣省自治青年同盟。該同盟於三月五日在臺北市中山堂成立，由臺灣民衆黨創黨人蔣渭水之三男蔣時欽擔任司儀，蔣時欽在三十五年三月返臺前，即於上海經吳克泰、李承達等臺灣青年的介紹加入了中共地下黨。（吳克泰，2002：149-150；徐秀慧，2005：152）傳言臺灣省自治青年同盟有盛讚中南部起義的軍事勝利，並力倡臺北武裝準備，提出創設臺灣民主聯合軍、成立臺灣民主聯合政府等主張，（史明，1980：770）五日當夜並曾召集曾受日本陸軍訓練的臺灣青年集中萬華老松町國民學校、海軍集中中山堂、空軍集中太平町三民書店，共同組成鄉土自衛隊，[8]此事引起國民黨臺灣省黨部主任委員李翼中的嚴重關切，蔣渭川則解釋其用意是爲了集中指導與撫循自海南歸來的臺灣失業青年，而或有俾於事件的寧息。蔣渭川此擧或亦驚動陳儀，陳儀乃邀請蔣渭川於次日六日會談，達成「改革三原則及辦法細則六條」之共識，做成政治改善的公開承諾，並於晚間八點半對全臺進行二二八期間之第三次廣播。（黃彰健，2007：402-403）

　　黃彰健認爲蔣渭川召集臺灣籍前日本兵的作法爲「釜底抽薪」，使這股力量不致流落到謝雪紅等共產黨人參與領導的臺中與嘉義反抗軍手上，而能夠與行政長官公署共同促成二二八事變的和平落幕，（黃彰健，2007：410-411）似認爲雙方對於和平解決皆有一定之主觀意願，方有六日之共識，惟事實恐非如此，蔣渭川原本已於五日致電蔣中正要求國軍不要入臺鎮壓，

---

7 〈楊廷椅在國防部保密局之訊問筆錄（36.9.1）〉，（許進發編，2008：34）
8 同註 1。

當日傍晚五點五十分陳儀便已收到蔣中正電報，稱「已派步兵一團並派憲兵一營，限本月七日由滬啓運，勿念」，[9]所以陳儀究竟是後有靠山、胸有成竹，準備大舉鎮壓而假意安撫可能擁有軍事實力的蔣渭川，還是真爲謀求和平解決，至少從七日蔣中正手令由國軍整編第二十一師師長劉雨卿搭美齡號專來臺親自面交陳儀，明白表示對蔣渭川的請求，「余置之不理」[10]後，（陳儀深，2008：162-163）陳儀七日當天連發兩道電文向蔣中正乞師，要求在國軍整編第二十一師之外加派強大武力以利鎮壓制裁，[11]由陳儀態度之逆轉與積極，可知他並未把六日之共識呈報予國民政府中央，從沒有看到他表明去兵的意向，反而在確認蔣中正已調遣軍隊來臺，不斷強化以強勢軍力壓制民變的立場。

　　六日下午王添灯對蔣渭川抱怨蔣與陳儀的談判是「多此一舉」，因其主要內容前晚至凌晨在國民參政員陳逸松家中關於省處委會政治改革建議的討論中已有所處理。（戴國煇、葉芸芸，1992：238；陳儀深，2008：163）但此事對於蔣渭川和陳儀的意義恐怕各有不同，蔣渭川因個人不具有公職身份，無法成爲省處委會委員而與聞其決策，正可藉此樹立自己的旗幟；另一方面，陳儀也可利用蔣渭川來削弱省處委會的正當性，分化臺灣人的團結。

　　無論如何，國軍整編第二十一師劉雨卿部終究於八日自基隆登陸，九日進入臺北，十日，疑似行政長官公署警務處前處長胡福相所遣武裝警察五人對蔣渭川太平町住處登門報復，蔣

9　〈蔣主席致陳儀三月微電〉，（總統府機要祕書處編，1992：70）。
10　〈蔣主席致陳儀三月虞電〉，（總統府機要祕書處編，1992：95）。
11　〈陳儀呈蔣主席三月虞電〉，（總統府機要祕書處編，1992：96-97）。

渭川女兒蔣巧雲不幸於現場遭到槍殺，蔣渭川潛逃。此際陳儀亦已公然質疑蔣渭川立場，而於十一日勒令臺灣省政治建設協會解散，（黃彰健，2007：422-423）臺灣省自治青年同盟隨之應聲瓦解，蔣時欽則逃亡大陸。

　　蔣時欽雖然具有中共黨人身份，但其領導臺灣省自治青年同盟，乃完全配合蔣渭川之政治計算，臺灣省自治青年同盟裡多數習於日本軍隊行為模式的原日本臺灣籍軍人，與學生團體間很難共同行事，因此基本上他是消極地放棄他的領導權，（戴國煇、葉芸芸，1992：266）同時其亦未與省工委有任何聯繫，所以不能擅將臺灣省自治青年同盟視之為中共的行動。至於蔣渭川的立場，則確實首鼠兩端，時任蔣渭川指揮之鄉土自衛隊航空特別敢行隊副隊長的黃華昌，在其回憶錄中便記載著當時鄉土自衛隊擬奪取松山機場，以軍機南下支援嘉義戰事的作戰計劃。（黃華昌，2004：222）

三、臺中二七部隊／臺灣民主聯軍起義

　　臺中方面，主持私立建國工藝職業學校校務的常務董事、前臺共創黨人、中共地下黨祕密黨員謝雪紅，時任臺灣人民協會婦女部長，三月一日與建國工職教師前臺共黨人時任臺灣人民協會教育部長的楊克煌，約集會長林兌、組織部長兼省工委臺中市支部書記謝富和宣傳部長李喬松研究對策，謝、楊二人斷定事態必定發展成全民性的武裝鬥爭，積極主張投入運動，帶領群眾鬥爭，眾人則為其所說服。（古瑞雲，1990：52）次日上午九時，謝雪紅於臺中戲院主持市民大會，報告臺北情勢，十時會後領導群眾遊行，包圍臺中市政府警察局，收繳了警察武裝。是日下午，由國民參政員林獻堂等士紳組織的臺中地區

時局處理委員會成立，旋又解散。三日，則有以臺灣省立臺中師範學校學生爲主的民主保衛隊成立，由該校體育講師吳振武領導，謝雪紅另則於臺中市參議會設立臺中地區治安委員會作戰本部，下設人民大隊，即民軍。民軍於晚間全面控制臺中市並進駐臺中市政府。四日，國軍空軍第三飛機製造廠將軍械移交民軍學生警衛隊。（楊克煌，1999：241-242）下午，臺中地區時局處理委員會重新成立，成員如國民參政員林獻堂、臺中市參議會議長黃朝清等，因對於謝雪紅的臺共背景深具戒心，乃支持吳振武出任臺中地區時局處理委員會保安委員會總指揮，而蔡孝乾對於謝雪紅領導武裝鬥爭亦不表支持，要求謝雪紅將軍權交予吳振武，當謝雪紅表示反對時，蔡孝乾則堅持成命，指不服從就要犯錯誤。省工委武裝工作部長張志忠爲維持黨的紀律，乃勸說楊克煌將武器疏散到農村。（楊克煌，2005：301，305；何池，2008：169-170）但當謝雪紅等見臺中士紳如林獻堂等毫無積極作爲，吳振武又以手槍走火傷腳爲由主動放棄民兵指揮權，乃於六日當傍晚投入由民主保衛隊改組、鍾逸人任部隊長的二七部隊，（鍾逸人，1993：480）謝雪紅自任總指揮，計劃以二七部隊爲基礎建立臺灣人民軍與臺灣自治聯合政府，並且派遣別動隊支援虎尾戰事。（史明，1980：771-772）八日，國軍整編第二十一師劉雨卿部登陸，一路南下鎮壓，面對新的局勢，爲避免市區戰鬥傷亡過大，蔡孝乾決定將二七部隊轉進臺中縣埔里鎮山區，並準備召開全省武裝力量會議，成立全省武裝力量領導機構。二七部隊於十二日退往埔里，因軍備與人力皆不足，難以抵抗，蔡孝乾遂通過謝富傳達指示，爲保持組織力量，要黨員停止活動，二七部隊要在適當時候解散。（楊克煌，2005：308-310，315；古瑞雲，1990：74；何池，

2008：170-171；陳芳明，2009：254）但二七部隊仍於十三日
依謝雪紅建議改名臺灣民主聯軍，並於十五日晚間十點由古瑞
雲、蔡鐵城領軍，承臺灣省公路局班車對魚池派出所和日月潭
國軍軍營進行突擊，（古瑞雲，1990：81-84；曾慶國，2010：
82；藍博洲，2010：178-180）十六日，臺灣民主聯軍警備隊黃
俊島（黃金島）部則於烏牛欄橋與國軍整編第二十一師四三六
團第二營鏖戰竟日，因寡不敵眾，退回埔里，當夜獲悉斗六、
嘉義民軍已集合嘉義小梅樟湖山中，遂經會議決定解散臺灣民
主聯軍，一部則投奔樟湖游擊隊。（曾慶國，2010：82-83；張
炎憲總編輯，2006：62）

　　謝雪紅與楊克煌在十四日接獲蔡孝乾指示後，即提前離開
臺灣民主聯軍，[12]走竹山、彰化、大肚，經國軍第三基地司令
部技術員兵大隊中尉教官蔡戀棠的協助，由高雄左營軍港乘光
明砲艦於五月二十二日逃往福建省廈門，轉往上海，而在中共
的安排下，於六月再前往香港，成立臺灣問題研究會，與於九
月組織臺灣再解放聯盟的前臺北市政府工務局長廖文毅合作出
版《新臺灣叢刊》，為臺灣人民發聲。十月十日中共中央主席毛
澤東發表〈中國人民解放軍宣言〉，提出成立民主聯合政府主
張，謝雪紅贊同臺灣建立民主自治政府參加全中國民主聯合政
府，此議與廖文毅關於臺灣應由聯合國託管自治，再以公民投
票方式決定前途的主張不合，雙方宣告決裂，謝雪紅乃於十一
月十二日另行組織臺灣民主自治同盟，投入參與中共建國事
業。（陳芳明，2009：241-256，266-322）

　　鍾逸人於四月底於臺中為憲兵第四團第三營逮捕，知悉謝

---

12 猶在奮戰中的古瑞雲認為他們被謝雪紅和楊克煌拋棄了。（古瑞雲，
　　1990：72）

雪紅、楊克煌已連袂逃出臺灣，發現由於謝雪紅的名氣大，陳儀政府為編造出二二八為中共幕後策動的說法，乃將二七部隊與謝雪紅看成一體，鍾逸人為求卸責減刑，遂迎合憲兵團的意思招供。（鍾逸人，1993：619-625）由此可證中共和謝雪紅在二二八中的影響力，因謝雪紅的成功出逃，而萬惡歸焉，替許多人揹了黑鍋，也自然遭到陳儀政府的刻意放大，成為代罪羔羊。此後的一段不算短的時間裡，直到一九八零年代解除戒嚴之初，國民黨政府關於二二八的官方說法，都還是歸因於謝雪紅一人的鼓動暴動，企圖顛覆政府。（俞國華，2003：406）不過，實際上，謝雪紅當時是否具備有中共黨人身份，乃是存在爭議的。根據共產黨地下活動的原則：凡是黨員被捕，即視同叛黨，因為共產黨認為被捕黨員一定會供出其組織關係，謝雪紅曾在日據時代因取締臺共而被捕，對共產黨來說，就是叛徒，所以要恢復黨籍是不可能的。二二八後謝雪紅去到大陸，才又重新申請入黨，並回溯認定。（曾永賢，2010：70-71）然嚴格說來，謝雪紅的黨員身份當時並不被省工委承認，因為謝雪紅以在國民政府統治的白區留下有文字的證件太危險為由，拒絕蔡孝乾要她填寫入黨申請書及經歷的要求，但謝雪紅自認為黨員，張志忠也把她當做中共黨員，（古瑞雲，1990：34-35；吳克泰，2002：234）而且謝雪紅也的確與蔡孝乾維持一定的聯繫，關係並未就此疏遠以至不相聞問。

四、嘉義臺灣民主聯軍起義

　　當時的大臺南縣包括今日之嘉義縣市、雲林縣和臺南縣市，大臺南縣的領導中心為嘉義，張志忠在當地積極串連大臺南地區之自發軍事行動，透過嘉義廣播電臺建立指揮中心，以

蔡建東領導之嘉義、北港、新港、朴子、小梅五隊，陳復志之三民主義青年團嘉義分團、臺南李媽兜、斗六陳篡地民主軍等部，組成臺灣民主聯軍嘉南縱隊，由張志忠出任司令員，陳篡地任副司令員，簡吉任政治委員，下轄八個支隊，統籌南部武裝鬥爭。（許進發，2008：15）

　　嘉義地下黨聯繫由一陽書局負責人許分擔綱，許分剛好在二月二十七日由張志忠吸收入黨。（藍博洲，2005）形式上的地方領導，為三青團嘉義分團主任委員陳復志，他於三月三日被三青團嘉義分團與嘉義市參議會聯席會議推選為嘉義市三二事件處理委員會（省二二八處委會嘉義分會）主任委員兼嘉義防衛司令部作戰司令，是日，民軍即占領紅毛埤空軍第十九軍械庫與嘉義市政府。陳復志曾於日據時期投奔中國大陸，加入國軍，光復後始回臺，並非中共黨人。四日，張志忠領導臺灣民主聯軍進佔嘉義市主要機關，國軍先退至紅毛埤，後則死守水上機場。十一日國軍南北圍攻，陳復志等八人代表處委會以和平使身分前往水上與國軍談和，為國軍扣押繳械，十二日，國軍由整編第二十一師獨立團第一營營長羅迪光領軍攻入嘉義市區，張志忠始率隊向小梅、竹崎山區撤退，改臺灣民主聯軍嘉南縱隊為臺灣自治聯軍，擬與陳篡地及謝雪紅會合，共組臺灣民主自治聯軍。然十六日臺灣民主聯軍解散，臺灣自治聯軍張榮宗部於古坑梅山戰役遭國軍伏擊，乃於接獲省工委「停止一切公開活動」指示後，解散游擊隊，潛入地下，陳復志等人於十八日在嘉義火車站前遭國軍處決示眾。（藍博洲，2007：232-234；曾建元，2009；賴澤涵總主筆，1994：108-109）

　　臺南縣斗六鎮建安醫院眼科醫師陳篡地則於三月二日領導當地民眾成立治安維持會和斗六警備隊／民主軍，自任警備隊

長。他曾在日據時代於日本大阪高等醫學專科學校就讀期間加入日本共產黨外圍組織戊辰會。(蕭明治，2008：453)陳篡地部隊於五日攻佔虎尾機場，收繳國軍，(史明，1980：773)十四日，國軍整編第二十一師劉雨卿部進攻斗六，陳篡地部隊戰敗退入小梅，國軍整編第二十一師第四三六團第七、八連進擊，十六、十八、二十日在樟湖與民軍再戰，後民軍逐日解散，陳篡地於藏匿一段時日後出面自新。(賴澤涵總主筆，1994：227-228，309-310)

臺南地區之李媽兜，於三十五年由張志忠吸收入黨，十一月則成立省工委臺南市支部，出任書記。二二八事變爆發後，李媽兜於三月三日在臺灣省立臺南師範學校取得武器一批，乃佈告臺南市民，並率眾馳援嘉義戰事，加入臺灣民主聯軍。嘉義戰後則潛返臺南從事地下黨組織工作。(歐素瑛，2008：143，147)

五、高雄學生聯合軍起義

至於高雄市，則以臺灣省立高雄第一中學學生為主，於三月四日成立高雄學生聯合軍，總指揮為雄中教員林慶雲，高雄市政府公產普查室前主任／中興造船廠經理涂光明出任參謀部幹事，曾豐明為參謀部聯絡官，范滄榕為軍醫官。(黃彰健，2007：185)五日，以三青團高雄分團為中心，省二二八處委會高雄分會成立，由高雄市參議會議長彭清靠出任主委，外省公務人員及其家屬則由高雄學生聯合軍集中在雄一中倉庫。涂光明、范滄榕、曾豐明和彭清靠等組和平代表團赴壽山高雄要塞司令部暨臺灣南部防衛司令部擬與彭孟緝進行談判，彭孟緝未與接見，但則約次日再談。彭孟緝自稱其早掌握有關於涂光明

之情報資料，並擬於七日拂曉出兵平亂，因準備未及，乃故意虛與委蛇敷衍遷延。（彭孟緝，1992：65-67）六日，涂光明與市長黃仲圖、議長彭清靠、苓雅區長林界、臺灣電力公司高雄辦事處主任李佛續以及范滄榕、曾豐明等人赴壽山高雄要塞司令部暨臺灣南部防衛司令部與彭孟緝進行談判，涂光明懷槍為副官劉安德少校所執，彭孟緝認為涂光明對其有意挾持，乃於十日將涂光明與范滄榕、曾豐明三人以叛亂罪依軍法槍決，栽誣其臺灣自治的主張為倡謀臺灣獨立。（黃彰健，2007：145-146，185）彭孟緝六日當日逮捕涂光明等人後，即於下午二時宣布高雄戒嚴，調遣國軍下山平亂，過程中，因前線兩路整編第二十一師獨立團何軍章團第七連王作金部及高雄要塞司令部守備大隊陳國儒部錯估高雄學生聯合軍實力，加以軍紀不嚴，對高雄市政府和高雄火車站乃皆以強大火力制壓，誤殺民眾與市處委會人員甚夥。（黃彰健，2007：149-154）學生聯合軍最終在前金分駐所遭國軍殲滅，（史明，1980：776）彭孟緝乃自此蒙上「高雄屠夫」污名。涂光明曾赴中國大陸參加李友邦之臺灣義勇軍，光復後始回到臺灣，根本不是中共黨人，但總指揮林慶雲則為地下黨人，他畢業於滿洲國建國大學，是李中志的好友，三月八日國軍進入臺北，李中志就曾經帶著葉崇培於三月九日在臺北中山堂附近大正街三條通林慶雲的家裡躲了兩天。（藍博洲，1991a：31；2007a：273-274）

　　二二八事變期間，中共的角色並不明顯，主要原因在於在臺黨員人數不多，全省只有臺北市、臺中縣兩個工委會和臺南市、嘉義市、高雄市三個支部，缺乏社會基礎，而相對地，臺灣人民對於中共的認識亦極為有限，所以中共地下黨人參與的臺北、臺中和嘉義的起義，都是以個人身份，而寄託於各地民

間自主力量的集結與匯流。

六、文鬥：省二二八處委會〈三十二條處理大綱〉之起草

　　至於省二二八處委會是否受中共黨人操縱之問題，其關鍵在宣傳組長臺灣省參議員王添灯。王添灯亦為《自由報》社長，其報社幕僚中潘欽信、蕭友山（蕭來福）為前臺共黨人、總編輯蔡慶榮（子民）則思想左傾，此外他又兼《人民導報》社長，該報前總編輯蘇新亦為前臺共黨人。（藍博洲，2008：247-248）地下黨在省處委會中並無代表，因而乃將王添灯和林日高作為代理人，來對省處委會形成影響。（蘇新，2007：163-164）蔡孝乾係通過廖瑞發和蕭友山的關係，使蕭友山影響王添灯，並使林日高在省處委會中對王添灯形成支持。王添灯在省處委會期間有關的提案、發言和廣播稿，都是由其幕僚協助完成的。（蘇新，2007：164-165）三月六日，王添灯命其等就省處委會通過〈臺灣省政治改革綱領草案〉八條研究討論具體方案，（黃彰健，2007：460-461）乃有〈處理大綱〉建議案三十二條，由潘欽信執筆寫就。（藍博洲，2008：246-248）潘欽信寫完後，由助理阿榮膽寫，一份交給王添灯，一份就由蕭友山攜去給蔡孝乾，因時間緊迫，蔡孝乾來不及召集地下黨幹部開會討論，就任王添灯手中的稿子提出去了。（蘇新，2007：165；蔡子民，1987：69；陳芳明，2009：233）黃彰健懷疑〈處理大綱〉係以省工委〈目前具體綱領〉為本寫就，其依據為警總對校之報告，但本文亦懷疑此為警總欲加之罪，因〈處理大綱〉之精神在於臺灣地方自治，這是戰後制憲和平建國背景下的主流思潮，也必然體現在省工委〈目前具體綱領〉之中。

　　當晚八點半，陳儀則就與蔣渭川達成之政治改善承諾，進行二二八爆發後向全省人民所做的第三次廣播，但當日陳儀亦致函蔣中正，強調：「對於奸黨亂徒，須以武力消滅，不容其存在」。[13]（藍博洲，2008：248-249）

　　七日上午十一時，省處委會開議，王添灯提出〈處理大綱〉三十二條建議案草案，又經會眾提議增加十條成為四十二條，其中國民大會代表兼國民黨臺灣鐵道特別黨部書記長吳國信提出「本省人之戰犯漢奸即時釋放」主張，成為政府日後鎮壓之藉口，以致〈處理大綱〉變成「反抗中央背叛國家陰謀」之罪證，招來大屠殺。（蘇新，1993：141；2007：165；藍博洲，2008：254）王添灯在晚間七時率十五位代表進見陳儀面陳四十二條時為陳儀峻拒，有謂係〈處理大綱〉建議案第一條為要求國軍暫時解除武裝，僭越政府職權，自外於國家，（李翼中，1992：386）形同叛亂，論者如黃彰健、戚嘉林皆認此一要求已超出合理界限，陳儀豈肯接受，而以此相責於王添灯。（黃彰健，2007：460；戚嘉林，2007：275）實則當陳儀五日確認南京將派兵來臺，並且於六日與蔣渭川達成政治改善承諾的同時，尚致函蔣中正，聲言將以武力消滅奸黨亂徒，即可知陳儀在七日接見王添灯之前，恐怕並無政治解決衝突和履行政治改革承諾之誠意。當天陳儀已知上海整編第二十一師國軍已啓運來臺，乃揭去面具，與省處委會公開決裂，根本不在乎要採取何種理由反對〈處理大綱〉。王添灯雖見陳儀轉趨強硬，形勢逆轉，仍於當日晚六時半向臺灣人民廣播〈處理大綱〉建議案四十二條，並表明省處委會使命已經告終，二二八事件之解決，只剩民眾團結一途，

13　〈陳儀致蔣主席三月六日函〉，（總統府機要祕書處編，1992：71-80）。

無異表達其對於政治解決不抱期待。（賴澤涵總主筆，1994：71；
藍博洲，2008：250-255；張炎憲總編輯，2006：58）王添灯知
要求國軍繳械觸怒陳儀，仍努力挽回和平解決之希望，遂於次
日假其主政之《人民導報》擅自修改〈處理大綱〉建議案四十
二條內容，將第一條改為主張制定省自治法，取代要求解除國
軍武裝，而以省處委會名義正式向陳儀提出〈處理大綱〉建議
案，但陳儀對〈處理大綱〉的態度與立場已使省處委會感到莫
大壓力，省處委會遂於該日發表聲明，認為陳儀既已公開承諾
政治改革，乃「無須個別提出建議」，同時申明該會今後任務，
「厥在恢復秩序，安定民生」，（黃彰健，2007：458）否決了王
添灯同一日稍早以省處委會名義向陳儀提出之正式建議案。中
午，憲兵第四團團長張慕陶會晤省處委會委員，聲稱他「本人
決以生命保證，中央決不對臺灣用兵」。（藍博洲，2008：257）
當日，種種不利於王添灯個人的流言開始傳出，一說中共訓令
在臺地下黨人，「堅決執行武裝鬥爭，反對妥協，反對出賣」，
並要在小城市和農村「建立自治運動的根據地」，運送資材，
準備長期作戰，然因省處委會立場丕變，向政府妥協，王添灯
乃只有和其中之中共與前臺共份子王萬得、蘇新、林日高、盧
新發、張道福、陳崑崙、賴通堯、李振芳、周井田等密謀挺而
走險，計畫八日當晚十時，升高臺北市的武裝暴動，分批襲擊
行政長官公署、警備總部、供應倉庫、警察大隊、臺灣銀行等
軍政機關；（劉勝驥，1987：132）一說有國號新華的獨立運動，
擇十日舉事，年號用臺灣自治邦紀元，全島成功後入中國本土，
[14]又傳林獻堂、黃朝琴、黃國書、丘念臺、游彌堅、蔣渭川等

14　陳儀，〈陳儀報告「二二八」事件情形致吳鼎昌等電〉，（王曉波編，2004：
　　399）。

皆將在其間分任要職，（李翼中，1992：389）事後陳儀於十三日向蔣中正呈報有關事變的鎮壓情形及檢討時，在〈辦理人犯姓名調查表〉中，將王添灯名列要犯之首，指陳其罪跡包括「密組偽新華民國政府」，[15]我們有理由相信，這些謠言應該出自於行政長官公署或情治單位的編造，目的在為殺害王添灯尋找理由。

　　九日凌晨，張慕陶稱中央不派兵的承諾言猶在耳，國軍整編第二十一師已乘太康艦自基隆登陸臺灣，一路直撲臺北，陳儀六時宣布全省戒嚴，解散省處委會及全省十七分會，自此展開全省性的軍事鎮壓。王添灯在家中為憲兵第四團團長兼臺北戒嚴司令張慕陶逮捕，傳說為張慕陶命衛兵以汽油澆淋上身後當場燒死，（蘇新，1993a：125；藍博洲，2008：260-265，281-282）而陳儀於事後於四月十一日致電蔣中正時，則稱王添灯於混亂中失蹤，又傳有被擊斃之消息，（藍博洲，2008：275）並於十九日報請國防部查緝解辦。（黃彰健，2007：578）至王添灯身邊的左傾幕僚，則皆逃出臺灣，在香港與謝雪紅會合，參加了臺盟的建盟工作。

　　根據臺灣省長官公署民政處長周一鶚的回憶，警總、憲兵團和國民黨臺灣省黨部各有山頭，當陳儀權力發生動搖，便無所顧忌地任意妄為殘害異己，前臺灣省行政長官公署教育處副處長宋斐如和國立臺灣大學文學院代院長林茂生遭到殺害，便是情治單位所為，事先未請示，事後還要求陳儀同意補辦手續，陳儀怒斥其「無法無天」。沒有直接證據顯示王添灯是陳儀授意殺害的，可是陳儀儘管感到痛心，卻仍然包庇政府人員和國軍

15　陳儀，〈陳儀呈蔣主席三月十三日呈第四十號附件〉，（總統府機要祕書處編，1992：174）。

對異議份子或本地菁英展開報復性鎮壓，（周一鶚，1987：110-112；陳兆熙，2010：52-53）他身爲結構性共犯的角色，彰彰明甚，確是事實。

肆、結　語

　　總結來看，二二八的起義，是一種自發的武裝暴動，事前無統一的計劃和組織，起義以後也缺乏統一的領導，形成各自爲戰的局面。由於中共省工委的組織和領導及經驗，都跟不上這一突然的革命風暴發生和發展的需要，（楊克煌，1999：244）因而省工委書記蔡孝乾在對於二二八的政治運動策略上，鑑於群眾實力不足，雖然對於臺北學生軍有較爲積極的支持，但基本上其立場還是傾向於議會政治和平改革路線，從而透過蕭友山希望能對於改革方向有所影響，儘管實際作用不大。古瑞雲亦證稱蔡孝乾並不認爲臺灣有爆發群眾自發性武裝暴動之條件，而自始輕忽組織群眾工作。這和平日即積極參與人民團體之組織，二二八時乃得以利用平日社會經營之基礎建立武裝力量，兩人之領導風格導致雙方因應二二八變局的社會組織動員能量具有明顯的落差，（古瑞雲，1990：50；陳芳明，2009：233）但無論是哪一宗派，他們都支持省二二八處委會的政治正當性，也都擁護〈處理大綱〉的省政改革主張，只是自始謝雪紅似乎更堅信憑藉激進武裝路線才可以支撐議會鬥爭的勝利。

　　中共中央對於二二八的看法，則可見於《解放日報》的社論〈臺灣自治運動〉，它反對妥協，肯定武裝鬥爭，支持三十二條〈處理大綱〉，它清楚地看到，對於廣大臺灣人民而言：「臺

灣人民的要求是極其平凡的，不過是要自治，要廢止專賣制度，要臺灣人能在臺灣當行政官吏而已」。本文同意，從反抗國民政府統治的角度來看，二二八民變和當時大陸上由中共領導的解放戰爭，乃具有同樣的性質，都是國民政府治理失靈的產物，儘管在此之外，中共革命具有更深刻的社會主義社會革命的性質，而臺灣的二月革命則繼承著臺灣人民反殖民反侵略的光榮傳統，是臺灣人民對於民主自治長久想望的爆發。縱使部份領導菁英個別有赤化、獨立或託管的主張，因其並未在二二八中成為主流意見並為人民所響應，不能做為政府鎮壓二二八的正當理由。

前已言之，國民政府當時對於中共的軍事戰略佈局，是由陝甘寧和山東兩線集中大軍進擊，陝甘寧一線為毛澤東洞悉而誘敵深入，使國軍深陷其中，反而成為敗筆，山東一線，則依照蘇新在《憤怒的臺灣》一書的觀點，係因二二八爆發，而使原本欲投入江蘇省北部戰場的兵力被調至臺灣，減輕了中共在蘇魯地區的戰爭壓力，在此之外，蘇新也認為，二二八對於中共在上海和江蘇的群眾工作，也產生了激勵和鼓舞的作用，而儘管我們並不同意中共黨人在二二八中的表現，是不是果真因此而獲得了廣大群眾的信任，擴大了中共的政治影響和其後在臺灣大量發展的基礎，（間引：陳少廷，1992：310-311）至少國民政府鎮壓二二八的作法，動搖了臺灣人民對中華民國的認同，則是事實，而此一事實則對於其後地下黨配合內戰形勢在臺灣社會的發展，以及當代臺灣獨立意識的萌芽，都具有同等的重要貢獻。

民國三十七年五至六月，中共華東局在香港召開臺灣工作幹部會議，有〈關於二二八事件的經驗教訓〉一文作為會議文

件，可視爲中共對於二二八事件的定調，即其爲「臺灣人民反對國民黨統治的民主自治運動，不是臺灣人民的獨立運動」，對中共而言，其總結成就有四：

一、證明國民黨統治腐敗無能，使人民覺悟到推翻國民黨政權不是不可能的；

二、事變中使蔣中正從大陸戰場抽調兩個師的兵力到臺灣，緩解了中共在內戰中的壓力；

三、使人民認識到和平的合法鬥爭是無濟於事的，唯有採取武裝鬥爭，才能爭取民主自治；

四、發現了大批的積極份子，擴大了黨的力量。

會議文件又總結了鬥爭的弱點：

一、準備工作不夠：a.沒有處理與老臺共關係，以便取得良好聯繫；b.沒有抓住光復後陳儀統治未深入時機，擴大黨的力量；c.沒有利用矛盾推展統一戰線工作；d.對外通訊未建立；

二、事變發生後，未及時解除國軍武裝來武裝自己；

三、學生孤軍作戰，未與工農結合；

四、沒有及時分散物資，藉以動員群眾，亦未對反動份子實施鎮壓；

五、沒有教育人民，及時揭發陳儀欺騙；

六、開始時輕敵，後來對敵人力量又估計過高，而且迷戀城市，撤退時沒有組織，變成一哄而散；

七、沒有以中共名義，公開提出方針來教育領導群眾。

中共在〈關於二二八事件的經驗教訓〉中對省工委檢討，要求其配合新民主主義革命，加強開展工作，早日實現臺灣自治運動，正好說明二二八不是中共發動，也不是中共領導。（褚靜濤，2007a：540）但這一份文件，卻被警總拿來作爲中共領

導二二八武裝暴動的佐證，可見當時警總的弱智和對陳儀施政無能的刻意卸責諉過，令人啼笑皆非。時任監察院監察委員的丘念臺在所著《嶺海微飆》一書中，也指摘陳儀政府犯了兩大錯誤，一是上面的人誇大渲染中共地下黨組織新華共和國，另一則是下面的人為了掩飾自己的過失，老羞成怒地製造聲勢，捏造事實來瞞騙上峰，他便直言二二八「不能說是共黨製造的」。（丘念臺，2003：353-354）而正是基於〈關於二二八事件的經驗教訓〉，省工委在此後迅速發展，由此亦可見，該一文件確實診斷出省工委以往工作的缺失，觀察分析十分精到。

我們需了解，從掌握省處委會宣傳組的王添灯身邊環繞的盡是左翼知識份子，臺北、臺中、臺南、高雄青年教師或學生領袖皆同情或傾慕當時為國民政府重新認定為危害民國叛亂團體的中共及其所主張的共產主義理想，可知整個中國人心思變，國民政府訓政之治的統治正當性已受到動搖，而國民政府與中共和談的失敗與內戰的爆發，亦令國人與知識階層對於國民黨領導和平制憲建國的前景普遍感到失望。然吾人仍不宜從左翼菁英在文化界、媒體界和知識界活躍的現象，而認為中共力量已滲透至臺灣社會，而應解讀為社會主義和民主主義在戰後躍升成為全球主流思潮，為後殖民時期民族主義國家建構的指導方針，而受到進步知識份子的歡迎。中共成功地在中國佔領意識型態的霸權，而以進步思潮的代言人出現在歷史的舞臺，因此中國的反對力量乃自動集結在中共的旗幟下。故而我們不能直接就此斷定這些進步力量都是中共成員，為中共喉舌，而本就有意扭曲政府形象，編造新聞事實，誤導大眾視聽。

臺灣人民剛脫離日本帝國主義的殖民統治，又來了中華民國國民政府的準殖民統治，臺灣人民和當時中國大陸被壓迫的

人民同其命運，何其不幸。那被人民寄以厚望的中國共產黨，經歷史證明也是一個列寧主義黨國體制，其對於意識型態的偏執和鬥爭手段之殘暴，與國民黨相比，乃更有過之而無不及，而這卻是當年獻身於共產主義理想的臺灣人們所無法想像的。二二八是一個歷史必然的悲劇，是一個無能、自慢和對反對運動充滿猜忌的外來政權，和對於去殖民和自主出頭天充滿強烈期待卻又無限失落的臺灣人民之間的結構性矛盾。統治者完全不能體會曾經被殖民壓迫的臺灣人民，在〈中華民國憲法〉公布後對於實現地方自治的熱望，反而懷疑臺灣的民主自治會使中共乃至於臺灣獨立的力量得以找到伸展的空隙。從國民政府和行政長官公署以反共與防共出發的相關決策中，我們可以感受到他們這一種色厲內荏的心理狀態。未來如果要避免同樣的悲劇再次在臺灣發生，臺灣人民自身就一定要自行承擔起治理的責任，並且通過憲政和社會制度與共同體意識的建構，讓植根於不同社會基礎的多元意見和力量能夠在自由的政治市場上形成良性的競爭，以維護臺灣不要再受到任何反民主與不正義政權的宰制。

　　黃彰健院士在《二二八事件真相考證稿》一書序文中，自揭他投身二二八研究的動機，係希望臺灣人民能超越族群，共同認識到，在當時中國內戰的時代格局下，國民政府縱有心亦無能避免二二八民變的發生，故而他期待二二八事件的受難家屬能明瞭真相，「減少對中華民國政府的怨恨」，並透過這樣的理解與體諒，促成臺灣社會及兩岸人民的和解，「減少未來海峽兩岸和平統一的阻力」。（黃彰健，2007：X）他的中共與二二八論述，雖然並非他二二八研究的重點，但他至少證明了二二八的發生，問題出於陳儀治理臺灣的失敗，不能把責任轉嫁給

中共，惟筆者稍微不同意於黃院士者，爲陳儀若依其判斷從無
與省處委會共商和平解決之誠意，則指摘王添灯之〈處理大綱〉
給予政府鎮壓之藉口，豈非厚誣，何況省處委會亦將之推翻，
不能謂其爲省處委會最後確定之決議。

筆者對於黃彰健院士的用心與努力表示尊重，不過，筆者
作爲一個憲法學的研究與教學者，則認爲二二八民變的問題，
乃根源於臺灣人民對於去殖民後作爲三民主義憲政民主國家主
權者的強烈期望，這與抗戰後中國大陸人民對於和平建國的普
遍期待是一致的，而中共在某個方面，正反映和代表了當時的
這種民意，反之，中華民國在那個時代裡，亦是作爲這種民意
的對立面而存在著。於今視之，要實現臺灣社會及兩岸人民的
和解與永久和平，就只能從建構兩岸人民所共同需要的社會正
義和基本自由權利的制度性保障著手，來尋求雙邊對話和共識
的基礎。現在，這個專制的載體恐怕已不再是民主化後的中華
民國或國民黨政府了。故而，要避免二二八之類的歷史悲劇在
臺灣或中國大陸重演，我們反倒必須先超越和揚棄黨國體制，
並且以讓臺灣人民有對專制說「不」的權利，來督促中國大陸
加速推動民主改革，始能在一致的制度價值基礎之上，真正化
解兩岸統一的阻力。

參考文獻

王曉波編，2004，《陳儀與二二八事件》，臺北：海峽學術出版
　　社，二零零四年三月。
中央研究院近代史研究所編，1992，《二二八事件資料選輯

（二）》，臺北：中央研究院近代史研究所，一九九二年五月。

中央研究院近代史研究所編，1997，《二二八事件資料選輯（六）》，臺北：中央研究院近代史研究所，一九九七年六月。

古瑞雲，1990，《臺中的風雷 —— 跟謝雪紅在一起的日子裡》，臺北：人間出版社，民國七十九年九月。

史明，1980，《臺灣人四百年史》，San Jose：蓬島文化出版公司，一九八零年九月。

白德華，2007，〈周青：228 打貪官，中山裝成目標〉，臺北：《中國時報》，民國九十六年二月二十七日。

丘念臺，2003，〈我對二二八事變的愧疚〉，王曉波編，《二二八真相》，臺北：海峽學術出版社，二零零三年四月。

朱浤源，1993，〈王雲青先生訪問紀錄〉，許雪姬編，《口述歷史》，第四期，臺北：中央研究院近代史研究所，民國八十二年二月。

李翼中，1992，〈帽簷述事 —— 臺灣二二八事件日錄〉，中央研究院近代史研究所編，《二二八事件資料選輯（二）》，臺北：中央研究院近代史研究所，民國八十一年五月。

何池，2008，《民主革命時期中國共產黨指導臺灣革命研究》，臺北：海峽學術出版社，二〇〇八年四月。

吳克泰，2002，《吳克泰回憶錄》，臺北：人間出版社，二零零二年八月。

周一鶚，1987，〈陳儀在臺灣〉，陳海濱編，《陳儀生平及被害內幕》，北京：中國文史出版社，一九八七年六月。

柯遠芬，1992，〈臺灣二二八事變之真像〉，《二二八事件資料選

輯（一）》，臺北：中央研究院近代史研究所，民國八十一年五月。

范燕秋，2008，〈樂信・瓦旦與二二八事件中泰雅族的動態 —— 探尋戰後初期臺灣原住民菁英的政治實踐〉，許雪姬主編，《二二八事件 60 週年紀念論文集》，臺北：臺北市政府文化局、臺北二二八紀念館，民國九十七年三月。

俞國華，2003，〈「二・二八」為中共陰謀事件〉，王曉波編，《二二八真相》，臺北：海峽學術出版社，二〇〇三年四月。

苗建寅主編，1990，《中國國民黨史（1894-1988）》，西安：西安交通大學出版社，一九九〇年五月。

徐秀慧，2005，〈光復初期的左翼言論、民主思潮與二二八事件〉，黃俊傑編，《光復初期的臺灣：思想與文化的轉型》，臺北：國立臺灣大學出版中心，二〇〇五年四月。

馬起華，1987，〈二二八事件日誌〉，馬起華編，《二二八研究》，臺北：中華民國公共秩序研究會，民國七十六年十月。

戚嘉林，2007，《臺灣二二八大揭秘》，臺北：海峽學術出版社，二〇〇七年二月。

許進發，2008，〈簡吉 —— 一位在大地流離的社會鬥士〉，許進發編，《戰後臺灣政治案件 —— 簡吉案史料彙編》，新店：國史館、臺北：行政院文化建設委員會，二〇〇八年五月。

許進發編，2008，《戰後臺灣政治案件 —— 學生工作委員會案史料彙編》，新店：國史館、臺北：行政院文化建設委員會，二〇〇八年五月。

張炎憲總編輯，2006，《二二八事件責任歸屬研究報告》，臺北：財團法人二二八事件紀念基金會，二〇〇六年二月。

曾永賢，2009，《從左到右六十年 —— 曾永賢先生訪談錄》，新

　店：國史館，二○○九年十二月。

曾建元，2009，〈張志忠 —— 二二八人物小傳〉，墨爾本：《自由
　聖火》網，二○○九年二月十二日。

曾建元，2009a，〈中共地下黨在臺灣〉，墨爾本：《自由聖火》
　網，二○○九年六月八日。

曾建元，2010，〈彭孟緝的二二八功過 —— 評黃彰健的觀點〉，
　美國：《民主中國》網，二○一○年三月二十一日。

曾建元、曾薰慧，2010，〈青春戰鬥曲 —— 戰後國立臺灣大學政
　治事件之研究（1945-1955）〉（向陳英泰致哀與禮敬修訂
　重刊），《醫學、歷史與社會》，第一期，臺北：臺灣社會
　改造協會，二○一○年，出版中。

曾慶國，2010，《二二八現場 —— 檔案直擊》，臺北：臺灣書局
　出版有限公司，二○一○年一月。

歐素瑛，2006，《傳承與創新 —— 戰後初期臺灣大學的再出發
　（1945-1950）》，臺北；臺灣古籍出版社，二○○六年二
　月二十七日。

歐素瑛，2008，〈從二二八到白色恐怖 —— 以李媽兜案為例〉，《臺
　灣史研究》，第十五卷第二期，臺北：中央研究院臺灣史研
　究所，民國九十七年六月。

歐素瑛、李文玉編，2002，《二二八事件檔案彙編（七）—— 臺
　灣大學、臺灣師範大學、臺北成功中學檔案》，新店：國史
　館，民國九十一年六月。

陳少廷，1992，〈中共對臺灣二二八事變的歷史解釋 —— 兼論臺
　灣統派紀念二二八的政治訴求〉，陳琰玉、胡慧玲編，《二
　二八學術研討會論文集（1991）》，臺北：二二八民間研究
　小組、臺美文化交流基金會、現代學術研究基金會，一九

九二年二月。

陳兆熙，2010，〈陳儀的本來面目〉，初安民編，《陳儀的本來面目》，中和：印刻文學生活雜誌出版有限公司，二○一○年二月二十八日

陳君愷，2002，〈穿透歷史的迷霧 —— 王添灯的思想、立場及其評價問題〉，《二十世紀臺灣歷史與人物 —— 第六屆中華民國史專題論文集》，新店：國史館，二○○二年十二月。

陳芳明，2009，《謝雪紅評傳》，臺北：麥田出版、城邦文化事業股份有公司，二○○九年三月一日。

陳英泰，2009，《再說白色恐怖》，臺北：唐山出版社，二○○九年十二月。

陳翠蓮，2008，〈二二八事件後被關閉的兩所臺灣人學校〉，許雪姬主編，《二二八事件 60 週年紀念論文集》，臺北：臺北市政府文化局、臺北二二八紀念館，民國九十七年三月。

陳儀深，1992，〈論臺灣二二八事件的原因〉，陳琰玉、胡慧玲編，《二二八學術研討會論文集（1991）》，臺北：二二八民間研究小組、臺美文化交流基金會、現代學術研究基金會，一九九二年二月。

陳儀深，2008，〈蔣中正〉，張炎憲主編，《二二八事件辭典》，新店：國史館、臺北：財團法人二二八事件紀念基金會，二○○八年二月。

陳儀深，2008a，〈為何考證？如何解讀？ —— 評論黃彰健著《二二八事件真相考證稿》〉，許雪姬等，《紀念二二八事件六十週年學術研討會論文集》，高雄：高雄市文獻委員會，民國九十七年六月。

褚靜濤，2007，《二二八事件實錄》，上卷，臺北：海峽學術出

版社，二〇〇七年六月。

褚靜濤，2007a，《二二八事件實錄》，下卷，臺北：海峽學術出版社，二〇〇七年六月。

彭孟緝，1992，〈臺灣省「二二八事件」回憶錄〉，中央研究院近代史研究所編，1992，《二二八事件資料選輯（二）》，臺北：中央研究院近代史研究所，民國八十一年五月。

黃華昌，2004，蔡焜霖、吳水燈、盧兆麟、陳英泰、王春長、陳孟和、王文清譯，《叛逆的天空 —— 黃華昌回憶錄》，臺北：前衛出版社，二〇〇四年六月。

黃彰健，2007，《二二八事件真相考證稿》，臺北：中央研究院、聯經出版事業股份有限公司，二零零七年二月。

總統府機要祕書處編，1992，〈戡亂時期重要文件分案輯編 —— 第三八冊：政治 —— 臺灣二二八事件〉，中央研究院近代史研究所編，《二二八事件資料選輯（二）》，臺北：中央研究院近代史研究所，民國八十一年五月。

楊克煌，1999，《臺灣人民民族解放鬥爭小史》，臺北：海峽學術出版社，一九九九年十月。

楊克煌，2005，《我的回憶》，臺北：楊翠華自版，二零零五年二月二十八日。

薛化元、陳翠蓮、吳鯤魯、李福鐘、楊秀菁，2003，《戰後臺灣人權史》，臺北：國家人權紀念館籌備處，民國九十二年十二月。

蘇新，1993，《憤怒的臺灣》，臺北：時報文化出版事業股份有限公司，一九九三年二月十五日。

蘇新，1993a，〈王添燈先生事略〉，《未歸的臺共鬥魂 —— 蘇新自傳與文集》，臺北：時報文化出版事業股份有限公司，一

九九三年四月十日。

蔡子民，1987，〈憶「二‧二八」與王添灯〉，臺灣民主自治同
　　盟編，《歷史的見證 —— 紀念臺灣人民"二‧二八"起義四
　　十週年》，北京：臺灣民主自治同盟，一九八七年五月。

賴澤涵總主筆，1994，《二二八事件研究報告》，臺北：時報文
　　化出版事業股份有限公司，一九九四年二月二十日。

賴澤涵談話，2010，《黃彰健院士與二二八研究》追思學術研討
　　會談話，國立臺灣大學社會科學院第一會議室，二〇一〇
　　年二月二十日。

劉勝驥，1987，〈共黨分子在二二八事件前後的活動〉，馬起華
　　編，《二二八研究》，臺北：中華民國公共秩序研究會，民
　　國七十六年十月。

藍博洲，1991，〈一條曲折前進的認同之路 —— 臺大學生領袖吳
　　克泰的腳踪〉，《沈屍‧流亡‧二二八》，臺北：時報文化出
　　版事業股份有限公司，一九九一年六月二十四日。

藍博洲，1991a，〈從高雄苓雅寮到北京 —— 延平大學學生領袖
　　葉紀東的腳踪〉，《沈屍‧流亡‧二二八》，臺北：時報文化
　　出版事業股份有限公司，一九九一年六月二十四日。

藍博洲，1991b，〈從紡織廠童工到進步記者 —— 工人作家周青
　　的腳踪〉，《沈屍‧流亡‧二二八》，臺北：時報文化出版事
　　業股份有限公司，一九九一年六月二十四日。

藍博洲，1991c，〈來自北京景山東街西老胡同的歷史見證 —— 戰
　　後臺灣學運領袖陳炳基的腳踪〉，《沈屍‧流亡‧二二八》，
　　臺北：時報文化出版事業股份有限公司，一九九一年六月
　　二十四日。

藍博洲，2005，〈楊逵與中共臺灣地下黨的關係初探〉，《批判與

改造》，第十二期，臺北，二〇〇五年七月二十日，
http://blog.xuite.net/g1.p2/critique/3573489

藍博洲，2005a，〈我要讓鮮血流在潔白的襯衣上……——郭琇
　　琮醫師（1918-1950），《消失的臺灣醫界良心——五〇年代
　　白色恐怖下受難的高貴靈魂》，中和：印刻出版有限公司，
　　二〇〇五年五月。

藍博洲，2007，〈張志忠傳奇而悲壯的一生（1910-1954）〉，陳
　　映真總編輯，《人間思想與創作叢刊，二〇〇七年春，228
　　六十周年特輯》，臺北：人間出版社，二〇〇七年三月。

藍博洲，2007a，〈註仔——二‧二八臺北武裝計畫總指揮李中
　　志〉，陳映真總編輯，《人間思想與創作叢刊，二〇〇七年
　　春，228 六十周年特輯》，臺北：人間出版社，二〇〇七年
　　三月。

藍博洲，2008，《消逝在二二八迷霧中的王添灯》，中和：印刻
　　文學生活雜誌社有限公司，二〇〇八年三月。

藍博洲，2010，〈從騎白馬到戴紅帽的政治犯——陳明忠
　　（1929）〉，《老紅帽》，臺北：南方家園文化事業有限公司，
　　二〇一〇年二月。

戴國煇、葉芸芸，1992，《愛憎二‧二八——神話與史實：解開
　　歷史之謎》，臺北：遠流出版事業股份有限公司，一九九二
　　年二月十六日。

謝阿水，1980，《「二二八事件」真相》，臺北：黎明文化事業公
　　司，民國六十九年十二月三十日。

蕭明治，2008，〈陳篡地〉，張炎憲主編，《二二八事件辭典》，
　　新店：國史館、臺北：財團法人二二八事件紀念基金會，
　　二〇〇八年二月。

鍾逸人，1993，《辛酸六十年 ── 二二八事件二七部隊部隊長鍾
　　逸人回憶錄》，上，臺北：前衛出版社，一九九三年十一月。
《臺灣新生報》。

民國九十九年二月十九日三時於臺北縣板橋市喬崴萊芬園初稿

四月五日民族掃墓節凌晨一時二稿

十月十九日九十半臺北晴園定稿

藍博洲：各位前輩，大家好。我其實還沒有進入狀況。因為昨天晚上等朱教授把曾教授的論文給我卻一直等不到，我是剛剛提早來會場才看到的。我看了一下黃彰健院士的相關考證，我以為，黃院士針對蘇新所講的「三月八號中共廣播」的質疑應該是對的。其實，我從最早看到這種說法的時候就存有懷疑，只是我不是搞學術研究的人，我是一個⋯就如黃教授所批評的，一個看不懂他文章，喜歡聽故事的人。所以雖然判斷這種說法在現實上好像有一點問題：在當時的通訊條件下，遠在延安的中共中央怎麼可能三月八號就能夠及時廣播呢？這點，黃教授的考證是能夠說服我的。

剛剛曾教授所談的這一部分，⋯後來又拿了一篇增補的，增補的我就沒有時間細看了，不過我把他在前面⋯附在手冊裡面的把它看了一下。

我想，我們大家都可以同意：說「228 是中共地下黨員煽動的」，這個應該不是事實；當時的地下黨員也從來沒有人這樣說過，剛剛賴澤涵教授也根據他的採訪說洪幼樵當時還在散步；甚至，一直到現在，也沒有一個人可以把蔡孝乾那幾天的行蹤說個清楚。可是，剛剛曾教授所講的，我想可能還是有一些問題可以討論的，我們可以說，228 不是地下黨人煽動的；可是地下黨人以及日據時期的臺共和一些社會運動者，在 228 事件時是起了領導作用，這應該是一個常識。一個運動起來的時候，民眾當然會要求有人出來領導，那些在日據時期搞運動的人自然會被民眾推出來領導，這也是常識。所以，他們有些人是擋也擋不住形勢的要求的，包括謝雪紅、蘇新等這些人，他們就非得站在運動的第一線，出來領導。

那麼，真正的地下黨人當時在那裡？到底起了什麼作用？

我想，包括黃院士的文章也提到應該還是地下黨人出來起了領導作用。臺北學生軍的武裝計畫，是當時省工委的台北書記廖瑞發組織的，他也是舊臺共。除了廖瑞發，當時已經是黨人的還包括總指揮李中志和延平學院學生葉紀東。郭琇琮、陳炳基還不是，可他們都是日據末期以來的學生運動領導人，所以 228 後很快地就被地下黨給吸收了，這也是事實。至於臺中的部分，曾教授用陳芳明的說法說「一個是議會路線，一個是武裝路線」；我想這是不對的，事實上，這個問題，蘇新的回憶錄也寫得很清楚，當時地下黨並沒有這樣的路線分歧，那是兩條戰線的鬥爭，而不是兩條路線的分歧。

　　還有一個很關鍵的問題是，謝雪紅雖然跟蔡孝乾有矛盾，可是謝雪紅基本上是主動接受張志忠的領導的，這點，在楊克煌和古瑞雲的回憶錄也已經講得很清楚了。另外，曾教授剛剛提到嘉義地區的陳復志、陳篡地不一定是黨員；即便如此，他們基本上還是在張志忠的領導之下。這是實際參與鬥爭的當事人許分說的；當然，一般人，包括當局是不會曉得的；如果輕易就讓外人曉得的話那它就不是所謂「地下黨」了。許分說，當時張志忠的左右手是許分和當時的東石鎮長張榮宗（也就是張秋梧的父親）；張榮宗在日據時期也是左派。台南由李媽兜負責，斗六是陳篡地，嘉義是陳復志。從這點來看，後來的發展也就有它的道理了。

　　228 當時張志忠的身分並沒有暴露。在我們所看到的官方檔案，張志忠的身分都沒有暴露。而且，我通過田野調查而理解，包括吳克泰、楊克煌、古瑞雲和鍾逸人的回憶錄也都提到，三月五號，張志忠從嘉義到到了台中，甚至到了桃園；這就是說，負責地下黨的武裝工作的他其實是在組織全省性的武裝行

動的。只是，到了後來，因爲謝雪紅與蔡孝乾既存的「宗派」心結，以至於武器最豐沛的台中最終沒有支援到台北，台北的行動最後沒辦法發動也是因爲沒有武器。曾建元教授說他父親還有兩顆子彈，可我採訪過很多實際參加的人，諸如當時的台大醫學院學生蘇有鵬醫師說，他們當時是拿著削尖的竹子就準備去作戰了。

還有，曾教授說高雄的涂光明不是黨員，可黃院士的考證或是賴教授他們的報告提到的高雄第一中學的主任林慶雲，其實就是地下黨人。他後來自新了，他是高雄旗山人，「滿洲國」建國大學的學生。我們知道，就是因爲地下黨員都是單線領導的，所以很多問題我們都搞不清楚。到今天，我搞了二三十年，還是有很多問題搞不清楚。如果搞得清楚，那它就不叫「地下黨」了。

那麼，如果我們的研究只是根據官方的判決書來作文章的話，我想，那肯定距離事實很遠，而且可能是錯的。可以理解，基於鬥爭的需要，這些地下黨員們被捕以後就是打死他也不會輕易承認自己是黨員，因爲承認了就一定是槍斃嘛。所以，如果只是根據官方的判決書來寫論文而輕易論斷：他們不是共產黨，這樣做可能會走入一個死胡同。一句話，即便他是，他也不會輕易承認的，能夠不承認就不承認，這是該有的政治常識。所以我們看這個問題可能要跳脫這種政治成見來看，包括228。

朱教授幾次邀我談 228，我一直沒有答應。因爲，這麼多年來 228 已經被搞得就好像媽祖誕辰一樣，一年一次，都要來個拜拜，我覺得消費得太過頭了。我是搞文學的，不是搞歷史的，我追求的是歷史的真實，而不只是歷史的事實而已。我剛開始作 228 時還去找王曉波老師借讀了一本他匿名出版的《228

真相》，然後才進入它的歷史現場，後來我從國防部總政治作戰部出版的一個叫做謝阿水的人寫的小冊子發現裡頭提到一個叫做「吳裕德」的台大學生領袖（一直到現在仍查無此人），然後通過尋找他才知道有郭琇琮醫師這個歷史人物，從而找到進入民眾史現場的線索，並且進一步知道 228 之外還有更恐怖悲慘的五〇年代白色恐怖，也才知道原來後面還有共產黨的地下組織；要不然，像我這種年紀的人，哪一個不是受反共教育成長的，我們怎麼可能客觀看待這段複雜的歷史呢。

　　如果我們還是抱著反共的內戰思維去看待台灣的近當代史的話，我想，很多歷史現象肯定是看不清楚的。…我很敬重黃教授所作的那些努力…雖然那是像我這樣沒受過史學訓練的人絕對看不懂的文章。可我覺得更重要的是要去思考：爲什麼會產生 228 這樣的悲劇？如何解決這樣的悲劇並且避免它再次發生？而不是去追究、研究誰殺了誰？以及誰殺得人較多之類的問題，畢竟，這是中國近代史的悲劇嘛。

　　像 228 這樣的事件，在抗戰勝利後的中國大陸不知道有多少例子，太多了！如過要算歷史的帳，那麼就如某個前輩提到的，爲什麼不去追究「霧社事件」日本人殺了多少原住民？1895 日本人殺了多少台灣人？真的要算的話，這個帳是算不完的。我想，就如戚老師提到的，228 事件告訴我們一個很清楚的問題，那就是在戰後復員、經濟無法恢復的情況下，這是必然發生的時代悲劇。那麼這個悲劇的根源來自何處？我自己是從歷史的認識裡面找到的。

　　我記得，1986 年，我要做台灣史研究的時候，人家還警告我說：「搞台灣史的通常都會變成台獨。」結果，後來我變成了統派，可那個警告我的朋友卻變成了台獨。而我之所以變成統

派是因為我對台灣史的認識。我想，從 1895 到 1945，乃至於到今天還是一樣，只要兩岸的對峙情況沒有解決，未來可能還是會有如同 228 事件和白色恐怖的悲劇發生。這是我對這段歷史研究的最大的心得，也因為這樣，我成為一個反對台獨的人。我可能不一定是像王曉波老師那麼堅定的一個統派，可你要說我是統派，我也不否認。

　　對曾教授的論文，我只能給予這樣簡單的不是評論的評論。最後，我要強調的是，許多歷史的論斷最好還是引用第一手證言；也就是說要引用那些親歷歷史者的說詞，不管你主觀上同意不同意這種說法。

二二八事件期間
整編廿一師主力赴臺經過

崑山科大兼任講師
楊　晨　光

摘　要

　　整編廿一師主力在二二八事件中赴臺平亂，被眾多作者及研究者認為，整個部隊沿路射擊展開血腥屠殺，犯下集體屠殺臺灣民眾的大罪。但是以筆者研究軍事史、戰史的經驗看起來，這種指控很多方面都值得商榷。

　　依筆者研究看來，整編廿一師沒有集體屠殺臺灣民眾，可由以下數事辯明：

1. 整編廿一師主力赴臺之後，直到 3 月 14 日前幾乎都在行軍，而 3 月 14 日後，和中共地下黨武裝部隊的作戰，大部份都在山區，實無屠殺臺民虛報戰功的可能性。

2. 二二八事件期間，國軍在臺各部隊槍斃 4 名以上劫奪平民財物的士兵以正軍紀，從國軍軍紀尚能維持的狀況看來，實無法證明國軍曾大量屠殺平民。

3. 高雄地區在二二八事件動亂高峰期間的死亡者名單，可

判別性別者，有男性 73 名、女性 16 名，男女死亡比例 4：
1 不符合所謂無差別大屠殺應有的男女死亡比例。

4.如果國軍真的沿路掃射使受難死亡者達到萬人以上，那
麼受槍傷未死者，則至少將達到 2～3 萬人。以臺灣當時
的醫療體系的負荷能量，沒辦法承受這樣突發猛爆的外
科槍傷病患醫療照護服務的需求。

5.國軍和中共地下黨武裝部隊交戰，其火力波及無辜導致
平民傷亡，應先追討中共地下黨武裝部隊責任，不應專
門只對國軍究責。

要釐清二二八事件的真象，必須以客觀科學的方式，對各
種來源的資料做一詳細的考究，方能不受愚弄。整編廿一師官
兵被污衊爲屠殺臺民之兇手，其由來久矣。該師個別官兵若有
殺害無辜臺民之事實，應針對個案加以檢討，絕不能僅憑沒有
證據的指控，即認定整編廿一師官兵集體犯下屠殺罪行。

一、前　言

二二八事件中，整編廿一師主力被蔣中正派來臺灣支援陳
儀一事，一直被眾多評論者視爲二二八事件的轉捩點。眾多作
者及研究者眾口鑠金的認爲，整編廿一師主力抵達後，沿路搶
劫燒殺展開血腥屠殺，導致二二八事件中臺灣無辜民眾的重大
傷亡。

例如整編廿一師當年副官處長何聘儒曾回憶整編廿一師
「四三八團乘船開進基隆港，尚未靠岸時，即遭岸上的群眾怒
吼反抗。但該團在基隆要塞部隊的配合下，立刻架起機槍向岸
上群眾亂掃，多人被打得頭破腳斷，肝腸滿地，甚至孕婦、小
孩亦不倖免。甚至晚上我隨軍部船隻靠岸登陸後，碼頭附近一

帶，在燈光下尚可看到斑斑血跡」[1]依何聘儒的說法是整編廿一師方未登陸，已在船上架設機槍掃射群眾，造成基隆民眾大量傷亡。

接著何聘儒述及「部隊登陸後，即派一個營占領基隆周圍要地，並四出搜捕「亂民」。主力迅即向臺北推進，沿途見到人多的地方，即瘋狂地進行掃射，真像瘋狗一樣，到處亂咬。」[2]而林木順亦在《臺灣二月革命》裏說到「自九日起至十三日止，足足四晝夜，到處都是國軍在開槍，或遠或近，或斷或續，市民因要買糧外出，輒遭射殺，因此馬路上、小巷內、鐵路邊，到處皆是死人。鮮紅的血，模糊的肉，比二二八日更多了幾十倍，這些死者都是臺灣人。士兵看到臺灣人的怪裝束，不要問話，即開槍射殺，遇到外省人則可不盤問。廣播電臺天天傳達警備總部的命令，一切公務員必須立刻上班，一切學生必須照常上課，一切工人必須照常上工。因此，守法的臺灣人一批一批的學生上課了，但是這些一批一批的學生都被射死在校門前；公務員也一個一個踏了自行車上班了，但他們都個個死在十字街頭，或大南門邊；工人上了工，但他們都一去不復還！士兵們說：臺灣人不承認是中國人，他們打死中國人太多了，上頭准許我們來殺他們，這幾天來，殺得真痛快！還得再殺，殺光了，看他們還能造反不成？」[3]於是在這些作者的口中，於

---

1 何聘儒，〈蔣軍鎮壓臺灣人民起義紀實〉，收錄於李敖編著，《二二八研究》（臺北：李敖出版社，1989），頁 263-264。

2 何聘儒，〈蔣軍鎮壓臺灣人民起義紀實〉，收錄於李敖編著，《二二八研究》，頁 263-264。

3 林木順，《臺灣二月革命》（臺北：前衛出版社，1992），頁 43-44。本書應為二二八事件當時中共地下黨黨員楊克煌、蘇新所著，但既已眾人週知，本文仍以林木順為作者名。

整編廿一師主力赴臺後，臺灣不得不成爲一處人間煉獄。

　　筆者研究軍事史多年，覺得眾多作者及研究者針對整編廿一師官兵的指控，以軍事常識而言，很多部份都必須再加檢討。本文將以檔案史料爲基礎，軍事史實爲輔助，對整編廿一師主力來臺經過加以解析，希望釐訂歷史之史實，讓整編廿一師主力赴臺支援的評價能夠更接近歷史的真象。

二、二二八事件初起前後臺灣國軍情勢

（一）二二八事件初起時臺灣國軍狀況

　　二二八事件前夕，據臺灣警備總司令部自承，臺灣省當時的國軍駐軍共約有 26000 餘人左右，但這些部隊含空軍機場守備、海軍軍港守備、供應局倉庫守備、輜汽第廿一團……等等部隊，真正有戰力的部隊只有憲兵第四團 2 個營（2 個營駐福州）、整編廿一師工兵營、整編廿一師獨立團（即何軍章團）、基隆要塞部隊、高雄要塞部隊、馬公要塞部隊。國軍駐守臺灣各部隊總數如附表一。但這些有戰力的部隊亦非能夠全數用來平亂。[4]

　　如憲兵第四團 2 個營服行勤務即已耗盡兵力，再如基隆、高雄、馬公三個要塞，馬公要塞遠在離島澎湖，基隆要塞和高雄要塞的要塞砲兵長程火砲以之對付敵軍當然威力強大，但以之鎮壓民亂則只會造成平民重大傷亡，使情勢更加難以平復；所以基隆、高雄二要塞唯一能夠使用於步戰平亂的是各自一個

4　臺灣省警備總司令部，〈臺灣省「二二八」事變記事〉，收入於臺灣省文獻委員會編，《二二八事件文獻續錄》（南投：臺灣省文獻委員會，1992），頁 395-397。

守備大隊各約 500 名左右的兵力。而整編廿一師的獨立團、工兵營，各有平日即需防守的軍事機關、醫院、倉庫、陣地必須固守，能夠用於平亂的兵力實在也是有限，其中整廿一師獨立團只能提供第二營約 700 名兵力由臺灣警備總司令部運用。[5]

附表一　二二八事件前夕駐臺官兵人數統計表

部　別	駐地	實 有 官 兵 人 數				備考
		官　佐		士兵	合計	
		額內	額外			
臺灣警備總司令部	臺北	368	13	976	1357	無戰力
整廿一師獨立團	高雄	196	－	2731	2927	戰列部隊
整廿一師工兵營	新竹	27	－	443	470	戰列部隊
憲兵第四團	臺北	166	－	1515	1681	服行勤務
基隆要塞	基隆	258	35	2581	2874	砲兵長程火砲
高雄要塞	高雄	292	53	2448	2793	火力強大，但步
馬公要塞	馬公	231	4	1626	1861	戰只有各一個守備大隊可資使用
供應局	臺北	871	29	3070	3970	監護各倉庫
海軍臺澎公員專署	高雄	299	－	2098	2397	無戰力
空軍臺灣地區司令部	臺北	246	47	1846	2139	守備機場
輜汽第廿一團	臺北	172	－	1344	1516	運輸兵
其餘各機關部隊		624	9	1653	2286	無戰力
總　　計		4117	190	22263	26570	

　　資料來源：臺灣省警備總司令部，〈臺灣省「二二八」事變記事〉，收入於臺灣省文獻委員會編，《二二八事件文獻續錄》（南投：臺灣省文獻委員會，1992），頁 395-397。劉雨卿，〈陸軍整編第二十一師對臺灣事變戡亂概要〉，收入中央研究院近代史研究所編，《二二八事件資料選輯（一）》（臺北：中研院近史所，1992），頁 223。

※　整廿一師工兵營的兵力，警備總部的資料為 517 名，但未載明官

---

5 臺灣省警備總司令部，〈臺灣省「二二八」事變記事〉，收入於臺灣省文獻委員會編，《二二八事件文獻續錄》，頁 391-395。

佐及士兵各別數字，本表整廿一師工兵營官兵數目以整廿一師戰鬥詳報為主。

　　所以當二二八事件初起，各地暴民集團、學生軍蜂起之時，臺灣各地國軍除奉臺灣警備總司令陳儀命令不准反擊外，亦因兵力薄弱，實在也無法逕行大規模掃蕩鎮壓。綜觀之，當時國軍在臺雖有兵力約 26000 名左右，但需防守之機關、車站、機場、工廠、倉庫、陣地、據點太多，其中僅只陸、海、空軍及供應局所轄之倉庫就有 900 餘處，所以平均每處大概只能分配 20-30 名兵力，實是備多力分戰力薄弱。[6]陳儀唯一能夠運用主動出擊平亂的兵力，只有整編廿一師獨立團第二營約 700 名兵力。但就是這一點兵力，最後也未能全數趕抵臺北派上較大的用處（詳下文）。

　　先是整編廿一師獨立團團部原駐守臺北，嗣因師管區成立，重要軍械多儲存於鳳山五塊厝倉庫，為防守當時全臺最大的軍火庫，2 月上旬臺灣警備總司令部即令何軍章團主力開赴鳳山駐守，擔任南部一帶各倉庫警備及治安之維持。當年 2 月上旬前整編廿一師駐臺軍隊各部防區大約如下述：團本部及團直屬部隊、第二營全部、第三營第九連駐鳳山；第三營第七連駐高雄市、第三營第八連駐屏東、機槍連駐岡山一帶。第一營各部駐臺南、嘉義、雲林各地。另師屬工兵營各部則駐守新竹市、烏日、豐原、公館各地。[7]

---

6 臺灣省警備總司令部，〈臺灣省「二二八」事變記事〉臺灣省二二八事變前兵力駐地要圖，收入於臺灣省文獻委員會編，《二二八事件文獻續錄》，頁 393-394。

7 劉雨卿，〈陸軍整編第二十一師對臺灣事變戡亂概要〉，收入中央研究院近代史研究所編，《二二八事件資料選輯（一）》，附圖一。

　　二二八事件爆發 2 月 28 日事件擴大之後，除臺北、基隆立刻即有暴動外，駐嘉義之獨立團第一營第二連，也馬上有包括連長在內的官兵 20 餘人即遭毆打、殺害。臺灣警備總部為鎮壓臺北情勢，即以丑儉未總戰一電，令獨立團派第二營調赴臺北，何軍章團即受令由副團長郭政率領第二營以鐵路運輸立即北上應援。[8]

　　3 月 1 日獨立團第二營於 10 時 30 分到達新竹，因鐵路已為暴徒控制，司機亦乘隙逃逸無法前進，經各方設法始於 16時 00 分僱得汽車運兵 2 連繼續北進，於 23 時 30 分進抵桃園，公路亦為暴民阻絕，該 2 連部隊即刻返回新竹待命。同日何軍章團留駐鳳山部隊，奉臺灣警備總部寅東已戰一電，命其歸高雄要塞司令部指揮，該部因兵力太少，乃向十九軍械庫商借步槍 286 枝、手提機槍 54 挺、輕機槍 74 挺、手槍 40 枝、擲彈筒5 具，將輸送連、通信排、衛生隊裝備編成戰鬥營，以加強警備戰力。是日，該團駐嘉義地區第一營各部有數十名官兵遭受毆打受傷，入夜後嘉義市區槍聲四起。[9]

　　3 月 2 日 19 時 00 分滯留新竹的獨立團第二營再以汽車輸送第五連、第六連北上，但直到 3 月 3 日 19 時 00 分才再抵桃園，除以第六連由營長率領留駐桃園處理變亂外，第五連則由郭政副團長率領續開臺北；另第四連、機槍連及第六連（欠 2排）奉令統歸新竹防衛司令蘇紹文指揮。3 月 4 日起各地暴亂情形增強，以整編廿一師獨立團、工兵營論，各部隊皆遭受輕

---

8 劉雨卿，〈陸軍整編第二十一師對臺灣事變戡亂概要〉，收入中央研究院近
　代史研究所編，《二二八事件資料選輯（一）》，頁 187-188。
9 劉雨卿，〈陸軍整編第二十一師對臺灣事變戡亂概要〉，收入中央研究院近
　代史研究所編，《二二八事件資料選輯（一）》，頁 188-189。

重不等的攻擊，尤以嘉義、高雄市爲甚，駐嘉義的第一營部隊
甚至必須馬上向軍械庫庫長商借輕機槍 2 挺、三八式步槍 40
枝並掉換中正式步槍 50 枝以增強戰力。[10]

　　嘉義地區在事件爆發僅一天後就有暴民搶奪槍枝事件發
生，而國軍和暴民集團僅只三天後就有如此激戰的情勢，應是
因爲中共派遣來臺灣建立組織的臺灣省工委委員、組織部長兼
武裝部長張志忠，在嘉義地區續極發展組織起的作用。[11]陳篡
地領導的中共地下黨武裝部隊，亦爲張志忠指揮下成立。[12]

　　3 月 5 日之後臺北商店開始營業，公共汽車及火車亦開始
行駛，但仍有外省民眾被毒打。但除臺北以外，此後各地情勢
越發動亂，該日公館機場空軍部隊臺籍士兵數十名與暴民集團
裏應外合攻擊整廿一師工兵營守備部隊，激戰後國軍因物資甚
少，不得不放棄公館機場大部份陣地退守油彈庫。[13]

　　當天，蔣中正已決定派兵赴臺平亂。

（二）整編廿一師主力赴臺前之行動

　　二二八事件前，整編廿一師獨立團及師屬工兵營，原即爲
駐臺防守之國軍主力，另外師直屬部隊及主力一四五旅及一四
六旅則皆於大陸駐防，師部駐在浙江省崑山。二二八事件爆發
之後，3 月 5 日國府主席蔣中正，決定派整編廿一師回防臺灣

---

10 劉雨卿，〈陸軍整編第二十一師對臺灣事變戡亂概要〉，收入中央研究院
　　近代史研究所編，《二二八事件資料選輯（一）》，頁 190-193。
11 吳克泰，〈我們都是黃帝的子孫 ──「二‧二八」事件的若干問題〉，《海
　　峽評論》75 期，1997 年 3 月號，頁 21-24。
12 陳明忠，〈見證二七部隊 ── 二二八證言〉，《海峽評論》52 期，1995 年
　　4 月號，頁 23-25。
13 劉雨卿，〈陸軍整編第二十一師對臺灣事變戡亂概要〉，收入中央研究院
　　近代史研究所編，《二二八事件資料選輯（一）》，頁 193-194。

以資鎮守。

　　3 月 6 日晨，整編廿一師師長劉雨卿在崑山師部，接到該師上級兼司令長官湯恩伯轉來之蔣主席電文，令其率師部及一四六旅之一個團即開基隆，限虞日（筆者按，即為 7 日）自上海起運。劉雨卿即令四三八團先開臺灣，餘部則完成準備隨時趕赴臺灣。[14]在臺灣，當日何軍章團駐守高雄陸軍一○五醫院的第七連，在下午 13 時 00 分奉彭孟緝命令，會同高雄要塞守備大隊出擊攻佔火車站並控制附近交通，至 14 時 00 分將高雄火車站佔領，該部在進攻行動中總共傷亡官兵 8 員，奪獲輕機槍 2 挺、步槍 5 枝、彈藥 3 車。[15]而高雄要塞守備大隊也攻佔市政府，高雄情勢逐漸好轉。

　　3 月 7 日中午，劉雨卿在崑山師部接到蔣中正電話，著其立即到南京覲見，準備面示機宜。劉即遵命於晚間赴南京，並令師直屬部隊先以一部出發，並下達參字 3738 號命令，令師部及直屬部隊除修械所外，應分別於 3 月 7 日、8 日由崑山車運上海再船運基隆。至於四三八團主力，則於 7 日正午乘中字第 103 號登陸艇出發。四三八團餘部於午夜乘中字第 102 號登陸艇續開，同時一四六旅主力，則一面交代防務，一面準備行動。[16]

　　3 月 8 日 10 時 00 分，劉雨卿面見蔣中正，蔣中正對其回臺行動指示後令其於 3 月 9 日迅飛臺北。劉雨卿除準備赴臺行

---

14 劉雨卿，〈陸軍整編第二十一師對臺灣事變戡亂概要〉，收入中央研究院近代史研究所編，《二二八事件資料選輯（一）》，頁 185,195。

15 劉雨卿，〈陸軍整編第二十一師對臺灣事變戡亂概要〉，收入中央研究院近代史研究所編，《二二八事件資料選輯（一）》，頁 195。

16 劉雨卿，〈陸軍整編第二十一師對臺灣事變戡亂概要〉，收入中央研究院近代史研究所編，《二二八事件資料選輯（一）》，頁 198,208-209。

動外，並命整編廿一師部即由崑山出發，並於八日夜間登輪完畢待命。9 日上午十時劉雨卿再度面見蔣中正主席辭行，即由南京搭乘飛機於 13 時 45 分抵達臺北松山機場。劉雨卿先聽取師指揮所人員之簡報，隨後即面見陳儀請示機宜。9 日晚，整編廿一師四三八團全部先後抵達基隆港，先以一部登陸警戒。[17]

　　以這份〈陸軍整編第二十一師對臺灣事變戡亂概要〉第一手史料所載之時間序列看來，何聘儒〈蔣軍鎮壓臺灣人民起義紀實〉所載之整編廿一師主力之行動，即有不少疑問。何聘儒說 3 月 3 日劉雨卿即召集師部中高階軍官宣布蔣中正命令整編廿一師回臺鎮壓，且「三月五日，一四六師的四三八團先行在吳淞軍用碼頭上船開臺。四三六團隨之在一碼頭登另一隻海字號輪船；由於行動倉促，所以秩序混亂，官兵隨便亂丟煙蒂，以致引起船上的火警。部隊一面撲火，一面搶運彈藥上岸，差一點延燒到彈藥堆存處。事後團長駱周能告訴我：『真把人急死，不能開臺，我只好跳海。』可見當時部隊增援臺灣是怎樣的緊急程度了。」[18]所以何聘儒所記載的整編廿一師赴臺各行動的時間，因此都不準確。

　　何聘儒之所以要把整編廿一師主力赴臺的行動時間，歪曲提早 2 天的原因，在下文再加詳述。

---

17 劉雨卿，〈陸軍整編第二十一師對臺灣事變戡亂概要〉，收入中央研究院近代史研究所編，《二二八事件資料選輯（一）》，頁 199,200。
18 何聘儒，〈蔣軍鎮壓臺灣人民起義紀實〉，收錄於李敖編著，《二二八研究》，頁 263-264。

三、整編廿一師赴臺後主要行動

（一）整編廿一師主力赴臺登陸經過

3 月 9 日晚整編廿一師四三八團派一部登陸警戒，但其餘部隊何時全部下船未見記載。依劉雨卿記錄，3 月 10 日正午之前，全團即已迅速行動挺進臺北，將臺北基隆段各要點完全確實控制。而整編廿一師師司令部及四三六團，則於 3 月 11 日拂曉前才先後抵達基隆港。[19]

依據中央社臺北 9 日電所述「臺人中之青年暴徒，昨日（3 月 8 日）下午 2 時，攻擊基隆要塞司令部，當場擊斃 2 人，基隆旋即戒嚴」[20]查證官方記載，軍統基隆市的直屬員沈堅強（化名）曾上報基隆二二八事件之經過，對 3 月 8 日的狀況略稱「午後 1 時許，有數十流氓圖襲擊要塞司令部，乃發生衝突，槍聲歷十餘分鐘，經鎮壓後，漸告平靜。為維持治安計，乃即開始警戒，夜間自福州調來之憲兵全部順利登陸，參加維持治安」[21]和中央社說法比對，該員所說之警戒，應即為中央社所稱之基隆市戒嚴。

該員所上呈之〈基隆市「二二八」事變日誌〉中另記載，3 月 9 日「國軍陸續開到，均順利登陸轉赴臺北各地，此間搜索暴徒零星流氓有反抗者，即予逮捕，情勢已大見安定」，3 月 10

---

19 劉雨卿，〈陸軍整編第二十一師對臺灣事變戡亂概要〉，收入中央研究院近代史研究所編，《二二八事件資料選輯（一）》，頁 200-201。
20 〈救國日報〉36 年 3 月 10 日，收入於侯坤宏、許進發合編，《二二八事件檔案彙編（二）》（臺北：國史館，2002），頁 281。
21 沈堅強（化名），〈基隆市「二二八」事變日誌〉，收入於侯坤宏、許進發合編，《二二八事件檔案彙編（二）》（臺北：國史館，2002），頁 154-155。

日「大部國軍均已登陸，全市繼續警戒，並分兩區調查，一戶戶加強搜索暴徒，全市煥發光明，情勢爲之一變」[22]以這兩筆記錄而言，參照陳儀決定 3 月 9 日凌晨六時起臺北市開始戒嚴，[23]3 月 10 日陳儀廣播全省戒嚴，[24]則基隆要塞司令部在基隆市實施的戒嚴，應由 3 月 8 日下午持續至 10 日之後。

　　另依英國淡水領事之報告，3 月 8 日下午 14 時 00 分 Mr. Clark 聽聞密集的步槍、機關槍射擊持續 2 小時，Mr. Clark 查證後確認國軍向著空無一人的街道射擊，英國人研判其目的在威嚇進行示威運動的基隆市民。3 月 9 日在基隆「Mr. Bolton 在到辦公室的路上，一再被士兵命令停止，槍聲從清晨開始就幾乎不曾停止，一直持續到十日中午」[25]則基隆戒嚴之事，從多方的證據顯示確實可信。既然基隆市從 3 月 8 日至 10 日之後，都在戒嚴之中，如英國人 Mr. Bolton 連在道路通行皆需一再接受盤查，民眾如何集結接近基隆港區，向即將登陸的國軍抗議？既然民眾難以集結接近港區，那麼何聘儒所謂的整編廿一師四三八團，在未登陸前即於船上開槍射擊抗議民眾之事，即明顯不是事實。這就是爲什麼何聘儒要把整編廿一師主力赴臺的日期，歪曲提早 2 天的原因。因爲何聘儒要僞稱整編廿一師主力是 3 月 8 日前來臺，才能混淆視聽將基隆要塞部隊 3 月

---

22 沈堅強（化名），〈基隆市「二二八」事變日誌〉，收入於候坤宏、許進發合編，《二二八事件檔案彙編（二）》，頁 155。

23 臺灣省警備總司令部，〈臺灣省「二二八」事變記事〉，收入於臺灣省文獻委員會編，《二二八事件文獻續錄》（南投：臺灣省文獻委員會，1992），頁 457。

24 柯遠芬，〈臺灣二二八事變之真象〉，收入於中央研究院近代史研究所編，《二二八事件資料選輯（一）》，頁 29-31。

25 *Public Record Office*, FO/371/63425, Report of British Consulate, Tamsui Formosa, March 10th, 1947.

8 日下午戒嚴前的密集射擊空無一人街道的威嚇射擊槍聲，和整編廿一師拉上關係，以偽稱該部隊在未登陸前，即有於船上開槍射擊抗議民眾之事。

此外，與整編廿一師來臺主力被控在未登陸前，即於船上開槍射擊抗議民眾一事相同，憲兵第四團也被控來臺後隨即攻擊臺民，此事也必須辯明。蓋因林木順在《臺灣二月革命》記載 3 月 8 日「下午三時許，閩臺監察使在憲兵第四團兩營保衛之下，到達基隆，即下令要塞司令部與憲兵夾攻市民，於是『市街戰』勃發，大砲、機槍、步槍齊響，殺死許許多多的市民，老幼男婦都有，直到晚上十時，抗戰民眾被殺光了，楊始登岸，分乘軍用卡車，直駛臺北」[26]此事亦明顯不符常情。

第一、3 月 8 日多項來源的記載，都說明當天基隆市下午民眾攻擊基隆要塞，歷時未久，而基隆市旋即戒嚴，如何能有市街戰？第二、閩臺監察使楊亮功，別說為文人身份，即便其為軍人身份，如非直屬長官，或有上級命令接受其指揮，任何高階軍官皆不可能隨意受楊亮功指揮，楊身為文官又如何能命令基隆要塞少將司令史宏熹出兵攻擊市民？試看高雄要塞司令彭孟緝雖身為中將，在陳儀授命其為南部防衛司令前，亦不能指揮不同指揮體系的何軍章團，即可明瞭林木順所說之可笑。

另據英國淡水領事的報告，3 月 8 日下午國軍密集射擊空無一人的街道，由 14 時 00 分持續 2 小時即至 16 時 00 分，而到 17 時 00 分，海平輪載運約 2000 名的憲兵抵達基隆港登岸。[27]和何聘儒一樣，林木順將海平輪的抵達登陸時間扭曲提早 2

---

26 林木順，《臺灣二月革命》（臺北：前衛出版社，1992），頁 46。

27 *Public Record Office*, FO/371/63425, Report of British Consulate, Tamsui Formosa, March 10th, 1947.

個小時，由 17 時 00 分提早到 15 時 00 分即爲使兩件不相干的事情牽扯一起混淆視聽，造成楊亮功下令基隆要塞部隊和來援憲兵共同攻擊基隆無辜市民的印象。

綜上所述，整編廿一師四三八團登陸前，即於船上開槍射殺抗議民眾一事，以及基隆要塞司令部配合來援憲兵攻擊市民一事，兩者皆非事實。

（二）整編廿一師主力從基隆到臺北及其他地區的過程

整編廿一師四三八團於 3 月 10 日正午前挺進臺北，3 月 11 日臺北市區經四三八團進駐後，已日趨安定。前已述及，整編廿一師司令部及四三六團，於 11 日拂曉前先後到達基隆，當時以交通工具缺乏，僅機車 1 輛可供行馳。故劉雨卿決定將四三六團先行輸送臺北，俾便迅速南下戡亂。他命令四三六團應以先頭 1 個營於臺北下車後，立即用汽車輸送，除以 1 個連接替桃園獨立團第四連之任務外，餘逕運新竹担任該縣治安，維持及接替獨立團其餘部隊任務。該部原車運返並派隊佔領新竹、桃園間各火車站，控制車輛。後陳儀下令，爲解救嘉義之危急，以四三六團之 1 個營派副團長 1 員率領，於 13 時 00 分到達松山機場，空運嘉義增援。劉雨卿即派該團先頭到達之第三營，由副團長彭時雨率領赴松山機場，惟以到達時間過晚，僅有飛機兩架，迄晚祇有 1 排兵力運到嘉義。[28]

3 月 12 日整編廿一師司令部及直屬部隊由基隆進駐臺北。四三六團經 11 日夜間不斷輸送，迄拂曉前全部於臺北火車站集

---

28 劉雨卿，〈陸軍整編第二十一師對臺灣事變戡亂概要〉，收入中央研究院近代史研究所編，《二二八事件資料選輯（一）》，頁 201-202。

結完畢。凌晨續以火車向新竹推進，至中午先後將新竹、桃園等地控制。其空運之第三營續有一個連到達嘉義。3 月 12 日當晚，一四六旅旅部及直屬隊到達基隆，為迅速戡平臺中方面暴亂，劉雨卿乃令四三六團即向臺中挺進，並限於 13 日午正前到達。[29]

　　3 月 13 日整編廿一師四三六團因火車關係，至 13 時 00 分始由新竹出發。其第 1 列車 19 時 00 分經香山隧道，暴徒曾向列車投擲手榴彈 2 枚，僅爆發 1 枚並無死傷。入暮後，該團次第到達臺中時，暴徒多已潛逃，未遇抵抗。嗣後 3 月 14 日四三六團以一部向彰化推進，3 月 14 日 13 時 00 分該團派遣第二營（欠一連）向埔里追擊二七部隊，入夜後，劉雨卿再令四三六團以 1 個加強連向日月潭發電廠推進妥為保護。[30]

　　從劉雨卿的記錄中明顯可以看出，整編廿一師四三八團及四三六團各部，在向臺北市區及其餘各地進軍時，至 3 月 14 日前幾乎都沒有和各地暴民爆發重大衝突。在劉雨卿的記錄中，連搭乘火車行軍途中被投擲 2 枚手榴彈（其中 1 枚未爆炸）這樣的小事件，都被慎重的記入報告中，可見該師赴臺主力部隊，在大部份地區都未遭遇重大抵抗，以至無事可記。

四、整編廿一師主力與中共地下黨武裝部隊交戰的經過

　　3 月 14 日整編廿一師四三六團第七連在斗六附近與暴民集

---

29 劉雨卿，〈陸軍整編第二十一師對臺灣事變戡亂概要〉，收入中央研究院近代史研究所編，《二二八事件資料選輯（一）》，頁 203。
30 劉雨卿，〈陸軍整編第二十一師對臺灣事變戡亂概要〉，收入中央研究院近代史研究所編，《二二八事件資料選輯（一）》，頁 203-206。

團交戰，16 時 00 分該連將斗六市區佔領。攻擊中該連士兵受傷 4 名，暴民傷亡 60 餘人，另救出被俘國軍官兵 42 員，並奪獲重機槍 7 挺、步槍 40 餘枝。[31]在整編廿一師戰鬥詳報中，暴民集團被稱爲「匪」，然考之其他文獻所載，該批暴民實爲陳篡地所指揮的中共地下黨武裝部隊。[32]

　　3 月 15 日晨整編廿一師四三六團第二營（欠一連）續向埔里追擊二七部隊，於 15 時 00 分到達龜子頭，以橋樑被阻乃改用徒步搜索前進，至 24 時 00 分始抵達北山坑。該營另以第四連編成的一個加強連，13 時 00 分到達日月潭並佈防完成。[33]同日，四三六團第三營第七連攻下斗六後，向民雄掃蕩，與暴民集團 100 餘名戰鬥後，將其擊潰，此次戰鬥暴民傷亡 10 餘人，俘獲其武器共輕機槍 1 挺、步槍 8 枝、汽車 1 輛。而在桃園警備的四三六團第一連亦在竹東與暴民 100 餘名交戰，擊斃傷暴民 20 餘人，俘獲暴民 4 名。[34]

　　3 月 16 日四三六團第二營（欠一連）於 09 時 00 分抵達牛相觸附近，與二七部隊一部 300 餘名接觸，其攻擊烏牛欄吊橋之第六連被其阻絕，二七部隊又另出一部繞至該營側後阻斷其交通，埔里市街亦有原住民 100 餘名增援二七部隊，入暮後仍在該地戰鬥相持。該營守備日月潭電廠之第四連在當日凌晨 01 時 00 分，亦被二七部隊一部 300 餘名圍攻，水閘一度失陷，嗣

31 劉雨卿，〈陸軍整編第二十一師對臺灣事變戡亂概要〉，收入中央研究院近代史研究所編，《二二八事件資料選輯（一）》，頁 204。

32 行政院研究二二八事件小組，《「二二八事件」研究報告》（臺北：時報文化，民 83 年），頁 102-103。及其附註 296。

33 劉雨卿，〈陸軍整編第二十一師對臺灣事變戡亂概要〉，收入中央研究院近代史研究所編，《二二八事件資料選輯（一）》，頁 205。

34 劉雨卿，〈陸軍整編第二十一師對臺灣事變戡亂概要〉，收入中央研究院近代史研究所編，《二二八事件資料選輯（一）》，頁 205。

後經該連主力增援後規復原陣地。[35]

　　四三六團第七連在 3 月 16 日續由民雄搜索南進，至大埔時與暴民集團 200 餘名戰鬥後，俘獲暴民 5 名擊傷斃暴民 17 名，並擄獲山砲 1 門、機槍 2 挺、步槍 20 餘枝。[36]據行政院研究二二八事件小組考證，該批部隊為余炳金（阿木仔）、葉啟祥（阿啟仔）領導的自稱「北港自治聯軍」的武裝部隊。余、葉兩人本來要由北港退往小梅，在途中的大埔和國軍遭遇後被攻擊。[37]因為該批武裝部隊欲退往小梅，似要和陳篡地等部會合，而二七部隊突擊隊長陳明忠也說明張志忠二二八事件初起時，即在嘉義地區（新港、北港、朴子、虎尾、斗六等地）組織「臺灣自治聯軍」，[38]則余、葉兩人領導的北港自治聯軍應也是中共地下黨的武裝部隊。

　　3 月 17 日拂曉前，經徹夜戰鬥後，被圍於牛相觸週邊的四三六團第二營（欠一連）終於擊潰二七部隊一部，並隨而進佔埔里，二七部隊傷亡 70 餘名，向魚池潰退，國軍奪獲重機槍 1 挺、步槍 30 餘枝及其他軍用品甚多。[39]

　　本日，何軍章團主力由鳳山開往東部，而其第二營則由宜蘭推進至花蓮，雙方並終於在次日 3 月 18 日會師臺東，於是全

35　劉雨卿，〈陸軍整編第二十一師對臺灣事變戡亂概要〉，收入中央研究院近代史研究所編，《二二八事件資料選輯（一）》，頁 205-206。
36　劉雨卿，〈陸軍整編第二十一師對臺灣事變戡亂概要〉，收入中央研究院近代史研究所編，《二二八事件資料選輯（一）》，頁 206。
37　行政院研究二二八事件小組，《「二二八事件」研究報告》（臺北：時報文化，民 83 年），頁 104。及其附註 299。
38　陳明忠，〈見證二七部隊 —— 二二八證言〉，《海峽評論》52 期，1995 年 4 月號，頁 23-25。
39　劉雨卿，〈陸軍整編第二十一師對臺灣事變戡亂概要〉，收入中央研究院近代史研究所編，《二二八事件資料選輯（一）》，頁 206。

臺抵定。[40]

　　另 3 月 18 日四三六團第七連追擊余、葉中共地下黨武裝部隊北港自治聯軍，在小梅附近將其全部 70 餘名兵力擊潰，並俘虜爲首之余阿木（應即爲余炳金（阿木仔）），另奪獲卡車 3 輛、機槍 7 挺、步槍 40 餘枝彈藥甚多。而國軍該部則連長 1 員及士兵 3 員受傷。[41]

　　3 月 19 日 17 時 00 分整編廿一師師部及直屬部隊抵達臺中駐防，至 3 月 21 日一四五旅各部先後由基隆登陸開往駐地：旅部駐鳳山、四三四團駐彰化、四三五團駐臺南市。[42]至此，整編廿一師主力全數抵臺完成平亂及分區駐防的軍事行動。

　　在整個平亂行動中，由於獨立團本駐守臺灣，而一四六旅率先抵達臺灣，所以兩部在平亂中出力最大，而俘獲之戰利品也最多，其詳細數量如附表二所載。

附表二　整編廿一師各部鹵獲重要軍品表

（民國 36 年 3 月 1 日起至 3 月 31 日止）

種　　類	區　　　分	獨立團	一四五旅	一四六旅	合　　計
武　器	步　　槍	1107	52	749	1908
	輕重機槍	101	1	27	129
	手　　槍	116	6	63	185
	擲　彈　筒	5	8	16	29
	迫　擊　砲	3	―	2	5
	戰　防　砲	―		1	1
彈藥	步機彈（粒）	11720	―	22959	34678
	步機彈（箱）	95		103	198

---

40 劉雨卿，〈陸軍整編第二十一師對臺灣事變戡亂概要〉，收入中央研究院近代史研究所編，《二二八事件資料選輯（一）》，頁 206。

41 劉雨卿，〈陸軍整編第二十一師對臺灣事變戡亂概要〉，收入中央研究院近代史研究所編，《二二八事件資料選輯（一）》，頁 206。

42 劉雨卿，〈陸軍整編第二十一師對臺灣事變戡亂概要〉，收入中央研究院近代史研究所編，《二二八事件資料選輯（一）》，頁 207。

	手榴彈（粒）	15	50	─	65
	手榴彈（箱）	─	─	673	673
	擲榴彈（箱）	─	─	47	47
	各種砲彈	211	1	27	239
器材及其他	軍 用 刀	1389	3	25	1417
	望 遠 鏡	2	─	─	2
	鋼 盔	1046	5	132	1183
	電 話 機	3	2	7	12
	大小汽車	1	─	4	5

資料來源：劉雨卿，〈陸軍整編第二十一師對臺灣事變戡亂概要〉附
　　　　表第二，收入中央研究院近代史研究所編，《二二八事件
　　　　資料選輯（一）》，頁 224。

五、指控整編廿一師大量屠殺臺灣民眾的問題及其檢討

在戰史上，軍隊屠城或大量屠殺平民的記載所在多有，但是沒有一個屠城或屠殺平民的戰例，像二二八事件中國軍一樣的被控屠殺上萬民眾，而指控者提不出合理的證明。

於是所謂的二二八國軍大屠殺，沒有萬人塚出土，沒有大量的民眾出來指控家人被殺，以獲得官方的賠償恢復先人名譽，而從詳細的各種資料得不出屠殺存在的證據，甚至還有反證。以下舉一些例子來辯明。

（一）整編廿一師並未以屠殺代替戰果

首先何聘儒在〈蔣軍鎮壓臺灣人民起義紀實〉有言「自 3 月 8 日二十一軍一四六師到臺開始『平亂』以後，給臺灣人民帶來了無窮災難。各部隊每天都聽說有『戰果』報到軍部，但從未看到俘獲一人繳獲一槍。由此可以推想：其所謂戰果，實

即血腥屠殺的代名詞。」[43]但從劉雨卿的報告中，我們可以看到，劉每日的記載，其實都有將俘獲人員及繳獲槍、砲數目記錄在案。何聘儒的〈蔣軍鎮壓臺灣人民起義紀實〉一文內容，可說從頭到尾錯誤百出不值引用。

其次，依筆者研究國軍軍史十幾年的經驗看來，民國 39年之前的國軍，在作戰之後所製作的戰鬥詳報，大部份都有四個問題。

第一、在俘獲戰利品的數目上，會以多報少。

第二、在擊斃擊傷敵人數目上，會以少報多。

第三、在己方的傷亡人數目上，會以少報多。

第四、在己方的武器彈藥消耗數目上，會以少報多。

其中，第一、在俘獲戰利品的數目上，會以多報少。因為當年國軍各部武器彈藥補充不易，在戰場上俘獲的敵方武器彈藥，當然要先補充自己的缺額數量，才會往上呈報，以免上級要求全數上繳時，後悔莫及。第二、在擊斃擊傷敵人數目上，會以少報多。當然意在誇大戰功以求厚賞。第三、在己方的傷亡人數目上，會以少報多。當然意在將本身早就存在的人員缺額數字報銷，以免上級查核時難以交待。第四、在己方的武器彈藥消耗數目上，會以少報多。當然是意在上級核發補充的武器彈藥，能多多益善。

劉雨卿這份戰鬥詳報自然一定會自誇戰功，但就如筆者再三陳明的，整份報告所述，整編廿一師主力赴臺之後，直到 3月 14 日前幾乎都在行軍，這段期間連被 2 枚手榴彈攻擊的小事，都被慎重記入該師戰鬥詳報內，可見其時並無重大衝突可

---

43 何聘儒，〈蔣軍鎮壓臺灣人民起義紀實〉，收錄於李敖編著，《二二八研究》，頁 266。

記來自誇，當然更無屠殺臺民虛報戰功的可能性。而到 3 月 14 日之後，國軍和中共地下黨武裝部隊的戰事，已大部轉移至山區，且全臺除東部外，幾乎都已平定，更無大量屠殺臺民的空間及可能性。

（二）從國軍軍紀足以維持證明國軍並無屠殺臺民

坊間一般對國軍在二二八事件中的軍事平亂行動多無好評，且流於意氣，多時頻加以惡語。但如果細查一些資料，筆者看到的是不一樣的狀況。一般而言，古今中外任何的軍事行動中，軍紀的維持都十分困難，個別官兵違法亂紀戕害平民的事件，絕對無法根絕。聲討這些違法亂紀的官兵，合乎天道、人心、國法，筆者絕對贊成。但是某些評論者，放大某些個別的行為，甚至將這些個別犯法違紀之事推及全體官兵身上，指控整編廿一師全體官兵，犯下集體屠殺臺灣民眾的大罪，即顯得不夠公允。

其次，在二二八事件期間，國軍個別官兵犯法被立刻槍決或判處死刑的狀況，筆者略加搜尋，即有如附表三所示數件。

附表三：二二八事件期間國軍違法被判死刑、立即執行槍決人數

姓名	年齡	籍貫	職　業	送案日期	解送機關	案由	結辦情形
蕭明山	24	福建惠安	陸軍總醫院下士班長	3 月 23 日	憲兵第四團	搶劫	結夥搶劫判處死刑
張芳基	24	福建惠安	陸軍總醫院上等理髮兵	3 月 23 日	憲兵第四團	搶劫	結夥搶劫判處死刑
不詳	不詳	不詳	高雄要塞守備大隊士兵	3 月 7 日	高雄要塞司令部	搶劫	於搶劫處執行槍決
涂平章	不詳	不詳	何軍章團第三營第七連士兵	3 月 11 日	何軍章團第三營	沒收民眾財物	在臺南火車站附近當場槍決

資料來源：臺灣警備總司令部，〈已決暴動人犯名冊〉，收入中央研
　　　　　究院近代史研究所編，《二二八事件資料選輯（一）》，
　　　　　頁315。彭孟緝，〈臺灣省「二二八」事件回憶錄〉，收
　　　　　入中央研究院近代史研究所編，《二二八事件資料選輯
　　　　　（一）》，頁70。行政院研究二二八事件小組，《「二
　　　　　二八事件」研究報告》，頁233。

　　一支被控犯下大量屠殺國民罪行的軍隊，軍隊裏的士兵因
為犯下比起殺害平民這樣重罪的普通犯罪——搶劫，即被判死
刑或即刻槍決以正軍紀，這實爲自相矛盾的行爲。而且被槍決
或判死刑的士兵不只1人，而是4人，時間貫穿整個二二八事
件的暴亂高峰期，可見二二八事件期間的在臺國軍部隊整個軍
紀還能維持。比之南京大屠殺的戰例，中高級軍官既已明示或
縱放基層官兵屠城或大量殺害平民，豈能將僅只搶劫平民財物
的軍人判以死刑、即刻槍決？筆者還沒看過歷史上有這樣行爲
古怪的屠夫部隊。從國軍軍紀尚能維持的狀況看來，實無法證
明國軍曾大量屠殺平民。

（三）從部份死傷者名單無法得出屠殺的結論

　　目前對二二八事件死傷者名單統計研究，只有局部的成
果，其中以高雄地區的死傷名單，經林碧芳搜集各官方史料，
加以排比研究後較爲完整。[44]從3月2日開始到事件逐漸平息
的3月7日，二二八事件的死亡者可判別性別者，有男性73

---

44 林碧芳，〈高雄市二二八事件參與者之研究——從政治組織的互動看彭孟
　緝出兵前後〉（高雄：國立中山大學政治學研究所碩士論文，民94年），
　頁188-199。

名、女性 16 名，如果國軍是以某些作者口中無差別方式，展開見人就射擊的屠殺方式屠殺臺灣無辜民眾。那事件受難死亡者的男女性別比例不會為近乎 4：1 如此懸殊的比例，而是和男女自然比例 1：1 相差不會太多才對。

官方的二二八事件紀念基金會，握有目前申請賠償成功者全部名單，實應把所有名單開放給學者研究，以此女性受難死亡者為切入點查明二二八事件的真正無辜受難者的總數。依筆者管見，只要查出有多少女性的死亡受難者，二二八事件無辜死亡受難者的總數，大概就能有一個較接近真實數字的概略估計值。

（四）從醫療體系的數據無法得出屠殺的結論

一般評論者動輒聲稱二二八事件時，整編廿一師來臺之後國軍屠殺臺灣無辜民眾，導致臺灣民眾上萬人死亡。如果真像這些作者所述國軍沿街行軍，車輛過處見人即射擊殺害，到處都是死人，那麼臺灣的醫療體系在當日應該早已承受不住而需向外界大聲求援。

在戰場上交戰雙方的死傷比例，除特殊戰況以外，概為死一傷三。如果像很多作者所說的那樣，受國軍沿路掃射的臺灣二二八事件受難死亡者達到萬人以上，那麼受槍傷未死者，則至少將達到 2-3 萬人。

步機槍的槍傷是一種極難治療的特殊外傷，除非槍擊只造成小幅度的擦傷，否則一般民間外科診所或小型外科醫院，如無 X 光室或手術室及血庫則很難做妥善的醫療處理。當日臺灣

公部門的醫療體系經過戰爭摧毀尚在積極重建中，[45]當時省立醫院的醫療能量如附表四。就算加計縣市級的衛生院所共有609 個病床，[46]公部門醫療體系合計只約有 2519 個病床；但公部門的醫療院所，不是只有一項外科醫療服務，而是須要對全臺民眾提供內科、外科、眼科、耳鼻喉科、婦產科、小兒科等等科別的醫療服務；單以外科病床醫護醫療器材的資源分配看來，其可以處理的槍傷病患，應該極其有限。

附表四：民國 35 年 7 月－12 月臺灣省立各醫院全體住院人數

病床數	住　院　人　數			出　院　人　數			現住院人數	住院日數
	留存	新收	共計	治癒	死亡	共計		
1710*	788	3234	4022	1756	242	1998	2024	132100

資料來源：臺灣省行政長官公署統計室編印，《臺灣省統計要覽第三期（民國三十五年全年情形特輯）》（臺北：臺灣省行政長官公署，民 36 年），頁 178,185。

＊以上數據不含臺中醫院，臺中醫院病床數為 200 床。

　　再考以當時公部門省立醫院醫療能量來說，民國 35 年 7-12 月整個下半年度，除臺中醫院外，所有的省立醫院，才有能夠醫治 4000 名各科住院病患的能量，而其各科病床數總共才有1710 床（含臺中醫院為 1910 床）。當時具外科手術設備、血庫、X 光設備的民間醫療院所，無法得知有多少病床，但依照省立醫院恢復緩慢的狀況推估，民間醫療體系應難恢復戰前水準。

---

45 臺灣省行政長官公署編印，《中華民國三十六年度臺灣省政府工作報告》（臺北：臺灣省行政長官公署，民 36 年），頁 142。
46 臺灣省行政長官公署統計室編印，《臺灣省統計要覽第三期（民國三十五年全年情形特輯）》（臺北：臺灣省行政長官公署，民 36 年），頁 188。

而照省立醫院僅有 1910 床病床的狀況，如果在二二八事件動亂高潮的那十幾天，2～3 萬名槍傷傷患，大量湧入全省可醫療槍傷的公私立外科醫療院所，那麼別說原本的外科病床，恐怕把所有公私立醫療院所的各科病床都給外科使用也只能處理有限的槍傷病患。更不用說短期十幾天內要處理 2～3 萬槍傷病患，所需大量的麻醉劑、手術器材、抗生素、消炎片等等醫療器材如何取得，也是一項大問題。

　　如果真有這種突發的外科重大醫療事件猛烈爆發，當日臺灣外科醫療體系早該向外界大聲求援，而各醫療人員也應當會留下許多歷史文獻，使後人得以按圖索驥追尋事件原貌。但今日，我們看不到這類的醫療記錄曾經被大量發掘出來。所謂的整編廿一師大量屠殺臺灣民眾的說法，實在經不起醫療體系數據的檢驗。

（五）嘉義地區中共地下黨部隊導致 無辜民眾傷亡的責任

　　以劉雨卿所呈繳的戰鬥詳報來說，整編廿一師和嘉義地區、臺中地區中共地下黨武裝部隊多次交戰。而這個地區的作戰主力一四六旅，在登陸後至 3 月底，總共奪獲主要軍用武器的數目是：迫擊砲 2、戰防砲 1、步槍 749 枝、輕重機槍 27 挺。依筆者前文所述，該旅真正俘獲的武器只會多不會少，而僅只照帳面數字來看，這些武器就足以裝備一個團級部隊，可見中共地下黨武裝部隊即謝雪紅指揮之二七部隊及張志忠指揮的臺灣自治聯軍，武器配備充足並有車輛運輸，並非烏合之眾。且臺灣自治聯軍最後潰而不散，進入小梅山地意圖建立武裝基地，至 5 月 16 日後，陳篡地等中共地下黨武裝部隊仍在小梅、

樟湖一帶進行遊擊戰未被國軍肅清。[47]一般坊間看法，以民軍或暴民集團視之，實在小看了中共地下黨武裝部隊的實力。

　　在國共兩軍混戰之下，嘉義頗有無辜民眾傷亡。例如嘉義水上機場附近即有 10 餘名無辜平民遭雙方流彈波及喪命。[48]這些無辜民眾的傷亡，首先該責怪的是嘉義地區中共地下黨武裝部隊意圖強攻機場，導致雙方槍砲火力夾擊下的無辜民眾受難，然後才輪得到向整編廿一師究責。像臺中地區中共地下黨二七部隊，主動退出臺中市不和國軍進行市街戰，而和國軍在山地野戰，即沒有無辜市民重大傷亡的產生。

六、結　論

　　坊間一般對整編廿一師回臺鎮壓二二八事件一事，多持負面的評價，動輒冠以大量屠殺臺民之罪名。前面曾說過林木順批評「自九日起至十三日止，足足四晝夜，到處都是國軍在開槍，或遠或近，或斷或續，市民因要買糧外出，輒遭射殺，因此馬路上、小巷內、鐵路邊，到處皆是死人。」

　　但深究其實，整編廿一師赴臺主力部隊，在 3 月 14 日追擊二七部隊之後，方和中共地下黨領導的武裝部隊有小規模的作戰。該師各部自 3 月 10 日向臺北挺進至 3 月 14 日止，其實多半在行軍中，而並無重大作戰行動。而在 3 月 14 日之後，整編廿一師主力與在臺的中共地下黨武裝部隊交戰區域，多半在山區，亦很難有所謂屠殺大量臺民的可能性。

　　整編廿一師各部，是否濫殺無辜？在此筆者要說明，古今

47　行政院研究二二八事件小組，《「二二八事件」研究報告》，臺北：時報文化，民 83，頁 221-222。
48　行政院研究二二八事件小組，《「二二八事件」研究報告》，頁 313。

中外任何的軍事行動中，個別官兵的違法行動，絕對無法避免，
聲討不法官兵在情在理，在此不予討論。但是若要指控整編廿
一師官兵集體犯下屠殺平民罪行，則以目前的證據看起來，無
法得到證明。

　　論者動稱整編廿一師官兵殘殺臺民數以萬計，但其不知作
戰之時，傷亡比率概為死一傷三。如整編廿一師官兵，真如何
聘儒及林木順所言沿路射殺以數千上萬計算之臺民，則受槍傷
未死之臺民勢將以數萬計。當日臺灣整體醫療系統，久受戰爭
摧殘只經過一年多的恢復，豈能負擔如此數萬遭受槍傷臺民之
醫療重任？而當日臺灣整體醫療系統，就算真能治癒以數萬計
遭受槍傷之臺民，又豈能不留下龐大之醫療記錄及史跡？

　　要釐清二二八事件的真象，必須以客觀科學的方式，對各
種來源的資料做一詳細的考究，方能不受愚弄。整編廿一師官
兵被污衊為屠殺臺民之兇手，其由來久矣。該師個別官兵若有
殺害無辜臺民之事實，應針對個案加以檢討，絕不能僅憑沒有
證據的指控，即認定整編廿一師官兵集體犯下屠殺之罪行。

中華民國黃埔軍校史學術研究會
籌備會主任委員　容鑑光
中華民國 99 年 2 月 20 日（星期六）

「黃彰健院士與二二八研究」追思學術研討會

於台灣大學社會科學研究院行政大樓第一會議室　台北市徐州路 21 號

*　　　*　　　*　　　*　　　*　　　*

　　本人再次對前輩，中央研究院黃彰健院士表示深切哀悼。黃院士致力於學術研究，就盡力蒐得之史料，有關研究主題之任一「人、事、時、地、物」，及相互之因果關係，均深入探索，爲校勘學之至尊學人，其治學功力及成就，早爲學界欽仰，本人藉此亦對黃院士表示至高敬意。

　　楊晨光先生〈228 事件期間　整編 21 師主力赴台[49]經過〉一文，文體嚴謹，史料充實，受黃院士治學風格之薰陶，爲極佳之史學研究著作，本人未敢大言評論，僅酌作建議。

　　一、楊文於開始首句，即直接敘述「整編 21 師赴台平亂……犯下集體屠殺臺灣民眾的大罪。」建議首段之前，增一前言小段，簡述「228 事件」之肇因，及整編 21 師赴台之緣由、經過，可免讀者有「無頭」之感。

　　二、楊文主要史料有四：前台共領導人之一，林木順、前整編 21 師副官處長何聘儒、前整編 21 師師長劉雨卿，及「台灣警備總司令部」檔案。一般而言，林、何、劉，及其他各涉註人物，均非大眾所知，建議均加小注。三人之簡介如下：

　　1. 林木順（民[50]前 8 年 4 月 3 日—民 21 年）：出生於南投

---

49 「台」字，繁體應作「臺」，本人以「台」字已普遍俗用，力主用之。
50 紀元：本人力倡推廣「伏羲紀元」，本年爲「伏聖 6488 年」，然爲免遭非

小半山，後遷居草鞋墩月眉厝 363 番地（今南投縣草屯鎮）。民
11 年，就讀台北師範學校（今國立台北教育大學），民13 年遭
退學後，前往上海，入上海大學（校長于右任，惟極多傾共分
子），並加入中國國民黨，民14 年，與謝雪紅同居，年底至蘇
聯莫斯科，先入學莫斯科「中山大學」，因語言困難，與謝雪紅
同轉「東方大學」日語班。於共產第三國際《一九二七綱領》
之指導，林被賦予籌建「台灣無產階級政黨」，正式與日本共產
黨領導者生密切關係。民 17 年 4 月 15 日，於上海召開「台灣
共產黨」建黨大會，林為主要領導人之一，獲選為黨書記長；
並負責黨之組織工作，草擬《台灣共產黨政治大綱》，及有關「勞
工運動」、「農民運動」之對策；旋將「台灣民族」、「台灣革命」、
「台灣獨立」等概念，引入台灣，對台灣異常之政治運動發展，
深具影響。民 20 年，日本於上海全力清除台共，大事逮捕台灣
左翼人士，林雖成功逃脫，惟從此音訊全失。一說林於民 21
年，於江西瑞金，國民黨剿匪時，亂戰身亡，無可考。記載「228
事件」之《台灣二月革命》一書，雖署名為林所著，然真正作
者應為楊克煌與蘇新，亦無可考。

　　2. 何聘儒（民前 3 年 9 月—民 91 年 3 月 27 日）：另名何
洪珍，正如楊先生所言，為投共軍人。四川省彭州市人。四川
大學政治系肄業。民 20 年，「918」事變後，棄學從戎，考入
陸軍官校（黃埔）十期。畢業後即至川軍第 43 軍第 26 師服務，
歷排、連、營長，至上校團長、代師長、軍務處長等職。「228
事件」時，任整編 21 師副官處上校處長。民 38 年 4 月，於中
共渡江戰役中，率部 4000 餘人，於江蘇省江陰投共。後至四川，

議，學術研究時，不敢忘本，國內仍用「中華民國紀元」；出國時方循西
俗，使用「西元紀元」。

策反國民黨 21 軍及 104 師投共。民 39 年至 46 年，何先後於中共「浙江省軍區聯絡局」、「總政治聯絡部」工作。期間曾至香港開展。民 46 年冬，任「浙江省人民政府」參事室參事。民 86 年至 89 年，先後任「浙江省政協」四至八屆委員、「浙江省政協祖統聯誼會」理事、主任；「浙江省政協對台工作委員會」副主任委員；「民革中央團結」委員、「民革浙江省委會」常委、「浙江省民革祖統委」主任；民 73 年至 88 年，任「浙江省人民政府」參事室副主任。並於 74 年 7 月 17 日，加入「中國共產黨」。何著：《二十六師抗戰紀要》、《蔣軍鎮壓台灣人民紀實》、《我所知道的劉雨卿》、《抗日又打內戰的劉雨卿》。其所引用之史料，時當中共肅反時期，及其本身所處環境所衍生之心態，所謂之屠殺場景，可靠性亟待商榷。

　　3.劉雨卿（民前 20 年 3 月 6 日－民 59 年 12 月 8 日）：字獻廷。四川三台人。民元年，於成都考入川軍第 4 鎮「弁目養成營工兵隊」。畢業後於川軍歷任排、連、營、團長。民 16 年，任第 21 軍第 3 師第 5 旅旅長，加入中國國民黨。18 年，任第 21 軍第 2 師副師長，兼四川涪陵市市長。19 年冬，率部至湖北圍剿中共。後任第 43 軍副軍長兼第 26 師副師長。旋至中央陸軍軍官學校高等教育班受訓（廣義而言，劉亦屬黃埔系）。民 25 年 2 月 1 日敘任少將。民 25 年 10 月 14 日，任第 26 師師長。民 26 年 9 月 29 日，敘任中將。川軍擅作戰，抗戰前，川軍各小軍系，於四川省內，各據地盤；互不相讓，劉屬楊森系。抗戰始後，各系捨小嫌而共同出川抗日。劉亦率部參與淞滬會戰，與日敵血戰七晝夜，戰功彪炳。民 28 年 5 月 14 日，升任第 29 軍軍長。民 29 年 5 月 8 日，任第 23 集團軍副總司令兼第 21 軍軍長。民 29 年 12 月 17 日，任第 33 集團軍副總司令。30 年

春，於皖南事件中，任左翼軍指揮官，進剿新四軍。民 31 年 1 月 24 日，再任第 21 軍軍長。抗戰勝利後，第 21 軍整編爲「整編 21 師」，劉留任師長。「228 事件」直後，率部駐台。民 37 年，任重慶警備司令、第 16 綏靖區副司令長官。民 38 年 11 月，任重慶衛戍總司令部副總司令，重慶陷後，12 月至台。後以國防部中將參議退役，以候補「第一屆國民大會」代表身分，得任「光復大陸設計研究委員會」委員。民 58 年 12 月，遞補爲「第一屆國民大會」代表。民 59 年 12 月 8 日，病逝台北。遺著《恥廬雜記》，書中所述「228 事件」部分，多係正面著墨，自我標榜，參考時宜善自斟酌。

三、「整編 21 師」爲完整之部隊番號，坊間多有將「整」字略去，極誤。「整」字絕不能略。抗戰勝利後，國共和談，於「政治協商會議」中，議定雙方「裁軍」。國軍乃依之分三期整編，將「軍」整編爲「整編師」；「師」整編爲「整編旅」。民國 35 年 6 月，國共談判破裂後，方停止「整編」。事實上，國軍「整編」極具彈性，「整編」似僅爲「名詞遊戲」；「整編」後之軍力，幾乎未變。故強調，必稱「整編 21 師」；非「21 師」。楊文正確，難能可貴。

四、抗戰勝利後，來台接收之陸軍爲第 70 軍，及第 62 軍。第 62 軍爲廣東部隊；第 70 軍爲湖南部隊。原計劃派台者爲青年軍第 208 師；惟依戰況之需，第 208 師派赴東北。「228 事件」時，東北、華北戰況均緊急，國軍胡宗南部已攻入延安。「228 事件」後，乃就近派無重大任務之該兩軍來台。一般而言，該兩軍對外之整體表現，第 62 軍較佳。媒體報導，「軍容不整；破破爛爛，挑擔子行軍者」，應爲第 70 軍。「228 事件」之前，兩軍先後調至華北、東北。「228 事件」直前，台灣之兵力僅略

逾 5000 人，極弱。

　　五、總結而言，楊文深入還原當時狀況；具體實況完全反應，直如其親身經歷。坊間諸多有關所謂「228 事件」專著，或「別具用心」；或「隔靴搔癢」，楊文堪值推崇。例就「228事件」死傷人數而言，各家所列，數字林林總總，差別極大；且有言高達十餘萬人者。楊文之特點為「就當時醫療體系，無法得出屠殺之結論」，研判「228 事件」中之死傷人數：「死 190人，傷 1761 人。」與當時政府來台之國防部長白崇禧，提報之死傷報告書中所列：「死傷 1860 人」，極為接近。楊文充分結合史料，綿密推論；「史、論融一」，深值讚佩。

　　六、「228 事件」死傷人數研究之死角為：「外省籍人士之死傷數字」。政府於大陸時期之戶政制度，極不落實；外省民眾來臺後，方具較正確之戶籍資料。「228 事件」中，不論官方、軍方、民間之外省人士，其往返記錄均無法查考，研判應有死亡而「匿報」、「不報」、「漏報」、「無法報」者，本人長期研究，期能突破，迄今仍違所願；「228 事件」研究者，均未能將其中之外省籍死亡人數明列；楊文亦不例外，非楊之過也。

　　楊晨光先生，現代史菁英，本人末造之才，未敢妄言。既蒙錯愛，惶恐之餘，略抒感言，敬祈不吝賜正。

戰後美國情報人員在臺活動初探
以 George H. Kerr 爲中心

朱浤源、黃種祥

前　言

　　美國情報單位在第二次世界大戰，特別是太平洋戰爭爆發之後，爲了與中國共同打擊日本，而與戴笠所主持的情報系統聯手。兩個單位在 1943 年 4 月（一說在 7 月），到 1946 年 1 月（一說在 5 月）期間合作，直接隸屬於中美兩國最高軍事統帥部，總部設在重慶西北部的歌樂山下楊家山。但是，等到日本投降，這個合作所（全稱爲「中美特種技術合作所」）還沒撤銷，其內部成員已有異心，特別是海軍情報部（O.S.S）中的一小部分人。這些人當中，包含 George Kerr、Edward Paine 以及 Robert Catto，用不同的身份來到臺灣，從此開始，對已經歸還中華民國的臺灣，發揮了極大的影響力，直到今天。他們的影響，後來集合在 Kerr 一個人身上，並沒有消褪的跡象。

　　由 George H. Kerr（自稱「葛超智」，人稱「柯喬治」、「喬治・柯爾」，1911-1992）所撰寫的 *Formosa Betrayed*，以描寫民國 34 年之後，光復初期臺灣的社會政治與經濟爲主軸，曾經在民國 39 年以後至民國 80 年的四十多年之戒嚴時期，影響許

多留海外，特別是美國與日本的臺灣學生。這本書表面上在大篇幅批評中華民國政府在臺灣的施政，其實更深的目的在批判美國政府未能「拯救」臺灣於「殘暴的」中國手中，並對美國國務院進行激烈的控訴。[1]

但是，除了美國國務院成員以外，絕大部分的讀者看不出來。特別是在我國。首先，對國內二二八事件的研究者來說，葛超智的這本書，可說影響深遠。連監察院都以官方身分，[2]公開肯定 Kerr，甚至將其這部著作，當作「美國官方」為二二八歷史所做的「證詞」，而且表示「其可靠性無庸置疑」。[3]其他支持葛超智這部作品的臺灣學者，也包含歷史學界許多權威學者在內，數量甚多。

但是，對 G.H.Kerr 有深切了解的美國國務院則不然。中國問題權威學者，對中國現代史與臺灣知之甚稔，又曾擔任美國駐臺的最高外交官員的卜睿哲教授（Richard Bush）[4]，2007 年表示：*Formosa Betrayed* 並非一本嚴謹的學術著作，尤其 Kerr 在二二八事件當中，所扮演的是「當事人」而非「觀察者」的角色，立場並不客觀。[5]他甚至說：Kerr 撰文時，更涉嫌 fueling a vicious negative spiral，[6]譯成中文意思是：「為邪惡而負面的

---

1 朱浤源，〈美國政府背叛臺灣：校讀 George Kerr 編撰 *Formosa Betrayed* 時的內心世界〉，《檔案季刊》8：3，民 98.9，頁 84。
2 陳水扁總統主政時期。
3 監察院編印，《二二八事件受難者家屬陳訴案調查報告》，民 93，頁 67-68。其原文如下：「一九四七年間美國駐臺副領事 George Kerr 在其所著『*Formosa Betrayed*』一書，……當為美國官方為二二八歷史做證詞，其可靠性無庸置疑。」
4 卜睿哲為美國 AIT 的前任理事主席，其地位甚至高過美國駐華大使，雖然表面上是民間的。
5 轉引傅建中，〈二二八事件不影響美對臺政策〉，《中國時報》，民 96.2.24。
6 Richard Bush, " The Role of George Kerr, Author of *Formosa Betrayed*",p. 13.

惡性循環煽風點火」。Bush 指出：葛氏對二二八當時臺人武裝知之甚稔，照理應該在這部書中詳予描述。但是事實並非如此。

　　臺人的武裝犯行，其實早在民國 80 年，李敖將谷正文少將所提供，深藏保密局的極機密檔案，出版兩本時，[7]已經披露相當部分。[8]但是，這些書由於被立即封鎖，因此學術界絕大多數人無法得知。[9]後來谷將軍自己出版一部，[10]也揭露了一小部分。卻因大家仍舊不太相信，又拖延幾年。或許因爲他們兩人的影響，再加上解嚴的大環境，最近十五年來，由於口述歷史在中國大陸地區也蓬勃發展，使昔年完全噤聲的中共地下黨，紛紛寫出回憶錄，或接受口述訪問，並予出版。自此以後，已經十分清楚：臺灣人之中，的確有幾股非常大的力量，在各地運作。等到民國 98 年，國史館出版一系列《檔案》，[11]則已經百分之百確定臺人當年自行武裝，違法犯行的事蹟四處可見。可葛氏卻隱瞞不提，Bush 說他刻意隱晦的原文如下：

> The only issue on which he may have pulled his punches is that of　Taiwanese arming themselves as the crackdown was beginning.

　　顯而易見，對中國大陸與臺灣歷史知之甚詳的這位美國教

7　《安全局機密文件》，臺北：李敖出版社，民 80。

8　第三本似以出版，但似已出版，但它實際的出版情形，仍待了解。

9　筆者曾經查詢本所、臺大、清大等圖書書館，大部分沒有全套。即使擁有，也不易借閱。

10　谷正文，《白色恐怖秘密檔案》，臺北：獨家，民 84。另一部較早出版：《牛鬼蛇人》，臺北：書華，民 75。

11　國史館《戰後臺灣政治案件史料彙編》。該系列有學生工作委員會案、林日高案、簡吉案、湯守仁案、李媽兜案、白雅燦案、余登發案、李荊蓀案、李武忠案、駱神助案、陳中統案、張化民案、沈鎮南案等之史料彙編。

授，這本書是「邪門的」。究竟它的內容真正的意涵爲何？許多學者先進都已經涉獵，本人亦已爲文稍微述及，將來準備用 Richard Bush 上述的論斷，做爲檢證的新目標，藉著互有不同立場的各國（含我國以及中國大陸）檔案內容爲主體，來重新加以檢視（其中包含確證與否證在內）[12]，再另行發表。[13]

　　本文所要做的，是另一個角度，不是做書內容的檢證，而回到歷史研究的本根，以葛氏其人其事爲核心。除了檢證之外並且再上一層樓，嘗試建構戰後美國情報人員在臺活動的歷史。[14]

　　本研究以檔案爲主、口述史料爲輔作爲主要材料。檔案方面，以《美國國務院臺灣祕檔》[15]的 *Confidential U.S. State Department central files. Formosa，1945-1949[microform]：internal affairs*[16]爲主。我們從美國的官方檔案，詳細觀察內部裏路，深入挖掘當時美國官方的不同個人。此種觀察法，對研究當時曾經以情報員、海軍預備役上尉、美國駐臺北領事館副領事等身份，與臺灣發生過各種關係的葛超智有很大的幫助。[17]我們詳加研讀該檔，發現：可以了解他與美國政府的互動關係，

---

12 「確證」：verification 與「否證」：refutation，爲社會科學方法學上兩套重要的檢證方法。詳見拙作，《開放社會的先驅：卡爾・巴伯》，。
13 朱浤源，〈*Formosa Betrayed* 內容分析〉，已於民國 96 年完成初稿。
14 以上述之「確證」的兩大方法，再加上時間縱軸，自能與黃彰健院士的以「校勘」爲要的考證之法相比。此外，本文作者不擬以此爲限，故本文擬加上建構，並以歷史建構爲主體，希望與黃院士所撰寫，以「考證」爲主的名著《二二八事件考證稿》有所不同。
15 本文引用的中文，來自國史館特約譯者黃文範的譯文。
16 如今在國史館與國家檔案局都能取得。
17 我們在二二八研究增補小組之內，五年以來無數次探討此一問題。其重要成員包含：黃彰健院士、黃文範先生、王曉波教授、陳存恭研究員等名家。助理黃種祥、學生葉紘麟、蘇聖雄等，亦有所貢獻，特別是黃種祥。

以及他所做出的報告當中，對臺灣真實的評價與目的。

更寶貴的資料在臺北 228 紀念館，前館長葉博文在 1998 年，以約 20 萬美元買進包含葛超智個人信件、筆記、照片在內的廿箱檔案。[18]比對這些「二手的」[19]珍貴史料，竟發現《被出賣的臺灣》，引用資料偏差的問題。

我們發現葛超智的手腳並不乾淨，書中字裡行間，充滿對資料的變造與扭曲。[20]雖然手法高明、文字洗鍊，但因太多，故露出馬腳。[21]對於這些失誤，陳翠蓮也頗能警覺，[22]而黃富三[23]與蘇瑤崇[24]等研究 Kerr 的頂尖高手，似乎沒能查覺。近年則有王呈祥，以 Kerr 與二二八事件的關係深入探討，作為博士論文，並出版專書，最能突顯葛氏的問題。[25]但因王尚未深入臺檔等原始檔案，及二二八紀念館 Kerr 專檔，本文仍能發現 Kerr 許多不為人知的言論與行動。

---

18 簡余晏部落格，〈《被出賣的臺灣》作者葛超智的廿箱故事〉，http://www.yuyen.tw/2007/08/blog-post_7126.html，民 98 年 5 月 15 日瀏覽。

19 228 紀念館買來的祇是影印本，而且印得很差。有重大遺漏與切印。Kerr 的原件還放在沖繩縣的公文書館。

20 黃院士第一個告訴法源，黃文範先生則說，他更早幾年因為負責中譯，已經發現了。

21 因為該書當中，有許多現今被認定為第一手史料的內容，其實經過 Kerr 變造，與在作品原件當中看到的不同。

22 陳翠蓮，《派系鬥爭與權謀政治 —— 二二八悲劇的另一面向》，臺北市：時報文化，民 84。

23 黃富三，〈葛超智與臺灣主體意識的發展〉，胡健國編，《20 世紀臺灣歷史與人物 —— 第六屆中華民國史專題論文集》，臺北縣：國史館，民 92。

24 蘇瑤崇，葛超智（George H. Kerr）、託管論與二二八事件之關係〉，《國史館學術集刊》，期 4，民 93，頁 135-188。蘇瑤崇，〈託管論與二二八事件 —— 兼論葛超智（George H. Kerr）先生與二二八事件〉，《現代學術研究》，期 11，民 90，頁 123-164。

25 王呈祥，《美國駐臺北副領事葛超智與「二二八事件」》，臺北：海峽學術出版社，民 98。

　　葛超智這種依主觀意見爲文的習慣，應該早已形成。它之曝光，至少在任職副領事時就已經開始。我們早已發現：擔任 Kerr 駐臺北領事館副領事時的直屬上司－領事 Ralph J. Blake，當年就對 Kerr 在二二八事件發生期間，撰寫與事實不合的報告相當不滿。在 1947 年 3 月 14 日並向大使司徒雷登報告，說 Kerr 所提呈的資料未經「充分查證」，「文內有未含（不合）事實的誤述」，所作結論，「不能承受最輕微的質疑」。[26]3 月 17 日，Kerr 被調回南京大使館。

　　當時 Blake 的報告以外，司瑞領事後來不久也對 Kerr 有所介紹：[27]

> Kerr 先生為駐臺灣領事館副領事，在臺灣任職領事館六月有餘，於五月中自中國返回美國。Kerr 先生在大戰以前，即在臺灣居住及執教多年，大戰期中為陸軍及海軍從事臺灣情報工作，戰前及大戰中，曾出版有關臺灣若干資料；他與最近參與事變反抗中國政府的很多臺灣領袖深為熟稔，或許是美國的第一流臺灣權威。

　　從國史館及中研院近史所所出版的檔案，我們也發現陳儀與蔣經國，在對主席蔣中正的報告中，都提及美國領事館在二二八事件當中的諸多不當行爲。[28]可能也與他被調離不無關

26　臺檔 31 號，1947 年 3 月 14 日發文，該文由南京大使館轉呈國務院，國務院檔號 894A.00/3-1447。以上係根據黃文範的譯文。唯爲求更符原意，朱泓源已予重譯。下文將分解。

27　黃文範翻譯，美國國務院臺灣密檔（ *Confidential U.S. State Department central files. Formosa, 1945-1949 [microform] ：internal affairs*，本文簡稱：「《臺檔》或 *central files. Formosa*」），臺檔 53 號，1947.6.17，領事司致中國司書函。

28　蔣經國自臺北拍給蔣中正的電報，原件見附件二，原文如下：
　　c.p.－臺中謝雪紅女 40 歲，埔里退到霧社。

係。後來經過大使館調查，Kerr 的報告確實有不合事實之處。
同年 4 月 10 日，Kerr 奉命對白崇禧赴臺宣慰任務提出備忘錄，
但其報告的內容，竟然全盤否定所有相關的撫慰及調查。讓代
理大使白德華（Butterworth）在 4 月 15 日轉呈其備忘錄予國務
院時，不得不在函中加上附註，指出：「或許他的論調較高，
但評論與措辭過於武斷與刺耳」，還說：他對於「目前陳儀政
府繼續在臺灣執政，似乎也就越來越難有冷靜、公正的評論。」
29

　　這份對他的能力作了不適任評價的附註，終於導致 Kerr
在 5 月中被送回美國，甚至最後剝奪了他的公職身分。顯見 Kerr
的意見不但不能代表美國官方，反而與美方當時的立場嚴重牴
觸。

　　還有 Blake 的後任，領事克倫茲（Kenneth Krentz），在上
任之後，調閱 Kerr 的報告。他於翌年 1 月 26 日所做的評價更
是完全負面，甚至用「完全胡說八道（pure nonsense）」的字
眼，表示完全無法接受，原文如下：30

　　本人讀海軍上尉柯喬治（Lt. Kerr）對本地人民許多報
　　導，極為欣賞他的報導才能，但認為情感上大加渲染，

親美派－林茂生、廖文毅與副領事 Kerl（Kerr）請美供給槍枝及
money，美允 money，col.Daw 來，Kerl（Kerr）調，有關。
暴徒－獨立派－新華民主國 10/3 成立，總統、軍司令官未定，國旗
已（陳松堅警務省長）。
決定八日夜暴動，七日夜有二名學生被捕，搜出密件，有準備，國
軍倘遲一日，不可收拾（亦幸天雨）。
日人治安，硬軟不足，今後硬軟兼用。

29 臺檔 44 號，1947 年 4 月 15 日發文，由南京大使館發往國務院，檔號
894A.00/4-1547。
30 臺檔 313 號，1948 年 1 月 26 日發文，該文由臺北總領事館發給南京大
使館，國務院編號 894A.00/1-2648。

對這些人民不可能提供適當的判斷。柯喬治反反覆覆
說，臺灣政治情況有許許多多的因素，可以與美國革命
前的政治情況相比擬，本人認爲這是純粹的胡說八道
（This I believe is pure nonsense.）。

　　本文的目的，就在探討這一位被國務院職業外交官們所抨
擊的葛超智先生，以及和他同聲附和的少數美國情報員，在戰
後臺灣的所作所爲。

一、葛超智情報員

（一）身世與求學

George H. Kerr（1911-1993），來自長老基督教會世家。
先祖原係英國人，後來歸化美國。他在 1911 年 11 月 7 日生於
賓夕法尼亞州 Parksburg 的長老教會牧師館，父親是長老教會
的牧師。[31]他一生未婚，當然也沒有子女。Kerr 在 1929 到 1931
年間，在維吉尼亞州的 Richmond 大學求學，1931 年，轉到位
於佛羅里達州溫達巴克的 Rolins 大學，[32]之後，進入檀香山的
夏威夷大學研究所，1935 年獲得藝術學碩士學位，在這兒，Kerr
認識了蠟山政道博士，開啓了他的日本之行。[33]

---

31 祖父輩也有擔任牧師者。但是，似乎也有經商之人。這一世代又似乎多
　　人來到東方，特別是香港、廈門與艋舺等地。詳情仍在查考當中。
32 參閱附件一：《臺北高等商業學校一覽》，臺北高等商業學校，昭和 13
　　（1938）年，頁 85。
33 蕭成美著，陳恆嘉譯，〈序言：關於喬治柯爾先生（George H . Kerr）〉，《面
　　對危機的臺灣》，臺北：前衛，民 96。

（二）初次來臺的真實身分

　　Kerr 滯留日本時，據說由於在臺北第一中學教英語的朋友身體不好，必須提前六個月回國休養，拜託 Kerr 代課。[34]Kerr 接受。等他 1937 年到臺北，發現不只是臺北一中，臺北高等商業學校及臺北高等學校也都可以上課。六個月期滿後又再續約，直到太平洋戰爭爆發之後的 1941 年爲止，他前後總共在臺灣待了五年。[35]

　　他在臺灣期間，擔任總督府臺北高等商業學校、[36]臺北州立第一中學、臺北高等學校英文教師。[37]由於 Kerr 在臺灣教書的期間，結交臺灣鄉紳、賢豪，共赴各地旅遊拍照，並且大量收集臺灣地區地圖，[38]因此被認爲具有情報員背景。[39]就在日美關係逐漸緊張的時候（1941），也開始收集國際性材料，諸如大東亞戰局圖、太平洋時局地圖、南洋諸國明細地圖等。以上這些動作，都讓人不得不懷疑其身分並不單純。

　　王呈祥轉引夏威夷大學教授鄭良偉的證辭，又再進一步指出 Kerr 當時當研究生的時候，已經是情報員。鄭良偉作證道：

34　「臺北第一中學」即今之建國中學。有關代課這一點仍待查證。
35　蕭成美所述 Kerr 於 1940 年離開，應不合史實。根據臺北高等商業學校（今臺大法律學院與社會科學院所在地），《畢業紀念冊》，昭和 12、13、14、15、16 年，Kerr 在臺前後應有 5 年，而非 4 年。易言之，一直到日本偷襲珍珠港，日美開戰，他才整裝返國。因此逗留時間長達五年。
36　《臺北高等商業學校一覽》，頁 85。當年葛氏的頭銜，並非教授或講師，而是「雇外國人教師」。
37　後兩所學校的檔案等史料中，目前還沒有他任教的紀錄。
38　廖德政先生發言，〈葛超智先生《文集》、《書信集》、《畫說二二八》新書發表會〉，《和平鴿》，民 90.3.15，版 3。
39　林春吟，〈George H. Kerr 收藏的臺灣地圖〉，《和平鴿》，臺北：二二八基金會，民 90.8.20，版 2。

40

　　George Kerr 曾對我說，他的公寓所看到的珍珠港，時常
會讓他聯想起他一生的公職及研究生活。他會想起研究
生時代，滿腹的公義心及愛國心，讓他無視任何危險，
前往敵國國境的臺灣，一方面教英文，一方面進行秘密
的田野工作，收集情報。……他秘密的身分是美國海軍
的情報員。每有假期他就與學生到臺灣各地遊覽，調查
臺灣的自然地勢、民間機構、人口民情、工農業情形、
軍事設備及動態等。

（三）從蒐集臺灣情報到成爲臺灣權威

　　後來太平洋戰爭爆發，美國政府乃在國防部的「以 X 島爲
暗號的臺灣島的戰略調查」專案中，任命 Kerr，以專門的民間
顧問（軍屬）身分被雇用。隨後，在 1943 年被任命爲海軍少尉，
配屬於設置在哥倫比亞大學內的海軍軍政大學（Naval School
for Military Government），並擔任其中的臺灣調查班
（Formosan Unit）的負責人。當時的美國國防部遠東戰略小組
已經決定攻佔臺灣，並且戰後要以「國際託管」之名，實際上
由美國管控。1942 年，美國情報機構就已經完成了臺灣島戰略
測量圖，並印行《臺灣財富摘要》。[41]

　　由於葛超智長期對臺灣資料搜集與觀察，在這個時候，就
已經派上用場。接著，他配合當時國際上流行的「民族自決」、

40　王呈祥，《美國駐臺北副領事葛超智與「二二八事件」》，頁 12。
41　尹章義，〈美國的擴張主義與臺灣的命運〉，《歷史月刊》，期 219，民 95.4，
　　頁 51。

「自由」、「民主」與「託管」理論，[42]提出了個人的「託管臺灣論」，指出三種臺灣未來的可能性。[43]他當時就表明傾向於第三種：臺灣由國際共管。且認爲在符合聯合國戰略利益下，可以給予臺灣人最大程度的自治。

當美國海軍於 1943 年 2 月在瓜達爾卡納爾之役取勝之後，曾經計劃跳過菲律賓，以占領臺灣，來截斷日本軍對南方的廣大補給線，並且用臺灣作爲基地，進一步攻占沖繩和日本本土。戰略上的需要，使此時的 Kerr 倍加重要。而 Kerr 主導下的臺灣調查班，也在 1944 年的 4 月開始，到 9 月，在海軍部刊行了九卷的《海軍運作指揮手冊》（*Office of the Chief of Naval Operations*）以及一連串的《臺灣民事業務手冊》（*Formosan Handbooks*）。[44]此外爲了占領臺灣後能維持治安，屯駐的四個連隊的海軍和隨同登陸的行政、經濟、公共衛生、交通、郵政通信、商業等全方位管理的海軍行政官，以及翻譯等，總共高達二千人，也陸續要在當時設在哥大的臺灣調查班做完整、有效的訓練。[45]調查班也編了便於使用的日本語和臺灣語的字

---

42 蘇瑤崇，〈葛超智（George H. Kerr）、託管論與二二八事件之關係〉，頁 142-144。

43 黃富三（〈葛超智與臺灣主體意識的發展〉，頁 1113-1114）指出，根據 1942 年的備忘錄，葛超智認爲戰後臺灣前途有三種，一是臺灣獨立自治，二是移交中國，三是交給聯軍託管，而後讓人民投票自決。

44 全名即 *Civil Affairs Handbook, Taiwan（Formosa）*。在葛氏擔任 editor-in-chief 的這個機構裡，於 1944 到 45 間，出版了 10 部《民政手冊叢書（*Civil Affairs Handbook Series*）》另外加上備忘錄以及譯自日文的專書與文章，總共 1,383 頁。詳見：*Formosa Reference Materials from the Collection of George H. Kerr*，沖繩縣公文書館，頁 80。

45 美國更開始訓練佔領臺灣之後，要用在軍政組織的行政官兩千人。屬於民主黨的裴爾（Claiborne Pell）就是當時經過行政訓練，原本準備到臺灣的其中一員。他自 1960 年 1 月擔任聯邦參議員，連任至 1997 年 1 月退休，共歷六屆 36 年，並任參議院外交委員會主席 8 年（1987-1994）。

典。[46]

（四）甜夢乍醒與臺灣情結

海軍的這項計畫，與聲明「我將再回」（I shall return.）的陸軍麥克阿瑟主張不合，最後總統羅斯福裁決，採用陸軍的主張，攻佔較近日本本土的沖繩。因此原來準備要他們接管臺灣的計劃，就被取消。但這讓已經投入大量時間、人力與物資的海軍大爲不滿，特別是這群主司規劃的情報人員。這些人在受訓時所學到的民族自決以及臺灣自治的理念，還有對寶島（Formosa）歷史和文化的喜愛等，卻令他們終身難忘。因此數十年來，這群人之中，即有多人一直主張「臺灣應該獨立」。

其中 Kerr 對於他的努力付諸流水，更是異常憤怒。

除了 Kerr 之外，另一個重要人物是卡托，他於 35 年 5 月抵臺，擔任新聞處處長，同樣出身情報系統。《民報》當時就知道他的身份，曾報導：[47]

> 美國新聞處臺灣辦事處主任卡賓（Catto），已於昨日到

1983 年 11 月 14 日，他在 FAPA 舉辦的餐會上演講，二次大戰末期，他被選和其他約 200 名（原文如此，但據資料顯示應爲 2000 人）文官到哥倫比亞大學受訓，準備美軍佔領臺灣後接管，成立軍事政府（Military government）。陳榮儒，〈悼念裴爾參議員〉，http://www.fapa.org/MISC2009/SenatorPellObituary.htm。2009 年 3 月 31 日瀏覽。

46　蕭成美著，陳恆嘉譯，〈序言：關於喬治柯爾先生（George H. Kerr）〉，《面對危機的臺灣》，臺北：前衛，2007 年。在《面對危機的臺灣》中，更醜化自己的總統，直指羅斯福會採用陸軍的提案，全都是政治利害的考量，因爲總統大選接近，而麥克阿瑟承諾：如果他的計畫被採用後，將支持共和黨候選人。George Kerr 著，陳美琪譯，《面對危機的臺灣》，高雄：新臺政論雜誌社，無出版日期（中研院人社中心於民 76 購入），頁 61。

47　《民報》35 年 5 月 23 日，二版。

處視事，卡氏前服務於美國戰時情報局，最近來華，曾
旅居夏威夷多年。此次自滬來此，攜有大批新刊書籍雜
誌，又卡寶夫人亦同輪抵臺。

佩恩（Edward Paine），於 1919 年 12 月 14 日出生美國加
州，1939 至 1942 年初從事大眾傳播事業，一度在好萊塢的 CBS
工作。1942 年 3 月入伍美國空軍，[48]接受空軍預備軍官及空軍
情報的訓練，結訓後派駐中國戰區；初為情報員，繼而為執行
員，軍階晉升至少校。 駐外期間共兩年半，大戰末期由海外調
回美國。[49]1946 年退役後轉而服務於聯合國救濟復健總署（以
下簡稱「總署」），同年 4 月抵臺，為總署分析經濟情況及撰寫
報告。

佩恩因工作所需，對臺灣歷史、資源、及二次大戰後的社
會、經濟情況有深刻的了解。因此據獨派人士楊宗昌所言：「在
二二八事變之前，他便致力於將國民黨政府的腐敗無能，以及
中國官員視臺灣為戰利品，待臺灣人如屬下臣民的情況，轉告
美國有關單位。」二二八事件發生時，總署的法籍主管正在上
海出差，由 27 歲的佩恩代理主管任務。[50]

（五）介入地方政治與解職

獨派大將，光復初期與 Kerr 關係密切的黃紀男，也認為
Kerr 有情報員背景。他的回憶錄中，雖然有些細節並不正確，

---

48 其實當年並無獨立運作的空軍。當時的空軍隸屬於海軍。
49 楊宗昌，〈佩恩先生－一位目擊二二八事件的美國友人〉，
　　http://www.wufi.org.tw/taiwan/painec.htm，2009 年 12 月 12 日瀏覽。
50 楊宗昌，〈佩恩先生－一位目擊二二八事件的美國友人〉，
　　http://www.wufi.org.tw/taiwan/painec.htm，2009 年 12 月 12 日瀏覽。

但大致可信。他說道：[51]

> 喬治・柯爾在日據時代可能是美國中央情報局（CIA）
> 派來臺灣臥底的一名間諜，於一九三七年至一九四〇年
> 日本尚佔據臺灣期間，他便來臺灣擔任當時的臺北一中
> 與臺北高等學校英文老師。諳日語，對臺灣史地經濟頗
> 有研究，後來並爲文著成「被出賣的臺灣」（*Formosa
> Betrayed*）一書。日本戰敗後，他立即以臺灣政治分析
> 專家之身分，奉派來臺出任美國領事館副領事一職。

Kerr 擔任副領事期間，黃紀男在其扶植下成立了所謂的「臺
灣青年同盟」，致力於協助 Kerr 等人進行臺灣由聯合國託管的
運動。[52]二二八事件發生期間，更爲 Kerr 擔任斥候，在中山堂
觀察處委會開會的情況。[53]以他與葛超智的關係作出如此判
斷，可信度最高。

Kerr 在 1947 年 6 月回到美國之後，即以個人身分投書國
務院，表示美國若不介入臺灣政局，臺灣將被共黨侵入。此函
係由領事司瑞代爲上呈國務院中國司以及卡特將軍，公文中司
瑞替他做的介紹前文也已提及。

另外，與 Kerr 關係良好的蕭成美，不只提出鐵證，而且有
進一步說明。首先他提到：[54]

> 柯爾先生雖是一個情報將校、海軍武官、副領事，但是

51　黃紀男口述、黃玲珠執筆，《黃紀男泣血夢迴錄》，臺北縣：獨家出版社，
　　民 80，頁 137-138。
52　後章將詳述此一過程，Kerr 離臺之後，該組織目標逐漸轉變成臺灣獨立。
53　「那幾天夜裡，我仍與美國領事館的副領事喬治・柯爾有所連絡，因爲
　　柯爾氏拜託我，將每天在中山堂處理委員會聽到的事與發展情形也順便
　　予以轉述。」《黃紀男泣血夢迴錄》，頁 154。
54　蕭成美著，陳恆嘉譯，〈關於喬治柯爾先生（George H . Kerr）〉，《面
　　對危機的臺灣》，「序言」。

> 他並不是一個職業軍人，也不是一個職業外交官，更不
> 是一個官僚體系中人。

蕭所述 Kerr 爲「將校」、「海軍武官」都是錯的，其餘則
可信。又說：

> 他的一生，可以說是一個書生，一直延續著「學究之徒」
> 的身分，服公職的時候，收集情報，向本國報告，這就
> 是他的職務。

他接著更明言：

> 他是 CIA 的代理人，在二二八事件時，他的上司是一個
> 放任主義者，不必和官僚的總領事議論，又因為對總領
> 事的尊重，並不必對本國報告實情。他直接向 CIA 本部
> 報告就行。[55]他的報告，如今在國務院中還留有完全的
> 記錄。

這一段話問題就大了。首先，他說 Kerr 的上司，是一個「放
任主義者」，又是個「官僚的總領事」，這本身就是矛盾。又
根據 Kerr 跟他說的，指出：「他直接向 CIA 報告就行。」一
方面完完整整地暴露其雖然職位在領事（並非「總領事」）之
下，但他是 CIA 的人，可以直接對美國聯邦中央行文，無須領
事核定，這犯了外交界的大忌。

以下的引錄，更進一步證明：Kerr 不是從太平洋戰爭開始，
才擔任 OSS 的情報員，而是更早的，從 1937 年開始。他說：

> 從結果論來看，他為了遂行戰爭，搜集必要的臺灣情報，
> 而成為臺灣專家，1937 年作為一個英語教師抵臺時，並
> 無有意要搜集臺灣情報的目的，柯爾先生的這個話，吾

---

55 蕭所說 CIA 是錯誤的，因爲當時 CIA 未成立。

人是相信的。

綜合以上所述，G.H.Kerr 除了其情報員身分已無須懷疑之外，我們可以確定，出身長老基督教會世家的 Kerr，至少在夏威夷當研究生的時候，已經開始這項工作。

二、美國軍方、海軍情報單位（O.S.S）與重回臺灣（1945.10-1947.4）的葛超智

前已提及，重返臺灣的 Kerr，是以「副領事」 的身份出現的，而實際上是否仍係 OSS 的情報員？則待查。但是，他並沒有規規矩矩地做這兩個工作。這時候的他，似乎以臺灣第一權威，和類似《聖經》上救世主，或者更精確地說，是臺灣的拯救者的兩種身分與使命出現。問題是他的層級不夠高，而且言論與行動都沒有分寸。以下進一步說明其工作內涵：

（一）臺灣光復初期 Kerr 的眞實身份

1.Kerr 層級低，並非海軍副武官

臺灣光復當年的十月，葛超智再次來到臺灣，據他個人所稱，當時他自稱的身分是所謂「海軍副武官」。黃文範本人也出身軍旅，除了對 Kerr 在《被出賣的臺灣》當中許多說法不能認同之外，對其自稱的「海軍副武官」頭銜更充滿懷疑。認爲以 Kerr 的資歷還夠不上「副武官」這類中校級頭銜。在我們與黃文範合寫的文章之中，他說：[56]

　　柯喬治在《被出賣的臺灣》一書中，自稱「我是海軍副

---

56 黃彰健、黃文範、朱浤源，〈檔案與口述歷史之間（二）：美國與二二八〉，廈門大學臺灣研究院：「海峽兩岸『二二八事件』學術研討會」論文，民95.8.21-25，頁 4。

武官」。但是，重慶美國大使館卻只稱他為「本大使館海軍武官處職員」。如果是副武官，則一定會寫出全銜 Assistant Naval Attache。其次，武官為軍方蒐集情報人員，必需具備所必需的條件，受過官校的養成教育、戰爭學院的深造教育、歷練過指參等隊職，才能代表該軍種出駐他國。柯喬治則僅為備役海軍上尉，沒有這方面的學經歷。

2.自稱海軍上尉與我國軍方的誤解

不只頭銜自我膨脹，行事風格也違背外交人員準則。黃文範接著指出：[57]

……他甫到臺灣三十四天後，發出的第一篇報告，行文的副本給重慶美國大使館，而正本卻是呈日本東京「盟國最高統帥總部」（SCAP）的「美國政治顧問辦公室」（Office of The Untied States Political Advisor，美國駐日大使館前身），再轉華府國務院，簽署仍以「備役海軍上尉」（Lt. George H. Kerr，USNR）自稱。在公文處理程序上，便可察見他並不是訓練有素的職業外交官。

但是，當時臺灣軍方的承辦人，並不明白海軍的 Lieutenant 相當於陸軍的上尉，因此開出的證明，將他寫成「中尉」。[58]這個誤解，或許更增加 Kerr 的不滿，也未可知。

3.本職即情報人員

朱浤源與黃文範以及黃彰健因此認為：以他沒有美國陸海軍官校的資歷，而在陸軍部服務，「以武官身份服務於海軍」，（其

---

57 黃彰健、黃文範、朱浤源，〈檔案與口述歷史之間（二）：美國與二二八〉，頁 4。
58 二二八紀念館，檔號 GK-006-0001-003。

實不然，例如二二八時一度來臺調查領事館察務的大使館海軍
副武官道（Daw），官階即是中校。因此，當時重慶大使館僅稱
他爲「本大使館海軍武官處職員」[59]或「本館一名職員」[60]。）
再以文官身份服務於國務院（駐臺北副領事），一個能隨心所欲
遊走美國三大部的官員，文武一把罩，合理判斷，他該隸屬於
情報單位。從推論也可證明這一點，美國當時在各地的領事館，
大致上領事爲國務院的職業外交官，副領事則是情報員。這些
人雖在領事之下，執行日常業務，但卻聽命聯邦中央的情報單
位。

（二）戰後美軍駐臺聯絡組與 O.S.S

1.Kerr 臨時配屬「美軍聯絡組」，僅負責觀察臺灣現狀

爲安排日軍與日人的遣返工作，美軍的聯絡組與中國軍方
開了二十多次會。中方的主持人多爲范誦堯、柯遠芬將軍等政
府高層，陳儀上將也一度出席，美方則每次都由上校級別的軍
官爲首，參加的人員也至少都是校級；這種會議，身爲上尉的
葛超智，似乎應該沒能參與。[61]

美軍聯絡組曾建議長官公署前進指揮所，依照美軍佔領東
京的作法，先施行戒嚴令，再以軍法強制召集日本僑民，來管
理臺政。但長官公署並未接受。[62]

---

59 臺檔 2 號，1946 年 3 月 26 日發文，由重慶大使館致國務院，檔號
　894A.00/3-1546 CS/AW。
60 臺檔 3 號，1946 年 3 月 15 日發文，由重慶大使館發出，收文者及檔號
　不詳。
61 國家檔案局收錄有〈臺灣警備總司令部中美參謀聯合會議〉案，最後一
　次會議是註明第二十六次，但該案僅收錄其中十五次會議的紀錄，惟已
　可略窺概況。而所收錄的會議紀錄中，Kerr 皆未參加。
62 臺灣警備總部檔案，〈臺灣省警備總司令部第四次中美參謀聯合會議紀

葛超智提到他當時隸屬「軍事顧問組」（Army Advisory Group），這基本上符合事實，[63]但出身軍旅的黃文範又進一步指出，他僅是「臨時配屬」到陸軍臺灣「美軍聯絡組」（American Liaison Group），主要任務是協助行政長官公署遣返在臺日軍。他個人的任務則是「觀察臺灣現狀」。[64]顯然是編在裡面，而另有工作。

2.Kerr 與聯絡組及其個人氣質與能力

但是，由於最熟悉臺灣事務，使 Kerr 自視甚高，凡事多有想法，對他所認為「能力不足」，其實是比他較不知臺灣事務的上司，常有怨言。

34 年 10 月 24 日，他與陳儀同時抵臺。一星期後（11 月 1 日），便致函 Reese，表示聯絡組工作失當，並未發揮真正的代表性。11 月 5 日，又致函 Melville 表示有人在聯絡組中刻意建立權威，並提出建議解決此情況。[65]這與他接著擔任副領事時，跟領事 Blake 相處不來可謂異曲同工，導致因為 Blake 參了他一本，[66]讓他被調離臺灣，後來更遭剝奪公務員資格。

（三）戰後海軍情報組織進行民意測驗

錄〉，民國 34 年 9 月 19 日，國家檔案局檔號 3304/003.7/4010/1/001。

63 George H . Kerr，*Formosa Betayed*，陳文成譯，《被出賣的臺灣》，臺北：前衛，民 80.3，頁 92。

64 臺檔 3 號，1946 年 3 月 15 日發文，由重慶大使館發出，收文者及檔號不詳。另外，葛超智當時所做的報告目前收錄於檔案局，案名〈臺灣政經報告〉，檔號 1893/0001/001/001/016，亦即後來的臺檔 1 號文件，於 1945 年 11 月 23 日透過專司情報的盟總東京政治顧問辦公室直送國務院。

65 George H . Kerr 著，蘇瑤崇主編，《葛超智先生相關書信集（下）》，臺北：臺北市 228 紀念館，民 89，頁 899。

66 中國政府外交當局也轉達主席蔣中正的質問。

中共地下黨員蘇新（化名莊嘉農），曾回憶光復之初的葛超智，似乎也歸屬陸軍情報部的金絲雀小組，[67]由小組長 Morgan 領導，Kerr 負責規劃，並參與推動。

1.蘇新的見證

當時擔任《人民導報》主編的蘇新說：[68]

> 臺灣收復後不久，一九四六年一月至四月，美陸軍情報部在臺灣曾作過一次所謂「臺灣民意測驗」。由副領事卡兒（Kerr）計畫，由情報組長摩根上校（Col. Morgan）伴同日人通譯員，公開訪問各階層、各政治思想、各政治派別的臺灣人談話，由「出生」問起，問學歷經歷，問到「對中國政府及中共的看法」和「臺灣的將來」等問題。這樣，費了三個月的日子，訪問過三百多名臺灣人。不久之後，卡兒和摩根兩人就相繼離開臺灣，到南京或東京去。美帝對臺灣的政治陰謀，可能是根據這次「民意測驗」的結果。

蘇新作證指出，[69]不但曾被該次「民意測驗」訪問，也發現二二八事件期間，美國駐香港總領事館曾與廖文奎等人親身

---

67 Kerr 是否隸屬該小組，目前仍無完全的證據。但以《狗去豬來》（Nancy Hsu Fleming 著，蔡丁貴譯，臺北：前衛，民 98）中該小組的報告內容判斷，恐怕不是。

68 莊嘉農，《憤怒的臺灣》，臺北：前衛，民 79，頁 173-174。

69 化名爲「莊嘉農」撰寫該書的蘇新，表示自己之所以知道這些事情，都是親身經歷。他說：臺灣光復不久，一九四六年四月間，美國駐臺副領事卡兒（Kerr）和情報員摩根（Morgan），在臺灣進行過一次「民意測驗」（也跑到我的辦公室，要求我表態。）「民意測驗」表明：當時臺灣人民對國民黨的印象很不好。因爲當時是臺灣人民正從希望轉爲失望的時候。一九四六年五月間的臺灣省參議會，議員們也大喊「打倒貪官污吏」。蘇新，《未歸的臺共鬥魂》，臺北：時報，民 82，頁 270。

接觸。蘇新說：[70]

> …一九四七年三月八日，當臺灣人正與國民黨軍大血戰的時候，美國香港總領事館的情報員，叫做曾博士（廣東人）捏造了一個「臺灣民主同盟」，並以該盟主席名義打電報給聯合國，要求「我們有自治和直接受聯合國組織監督的權利」。接著，美國報紙和通訊社就宣傳：這是臺灣人向聯合國請願託管。

二二八之後三個月，蘇新到中共上海局報到與學習之時，他本人也直接接觸到廖文毅之兄廖文奎，進一步證實上海方面美國的記者也知道此事：[71]

> ……一九四七年六月間（當時我在上海），上海《密勒氏評論報》刊登「臺灣再解放聯盟」的一篇聲明，揭露國民黨在二二八屠殺臺灣人民的罪行。據該報記者透露：「臺灣再解放聯盟」的主要領導人是廖文奎、廖文毅兄弟。（廖文奎把該報給我，我親自看到的。）

因此，在中共領導之下的蘇新，可以說非常了解美國對臺從事民調的計畫不是單純的民調，而且不限於臺灣本地，更包含主動組織反對勢力在內。他說：[72]

> 從美國領事館在臺灣的「民意測驗」，美國香港總領事館情報員曾博士的「臺灣民主同盟」以及上海廖氏兄弟的「臺灣再解放聯盟」，都是美國有計畫的部署與輿論準備；但是，明目張膽的陰謀活動是魏德邁訪華以後才開始。

---

70 蘇新，《未歸的臺共鬥魂》，頁 270-271。
71 蘇新，《未歸的臺共鬥魂》，頁 270-271。
72 蘇新，《未歸的臺共鬥魂》，頁 271。

2.謝雪紅、楊克煌的見證

當時金絲雀小組採訪的對象，也包括了與中共地下黨上海局關係密切的謝雪紅及楊克煌。[73]他們早在 34 年 12 月時即接受訪問：[74]

> （三十四年）十二月間，有一天晚上，兩個美國人來到「人民協會」找謝雪紅和我，出示的名片上印著「盟軍」的甚麼情報部，通過翻譯說他們要和我們談話，請我們次日到一家旅社去。

而且是大剌剌地召喚被點名者，到指定的地點去接受訪談：[75]

> 隔日上午，謝和我即到指定的旅社。他們個別同我和謝談話；和我談話的是昨天來找我們的兩個美國人中的一個（另外一個當天我沒看見）和一個據說是日裔的美國人。

而金絲雀小組的訪員竟然知道楊等二人爲臺共，但是，又坦率到直接問楊、謝：「是否共產黨員」！楊當場就掩飾了身份。

> 他們問我的簡歷及終戰後的活動情況，這時我從他們的問話中了解他們是事先即知道我曾加入過臺共。他問我：「你是不是共產黨員？」我答：「不是。」

楊從中共醜化國民黨的立場出發，接著說：

> 問我臺灣人對國民黨的看法怎樣，我答：「它來到臺灣才幾個月，就幹了許多壞事，臺灣人都反對它。」又問：「這樣下去，是否有可能發生暴動？」

---

73 楊克煌於民國 35 年 9 月經中共審核通過進入地下黨。
74 楊克煌，《我的回憶》，頁 236。
75 楊克煌，《我的回憶》，頁 236-237。

顯然美國情治單位與中共地下黨，都已預見暴動即將蔓延。但整體而言，美方是根據同一份問卷來施問的，楊克煌又說：

> 我回來後聽謝雪紅說，問她的內容也大體和我的一樣。當時我們對美國的認識是模糊的，我們本身對政治上也太幼稚、太老實了，應該不必去和他們談話，更不需要回答他們提出的這些問題。

楊也證實這兩個美國人到各地找代表性人物訪談：

> 後來才知道那兩個美國人到過全省各地去找各階層的代表人物，向他們了解政治思想情況，以便獲得臺灣各階層人民政治傾向的第一手資料，從這可證明美帝在當時對臺灣就懷著極大的野心。

與蘇新相同，也接受中共指揮的楊克煌，他的攻擊目標，當時與這些美國人是一致的。不過，謝雪紅等是為中共，金絲雀小組則當然為美國的利益。蘇、楊他們得到的結論是：「美國」當時就對臺灣抱有野心。

但是，由楊克煌等受訪者所提到的情況來看，這些美國情報系統的人員，似乎是在從事美國行為學派當年剛剛新創的田野調查法中的問卷訪談方法。只不過問題中並未正面詢問類似「臺灣人是否希望由美國來統治」之類的問題。然而他們的結論，卻不只導向：臺人希望的統治者「第一選擇是日本，其次是美國」，而且還更主觀地「預期在短期幾年的中國佔領之後，福爾摩沙人會要求自治。」[76]他們所做出的這種預先設定的「臺灣人希望美國、日本來統治」的所謂「訪問結論」，明顯是摩根

---

76 Nancy Hsu Fleming 著，蔡丁貴譯，《狗去豬來 —— 二二八前夕美國情報檔案》，臺北：前衛，民 98，頁 66。

與 Kerr 等人，爲了說服美國政府當局託管臺灣而製造的。其實，美國當局至少在當時還沒有那種打算。這種野心，應該僅存在於美方少數有心人士身上，例如這個「金絲雀任務小組」。

（四）海軍情報組織的自行其是？

1.金絲雀小組的私心自用：「吃掉」臺灣

金絲雀任務小組來臺之後，要求總督安藤設置專門組織，由數百名專業人士組成，專門收集臺灣特定情報的檔案。[77]他們終戰前與戴笠的情報組織有某種程度的合作關係，但到了臺灣卻進行激烈的情報戰。他們甚至非常擔心戴笠突襲搶奪這些珍貴的情報。[78]

1945 年 10 月 1 日這個專門組織的報告提到：[79]

> 金絲雀任務小組一致同意……最好的計畫就是在任何不利的情況發生之前，帶著所有的情報資料離開福爾摩沙。在中國人入侵進而最終佔領福爾摩沙之前，聰明的作法就是將這些戰略服務處收集的資料送到相關的美國國務院、陸軍及海軍權責機關手中，作爲入侵前及終戰後的運用……

臺灣明明已經在前一年即由羅斯福總統決定歸還中國，如今一年多之後，日本又已投降一個多月，美國這小組以及這個日人爲主的組織，還在計畫將這些情資，交給仍等著攻佔臺灣的某些美軍。其目的並不單純。到 10 月 11 日，該組織開始滲

---

77 《狗去豬來 — 二二八前夕美國情報檔案》，頁 64。這裏頭恐怕不止包含日本人，也包含臺灣人。

78 《狗去豬來 — 二二八前夕美國情報檔案》，頁 68。

79 《狗去豬來 — 二二八前夕美國情報檔案》，頁 72。

透到臺灣當地的各單位，以進行反情報工作。原文如下：[80]

> 因為情報的軍事階段幾乎已經完成，本任務小組的主要
> 工作將轉為在福爾摩沙發展對滲透日本人、福爾摩沙人
> 及中國人各個單位的反情報工作。

就在戰略情報處從事對在日、臺、大陸各單位的反情報工
作之間，葛氏似乎別樹一幟。

2.臺人無意獨立，但 Kerr 仍堅持原議：否認中華民國領臺
的合法性葛超智在進行田野調查時，曾對臺灣的上流階層做過
訪問，例如他對當時身為日本貴族院議員的許丙提出三個問
題，茲分述如下：[81]

> 1.臺灣應當以現在正回歸的方式回歸中國嗎？
> 答：因為（臺灣）與華南的民族與經濟關係至為堅強，
> 又因為華南比臺灣本地，能提供更為廣大的經濟發展腹
> 地，本島應毫無保留歸還中國，即令是這種歸還，會使
> 一般的生活水準下降；當然，在中國內，本省人需要有
> 平等的待遇。
> 2.臺灣應授以獨立嗎？
> 答：以臺灣如此侷限的經濟而言，獨立是不可能的事。
> 3.假定獨立可能發生，臺灣應否置於一個保護國 ── 諸
> 如美國 ── 之下，具有與菲律賓相似的地位？
> 答：雖則島民的生活水準與一般經濟條件也許會提高，
> 但要與華南建立血族關係的願望更堅強，不容許一種平
> 靜持續的保護關係。

80　《狗去豬來－二二八前夕美國情報檔案》，頁 79。
81　臺檔 1 號，1946 年 1 月 28 日，檔號 894A.00/1-2846 CS/L。葛超智親自
　　進行調查臺灣輿論的報告，採用黃文範先生之翻譯。

　　但在 Kerr 的心中，臺人的不受中國政府統治，似爲第一要件。時間在 34 年 11 月，葛超智針對美國聯邦中央提出四點批評。指責美方竟然把接管臺灣的陳儀政權，不當作「中國臨時政府」：

1. 「中國臨時政府」已接受美軍的中國指揮中心爲正式發言人，反應美國的外交政策；
2. 中國指揮中心之決策大多未經研究倉促下達；
3. 中國臨時政府會因此將其差勁決策都歸咎美國；
4. 中國臨時政府已經漏掉「臨時」二字，自認擁有此島嶼的主權。

　　葛超智的意見，與戰略情報處若干高層官員的想法相當吻合。他們對臺灣託管也很熱中，不斷向美國政府提到類似這樣的情報，像是：日本人對傳言福爾摩沙將成爲美國託管的領土非常高興；[82] 福爾摩沙人反對陳儀政府，並想完全排除它。[83] 例如福爾摩沙（情報）站站長摩根便提到：[84]

> 有一段時間，我們一直以電報密集傳回華盛頓詢問，如果中國落入共產黨手中，國務院似乎可以擺脫「開羅協議」，讓美國可以使用福爾摩沙做為基地。大陸上的情勢發展並不樂觀。馬歇爾將軍已經對雙方失去了耐心，而毛澤東的軍隊正在南下。我們在福爾摩沙上留得越久，它在我們心中就變的越大越重要，大到像是非洲那樣大。

　　3. 不理會國務院高層的不同看法，積極併吞日本情治單位，並約制中方但是國務院的看法完全不同。因此，Morgan 接

82　《狗去豬來 —— 二二八前夕美國情報檔案》，頁 126。
83　《狗去豬來 —— 二二八前夕美國情報檔案》，頁 132。
84　《狗去豬來 —— 二二八前夕美國情報檔案》，頁 146。

著寫道：「最後，國務院對我們許多的懇求，禮貌的建議回覆說，我們只要做好份內的情報工作即可，將外交政策留給他們。」[85]

　　由於安藤總督的承諾，日本陸軍也派出軍官，化裝成平民，替美國戰略情報處收集他們所需的資料：[86]

> 日本陸軍現在正派出官員隨同我們的偵測小組前往各地偵察，但這些日本人偽裝成替我們工作的平民雇員。用這種方法取得的情報，品質極佳。

　　陳儀政府後來也發現了美、日情報人員攜手合作這種情況，下令解散日本政府在臺的情報組織。但在戰略情報處主任克拉克的主導下，這些情報人員地下化，並繼續為該單位服務，而安藤上將也「完全配合」：[87]

> 中方已經下令廢除所有的日本情報組織。日本人說中方可能懷疑這些組織為克拉克工作。克拉克已告訴日方遵守中方的命令，但使他們轉為地下化，繼續為他工作。安藤將軍完全配合。

　　或許就是因為日本情報組織的地下化，戰略情報處在臺灣各地，如魚得水，都有情報回報。[88]使得美國在臺灣的情報工作，得藉由極少的人數，而大有斬獲，並且，在此之後，不止屢屢讓陳儀政府頭痛不已，而且延續到後來的蔣家父子政權，甚至到今天。

三、美國海軍情報組織與臺獨人士

85　《狗去豬來 ── 二二八前夕美國情報檔案》，頁146。
86　《狗去豬來 ── 二二八前夕美國情報檔案》，頁80。
87　《狗去豬來 ── 二二八前夕美國情報檔案》，頁98。
88　《狗去豬來 ── 二二八前夕美國情報檔案》，頁119。

（一）早已接觸臺人精英，戰後目的轉向先託管

常有人把臺灣獨立運動的起源，歸咎於二二八事件，認為在該事件之後，將原本臺灣人對祖國的期望完全澆熄、幻滅，其後開始尋求其他的途徑解決政治問題。但事實不然，臺灣獨立運動的先驅黃紀男等人表示，早在 35 年他們就已經開始與 Kerr 合作。從 Kerr 的立場來看，則凡是攻訐陳儀政府及中華民國政府的，都是奧援的對象。Kerr 甚至也主動接觸傾共的人士，特別是媒體人。

1.與「臺灣青年同盟」的合作

黃紀男在自傳中提到，他與鄭瓜瓞、莊要傳、陳瑞謙等人成立「臺灣青年同盟」，初期僅是周末相聚暢談時政，表達對陳儀政府的不滿；[89]參與其事的黃紀男、莊要傳等人都是日治時期的臺籍菁英份子，除黃紀男本身在日據時任職於總督府；莊要傳等人也受過高等教育。日本統治臺灣五十年來，僅有三名臺籍人士通過日本外交科高等文官考試的筆試，莊就是其中之一，雖然這三位最後仍然無法通過面試而不能錄取，[90]但他在光復後也任職於臺灣銀行。[91]他們在日本不公平的統治下，仍能取得相當的成就，因此對空降的臺灣新統治階層有許多不滿，並且結黨付諸實行。

黃紀男至少在民國 35 年已與葛超智相識。〈黃紀男自白書〉

---

89 黃紀男口述、黃玲珠執筆，《黃紀男泣血夢迴錄》，頁 136-137。

90 黃天橫，〈日據時期臺灣籍人考中日本高等考試行政科名錄〉，《臺灣文獻》，44 卷，2-3 期，民 82.9，頁 137。轉引自劉恆妏，〈日治與國治政權交替前後臺籍法律人之研究—以取得終戰前之日本法曹資格者為中心〉，《戰鬥的法律人—林山田教授退休祝賀論文集》，臺北：元照出版社，民 93。

91 在日據時期，莊曾任《朝日新聞》記者。

中表示：[92]

> 民國 36 年 1 月，我認識臺灣美國新聞部長卡脫（Catto）、
> 美國副領事卡爾（Kerr），並得其等支持，與莊要傳、鄭
> 瓜瓞等組織「臺灣青年同盟」。開始從事地方自治之政治
> 活動，同年九月，離臺赴京滬，晉見司徒雷登美國大使，
> 報告二二八事件後臺灣社會政治經濟等情形及經司徒大
> 使轉致中國政府在臺政治改革於十月當即返臺。

　　黃紀男長期從事地下工作，當年若干報告不太可能完全誠
實。這點我們可以從臺檔中美國國務院及領事館多位官員，對
他的評價當中看出，稍後說明。他在〈黃紀男自白書〉中提到
他與 Kerr 等人在民國 36 年認識，但他的回憶錄當中提到 Kerr
早已對他十分熟稔，顯見 Kerr 從前已經密切注意各種優秀的臺
灣人。他回憶到：[93]

> 我在菲律賓時雖常閱讀並翻譯柯爾氏文章，實際上並不
> 認識此人，一九四六年我返臺後不久，去拜訪柯爾氏，
> 他卻對我說：「久仰！久仰！」告訴我說他知道我常翻譯
> 他的文章，令我十分訝異，兩人因此一見如故，相談甚
> 歡，以後一直到他一九四七年四月，被陳儀強令驅逐出
> 境為止，皆時有來往。

2.與中共地下黨控制的媒體人接觸

　　除了黃紀男等人，葛超智等人更看上擁有《自由報》、《人
民導報》等多家媒體，也是茶業公會領導人，又身為省參議員
的王添灯。已經受中共左右的主編蘇新提到（當時尚未通過進

---

92 〈黃紀男自白書〉，警務處刑事警察總隊檔案，民 39 年 5 月 18 日簽報。
　　國家檔案局檔號 0041/340.2/5502.3/11/012。
93 黃紀男口述、黃玲珠執筆，《黃紀男泣血夢迴錄》，頁 137-138。

入中共地下黨），卡托曾透過翻譯陳振興，請王添灯赴美新處的茶會，王與潘欽信、蘇新商量過後，決定參加。王抵達時，在場已經有七八位臺灣紳士。他們一邊跟王寒喧，一方面試探他：「臺灣不能這樣下去了，最好是自治或者獨立，不知道王先生有甚麼高見？」王添灯當場表示：「今天這個茶會真有意思，原來你們都是卡爾先生的好朋友，但真對不起，我是中國臺灣省參議會的議員，你們對我談這樣的問題，未免太失禮！」，並要陳振興轉達 Catto：「請轉告卡爾先生，說他找錯了對象！」[94]

　　3.二二八事件以前 8 個月已接觸「臺獨」，但將訴求轉成「託管」在二二八事件發生前 8 個月，也就是民國 35 年 6 月，黃紀男即已以「臺灣青年同盟」主席的名義，請葛超智轉交一份倡議臺灣獨立的英文請願書給聯合國：[95]

> 此外，我於一九四六年六月便以「臺灣青年同盟」主席之名義，提出英文請願書乙份，請美國當時駐臺領事館副領事喬治·柯爾，幫我轉交給美國政府與聯合國，倡議臺灣應該獨立，在聯合國監督之下舉行公民投票，並成立有如瑞士一樣永久中立國的主張。

　　但 Kerr 當時並未轉交，或許他認爲時機未到，至二二八事件發生，臺灣陷入混亂，才將該請願書取出，並對內容稍作修改，成爲所謂幾百位臺人的聯合請願書。[96]這是黃彰健《考證稿》的重要貢獻，他發現 Kerr 將原本黃紀男倡議的臺灣獨立，改爲希望由聯合國託管，原文如下：[97]

94　蘇新，《未歸的臺共鬥魂》，頁 112-113。

95　黃紀男口述、黃玲珠執筆，《黃紀男泣血夢迴錄》，頁 146-147。

96　詳見黃彰健，《二二八事件真相考證稿》，頁 499。

97　臺北二二八紀念館，檔號 GK-001-0002-018。

In conclusion we dare to say that the shortest way of reformation of the Provincial Government（of Taiwan）is wholly to depend upon the United Nations Joint Administration in Formosa，and cut the political and economical concern with China proper for years until Formosa becomes independent.

Kerr 所變造的內容如下：[98]

In conclusion we dare to say that the shortest way to the reformation of the Provincial Government is wholly to depend upon the United Nations Joint Administration in Formosa，and cut the political and economical concern with China proper for some years. Otherwise we Formosans will become the stark naked.

並在 36 年 3 月 3 日的報告中，向美國政府表示：有八百多名臺灣人代表對中國政府失望，而要求國際託管臺灣。[99]

黃紀男等人的行動，是否在葛超智授意之下採取呢？在民國 38 年 2 月有幾份由「臺灣再解放聯盟」[100]呈交給美國國務院的備忘錄，證明 Kerr 確與這群臺人精英之間曾經有過的合作關係。

（二）日美聯手與臺獨

《臺檔》中另一份資料名為〈臺灣獨立運動與美國〉，由莊

98　George H．Kerr 著，蘇瑤崇主編，《葛超智先生相關書信集（上）》，頁 308。

99　黃彰健，《二二八事件真相考證稿》，頁 502。

100　由廖文毅為首的組織，黃紀男等原屬「青年自治同盟」的成員，大多轉移到該組織。

要傳（又名莊耀郇）與佛朗克林（臺人，但使用英文名字，美國人推測是林益謙）撰寫。莊、林等人在文中將臺灣獨立運動分為四個時期。在其內又發現日本的對臺利益，正與美國相同方向，以下介紹前面的三個時期：

1.投降前後（第一期）的駐臺日軍

首先，他們從這群「獨」派人士的報告當中，得知：日本無條件投降，而依照「開羅宣言」臺灣將移交中國之際，即由日本軍官及部分臺灣皇民士紳發動，企圖以「自治」之名，使臺灣步向「獨立」。這個「自治」組織，後來因為安藤總督反對，而未擴大。[101]但辜振甫見證所指出潛伏的勢力，也就是已經訓練好，而仍未動用的原住民游擊隊，自然不會「消失」。[102]

---

101 辜振甫的回憶錄當中提到這一段經過，黃天才等的原文如下：

　　有一天，臺灣軍司令部兩名中校參謀中宮悟郎、牧澤義夫來訪，表示在中國軍隊還沒有來到臺灣接收前，臺灣可能發生動亂，因為日方已失去統治之權，治安會有問題。他們探詢是不是有組織治安維持會的必要。……辜振甫一看這份名單，心中了然，日本軍人別有用心。他敷衍過了兩名日軍參謀，決心阻止日本少壯軍人的妄動。……中宮悟郎、牧澤義夫這批日本軍人，的確別有所圖；尤其是牧澤義夫，出身情報部門，戰爭末期，他負責訓練原住民為游擊隊，準備美軍登陸時抗鬥。日本投降後，牧澤目標轉移參與策動成立自治組織。林獻堂、林熊祥、許丙和辜振甫等都是他們想利用的臺籍有力人士。

　　……安藤總督在會中表示，日本雖然投降，仍會維持過渡時期的地方安寧秩序。現有部分日本少壯軍人想藉維持臺灣治安為由，籌劃類似「武力運動」之流，一定要加以壓制，以免被誤會是在策劃「臺灣自治」運動。一九四五年八月二十日，林獻堂到總督府訪問安藤，提出三項關於臺灣治安問題時，安藤用很堅定的口吻答覆：他在任中，對於治安維持，自應繼續如前負責為之。種種跡象顯示，安藤有心維持治安，對部分軍人的「自治」計畫並不支持，並明白表示反對。

　　黃天才、黃肇珩，《勁寒梅香：辜振甫人生紀實》，臺北市：聯經，民94，頁？。

102 這股力量後來究與蔣渭川或林正亨，或中共地下黨，或長老會結合？仍

　　美國駐臺當局即把這個「自治」事件當作是臺灣人對獨立付出的第一階段，名之爲「獨立運動與日本當局合作期」。但他們也承認那次行動注定失敗：[103]

> 太平洋戰爭終結時，日本軍方當局敦促臺灣的親日份子與他們合作，爲的是阻礙中國人進入臺灣，而獲得臺灣的獨立。不過，這種打算注定了要失敗，因爲主動發起的是日本軍人，而臺灣人還對大陸中國人的苛政並無所知，所有這些涉及這項打算的臺灣人，後來都遭中國佔領軍逮捕。

2.陳儀來臺初期（第二期 1945.10-1947.春）：獨立運動萌芽期

　　臺獨人士與美國駐臺部分官員的密合及我國官員的反制，就在這個階段出現。第二時期提到的，即是葛超智在臺灣光復之初，與黃紀男等人秘密來往，並推動所謂的臺灣託管運動。[104]

　　前面提到黃在民國 35 年 6 月就請 Kerr 替他遞交所謂的〈臺灣獨立請願書〉。其同黨莊要傳向美國國務院請求協助時，也提到其組織與 Kerr、以及美新處處長卡托（Catto）的「密切」合作關係：[105]

> 在這段期間內，我們的獨立運動萌芽，由黃紀男領導的「臺灣青年同盟」，構成了這個運動的核心，美國駐臺北領事館的副領事柯喬治，以及一些其他的美國人，與這個運動的領導，進入密切的合作。

待查。
103　臺檔 528 號，附錄七。莊要傳、佛朗克林撰，〈臺灣獨立運動與美國〉，1949 年 2 月 9 日，東京美國駐日政治顧問室致國務院遠東司函，密等爲最機密。
104　臺美少數人的獨立與託管運動。
105　臺檔 528 號，附錄七。莊若權、佛朗克林撰，〈臺灣獨立運動與美國〉。

　　他們把與 Kerr 等人合作的這個時段，稱爲「獨立運動萌芽期」，時間則設定在「一九四五年十月起，到一九四七年春」。由此可見，Kerr 與黃紀男等人，企圖使臺灣獨立或被託管，在二二八事件更早之前就已開始。二二八事件，對葛超智來說，正是得寸進尺的絕好機會。

　　莊要傳本人坦言早期他們的活動目的還不是讓臺灣獨立，而是由聯合國託管臺灣。畢竟當時聯合國甫成立所謂的「託管委員會」，託管的制度才剛開始在國際上推行，因此使若干人充滿期待。[106]

　　甚至有傳言表示，美國企圖藉由此種方式，託管整個太平洋上所有主權不明確的島嶼及國家，以形成對蘇聯的完整防線。美國意欲託管的對象，並不僅止於臺灣。這種傳言在外交圈中流行。但是，臺灣以及大陸上的中央當局，都有意滅火，又放出風聲指出是蘇聯在製造謠言。因此，大多數臺灣人無法接受這種理念。[107]

　　當時美國藉由託管的名義伸張其勢力範圍的方式，與蘇聯憑武力建立傀儡政權，並無二致。1947 年 1 月 15 日，韓國臨時立法院決議反對韓國託管，擴大反託管示威。2 月，聯合國安理會通過由美國託管日本舊屬託管的島嶼。因此此種主張立即受到蘇聯、英國等國家反對，就連韓國也不能接受。這些消息也影響到臺灣，使 Kerr 等人的託管論乏人問津。莊要傳提到當時 Kerr 他們的計畫很受挫折：[108]

---

106 反制：聯合國內的反對聲浪之衝擊。
107 莊要傳提到：「不過，這個運動的目的並不在獲得獨立，而在奠定由聯合國託管（臺灣），所以這個運動無法打動知識分子的內心。」臺檔 528 號，附錄七。莊若權、佛朗克林撰，〈臺灣獨立運動與美國〉。
108 臺檔 528 號，附錄七。莊若權、佛朗克林撰，〈臺灣獨立運動與美國〉。

　　　大約就在這一時間左右，韓國人正反對對他們的國家進
　　行託管，這種情形使臺灣知識份子不肯接受託管。

　　雖然乏人問津，Kerr 等人仍刻意推動。此時正值二二七的
緝煙糾紛乍起前後。不祇任職聯合國救濟總署的佩恩（Paine）
也是他們的成員之一，[109]該署內的成員也有部分參與了臺灣託
管運動的宣傳。醫官 Hirschy 寫給佩恩的信中表示，他的朋友
告訴他，宣傳聯合國託管臺灣之事的難度很高：[110]

　　　我盡我的可能向民眾傳佈聯合國將托管臺灣的可能性，
　　然而在目前的情況下，似乎不可能將這件事盡量傳開，
　　並且，也很難讓民眾相信聯合國會關心這問題，大家都
　　以為臺灣太小了。

　　可見葛超智在其作品中大肆宣揚臺灣人祈求美國的統治，
與事實的差距甚大。

　　3.Kerr1945 年 4 月被調走之後（第三期），共黨勢力乍興及
獨派的式微就在「二二八」之後，Kerr 與 Paine 一前一後被調
離臺灣，獨派的接觸管道祇剩 Catto。於是乎獨立運動乃進入第
三期。他們的報告證實了這一點：[111]

　　　因此，不僅黃紀男，而且還有莊要傳，他們的行動，成

---

109 Paine 為情報工作投入甚多心力，著有 *Formosa for whom?*, NewRepublic,
　　1947,May 12,pp. 3;46-47. *Year's end Summary* Report, Regional Office,
　　Prepared by E. E. Paine. December 1946, 6pp.Report by E. E. Paine,
　　（Reports Officer） to Walter D. Fitzpatrick, Director. *Monthly Report*, #1
　　（May）:#2（June）:#3（July）:#4（August）1946.*Confidential History
　　of the UNRRA-Taiwan Regional Office*,（A Parody by Reports Officer E. E.
　　Paine）12pp. 1947.

110 George H . Kerr 著，蘇瑤崇主編，《葛超智先生相關書信集（下）》，頁
　　896-898。本段引用陳榮成在《被出賣的臺灣》，頁 326 當中的翻譯。

111 臺檔 528 號，附錄七。莊若權、佛朗克林撰，〈臺灣獨立運動與美國〉。
　　其中卡托為美新處處長，佩因則任職於救總。

> 為臺灣愛國志士與代表美國當局的卡托先生間的中間
> 人；至於柯喬治與佩因兩位先生，則已回美國。

　　二二八之後不久，由於其地下黨以及外圍組織運作良好，且幾乎全部沒被破獲，中共中央與華東局等大受鼓舞，於是開始在臺擴張組織。民國 37 年時，李榮宗曾印製八千份〈告臺灣同胞書〉在嘉義等地散發，表示臺灣人應該奮起做臺灣的主人。他在民國 41 年被捕，被判 15 年徒刑。四十多年後在接受口述訪問時，談及監獄中政治犯的立場，表示傾向統一的遠多於獨派：[112]

> 高建勝是共產主義及中國統一的擁護者，我則是主張臺
> 灣獨立。當時這兩種意識形態的擁護者在監獄裡的比例
> 相差許多，支持共產主義者高達百分之九十幾，主張臺
> 獨的則少得多。兩派人馬因政治信仰的差異，時有衝突。
> 因我們是少數，故常會被欺侮，例如有次晚上睡覺時被
> 共產主義的支持者蓋棉被毆打；平時「放封」時也都各
> 分兩邊，互不往來，總之兩派的人可說是楚河漢界，涇
> 渭分明。雖說仍會彼此交談，但因為政治價值立場不同，
> 總無法融洽相處。我這十五年都與共產黨支持者關在一
> 起，對共產黨的思想主張、價值好壞都有深入的瞭解，
> 也因此到現在，我對共產黨份子仍然頗為厭惡。

　　即使是到了民國 41 年，在臺灣因反抗政府而被捕的的政治犯們，選擇的仍多是所謂的「祖國」勢力，贊成臺獨的人數依然稀少，更何況民族意識高漲的光復初期。

　　這或許可以反映出葛超智等人，當時雖然大力推動託管，

112　〈李榮宗先生訪問紀錄〉，《戒嚴時期臺北地區政治案件訪錄》第三輯，
　　臺北：中研院近史所，1999 年，頁 1035-1036。

卻始終無法如願的一部分原因。另一大部分原因，則來自這批託管論者與當時操控輿論的中共地下黨人之間，有著競合的奇妙互動。

四、美國「外交」人員與中共地下黨

其實在二二八事件發生以前，Kerr 等人已經透過文宣等手段，既壓制陳儀政權，同時也積極部署在全省各地的情報網，卻沒想到當年已密佈臺灣各媒體（但美國與陳儀當局均無所悉）的中共棋高一着。以下用四個例證來說明：

（一）Kerr 公開主張臺灣地位未定

Kerr 與他的友人卡托、佩因可說是「臺灣地位未定論」最早的倡導者。他們以此論點為主軸，企圖使臺灣人推翻國府的統治而投入美國託管，但託管並不符合臺灣知識份子的需求，因而支持者不多。

莊要傳密絡美國外交人員的報告中，提到 Kerr、Paine 以及 Catto 三個美國官員公開否定「開羅宣言」的法律地位。而且又鼓勵臺人，認為外省人是中國人，要將他們趕出去。倘若能運動開來，美國自會給予「強大援助」。[113]

> ……有一個人要提到，那便是一九四七年元月，馬歇爾將軍承認調處中國國民黨與共產黨失敗。也就在這同一時間，在臺北的美國當局人士，諸如臺北領事館副領事柯喬治、美國新聞處處長卡托、以及聯合國救濟總署的

---

113 臺檔 528 號，附錄七。莊若權、佛朗克林撰，〈臺灣獨立運動與美國〉，1949 年 2 月 9 日，東京美國駐日政治顧問室致國務院遠東司函，密等為最機密。

佩因上校，告訴黃紀男和他的同志：「開羅宣言」由於不是一項國際條約，不能決定臺灣的法律地位，臺灣可請求聯合國進行託管，將中國人趕出去。倘若臺灣人能組成一項有效的運動，以達成這項目標，美國就會願意對臺灣人予以強大援助。

　　Kerr 等人承諾黃紀男等人若請求託管，則美方將提供所謂「強大援助」的內容為何呢？值得詳查。恐怕正是軍事援助。

（二）Kerr 不明敵我只知煽動並擴大事件

1.對親共人員承諾提供武器。

　　二二八事件發生時，實際上掌握處委會的，是省參議員王添灯。也由於他提出的三十二條，讓陳儀跟處委會正式撕破臉。王的得力助手蔡子民、蘇新及吳克泰等人都是中共地下黨的成員。他們表示，事件期間，葛超智也曾經派人，向掌握《人民導報》與《自由報》的王添灯，提出可以支援武器的提議。

　　（1）蔡子民的見證

　　當時擔任《自由報》總編的蔡子民，經常出入王添灯的天馬茶行。他說：[114]

> 我有位陳姓朋友經常出入美國新聞處，經常拿些資料給我看，當時美國新聞處也提供中文新聞稿給我們。二二八的第三天左右，陳姓友人來告訴我說：「Kerr 說如果臺灣人要武器，他可以從馬尼拉送過來！」他要我去告訴王添灯，因為我經常在天馬茶行出入。但我覺得不妥當，告訴了王添灯，王先生說我們臺灣人的事情不要美

114 劉國基整理，〈二二八在北京發言 ──「二二八事件座談會」紀錄〉，收錄於王曉波，《臺盟與二二八》，民 93，頁 346。

　　　　國人插手，不要理他！因此，這事情就不了了之。但柯
　　　　喬治的確有向我們提議供給武器。

　　除了王添灯，Kerr 也把能夠提供武器的消息，告知其他有
能力動員抗爭的團體。

　　（2）吳克泰的見證

　　當時身為中共地下黨員，就讀臺大，並兼職擔任《自由報》
記者的吳克泰也提到：[115]

　　　　我也有證據。當時我周圍有個學生跑來告訴我，說美國
　　　　人願意提供武器，從馬尼拉用快艇運來，只要六個小時
　　　　就可抵達淡水。……學生問我美國人提供武器要不要？
　　　　我回答，美國人提供武器不見得與臺灣人民站在一邊，
　　　　而必然有條件的，我們不接受。

2.公開鼓勵暴動

　　除此之外，葛超智等人更試圖煽動臺灣人武裝起事，並將
事件導向託管。

　　（1）蔡子民的見證

　　二二八之後成為共黨黨員的蔡子民，也看到 Kerr 等人在二
二八事件期間，坐在吉普車上，對示威暴動者叫好。他說：[116]

　　　　另外一個事實如下，當時美國領事館的人坐了吉普車外
　　　　出巡查，碰到臺灣人民暴動現場，則一直豎起大拇指稱
　　　　讚叫好。美國人為什麼鼓勵我們臺灣人暴動呢？這是我
　　　　親眼目睹的。由此可知，美國人當時確有此意，但臺灣

---

115 劉國基整理，〈二二八在北京發言 ——「二二八事件座談會」紀錄〉，頁
　　346。
116 劉國基整理，〈二二八在北京發言 ——「二二八事件座談會」紀錄〉，頁
　　346。

同胞沒被煽起來而已。

（2）李純青的見證

安排在上海《大公報》的地下黨記者李純青也提到。有美國領事館的官員在暴民當中鼓掌與送禮：[117]

> 美國人利用民變大事宣傳，說臺灣人反對中國，希望美國託管，其次希望恢復日本統治。這真是胡說八道。請問參加二二八革命的人物，哪一個是親美的？哪一個贊成託管？……美國帝國主義的特務 —— 臺北總領事館的官員，曾插進群眾中煽動暴動，送香煙糖果，對臺灣人鼓掌叫好。請問，臺灣人對美國的反響如何？沒有。有一個喊口號或貼標語歡迎美國嗎？沒有。只有一次，有個被美國收買的青年，在臺北公會堂提議：請聯合國對臺灣問題主持公道。可憐這位無知的青年話未說完，就被聽眾噓下來了。

（3）其他證據

另外有一位「相關人士」，也敘述在領事館內工作的臺灣青年，也受 Kerr 指使，值得紀錄如下：[118]

> 美駐臺（副）領事卡氏是個日人時代臺北高等商業學校的教授，他住臺北多年，廣交臺灣青年。事變中他大為活動，因此有個領事館所用的青年在會場主張什麼「託管」—— 無異給美國託管，大概是受了卡先生的影響吧。足見葛超智等人極力想擴大二二八事件的紛爭，以便從中

117　李純青，〈石獅嘴裡的石球 —— 臺灣〉，王曉波，《臺盟與二二八事件》，臺北市：海峽學術，民 93，頁 104-105。

118　〈二二八事變的內幕 —— 檢討我們的戰線 ——〉，《前進》第一輯，二二八特輯，臺北：前進社，民 36.7，頁 10。轉引自陳翠蓮，《派系鬥爭與權謀政治 —— 二二八悲劇的另一面相》，臺北：時報文化，民 84，頁 417。

取得最大利益。但是 Kerr 在美國政府中的地位不高，僅為臺北領事館副領事，雖然有上尉軍銜及情報員資歷，但是是否有動用武器的權限值得懷疑，恐怕只是口惠而實不至。但確實在這些情報人員之間流傳。所以蔣經國當年曾在臺灣做短暫停留，也聽聞了一些。他所獲情報有真有假，因此向蔣中正發出的密電中也指出，事件中有人向美方要求武器及金錢，結果「美允 money」，並未同意提供武器。[119]

葛超智等人當時的行為，英國領事館也有所聞，他們對國內的報告中便曾提到：[120]

> 而諸如第十段中所描述之部分美國團體，他們笨拙而富侵略性的行為，皆不可能提高美國在臺的聲望。

（三）連合眾社都被「赤化」並誇大宣傳陳儀的「暴行」

現在看當時大陸的各大媒體，在二二八發生之初，對此事幾乎都得不到多少訊息，僅知道發生暴動，且有死傷。由於這幾個美國人與中共的攻擊目標一致，合眾社得到的錯誤訊息可能與卡托有關，但自願被「赤化」亦係事實。3 月 2 日，合眾社發表被誇大了的新聞：[121]

> 臺灣臺北發生紛擾後，已有三、四千人殞命，此次肇禍原因乃由當地人民不滿該地行政機關所致。殆於二十八日下午，遂以小端而釀成巨禍。

但合眾社也有第一手的報導：

---

119 〈蔣經國致蔣中正密電〉，收於林德龍，《二二八官方機密史料》，臺北市：自立晚報，民 88，頁 176。
120 《二二八事件文獻補錄》，頁 550。
121 《大公報》，民國 36 年 3 月 3 日。

據稱：該地員警係被迫向忿怒群眾開槍。現有百姓多人
擬入美領館避難。此次騷擾是否已蔓延臺灣全區，尚未
確定，迄至一日晚，尚未獲得詳細情形云。

該新聞中提及「現在有」百姓躲入美領館，就是被當時暴
動的群眾追打進去的外省人。能得悉此事，顯見該社記者已與
臺北領事館有所聯繫。但截至 3 月 3 日，領事館發給南京大使
館的報告中，僅提及長官公署門口死亡 4 人；北門事件死亡 25
人、傷百人，與其所謂「臺北已有三、四千人殞命」的報導差
距甚大。

此篇報導背後的情報操作，顯然企圖引起更大風波，以掀
起一陣對中國政府的撻伐。果然，3 月 5 日，在中共地下黨控
制之下的臺灣旅滬同鄉會，召開記者會，加以附和，[122]表示臺
灣有人打電話告知他們，長官公署在 2 月 28 日被群眾包圍抗議
時，架起機槍掃射，四千多名參與群眾有三千多人傷亡。[123]

此種與事實完全脫節的故事，但被一群幕後之人製造出
來，之後以訛傳訛，加上又被有心之人添油加醋，到了史明寫
的《臺灣人四百年史》，二二八傷亡人數已達十萬。

---

122 旅滬同鄉會會長李偉光早已為地下黨員，現今無論官方資料或民間回憶
錄都已面世，並無爭議，且吳克泰、楊克煌、古瑞雲等地下黨員的回憶
錄也都提及。蔡子民整理：〈李偉光自述 ── 一個臺灣知識份子的革命
道路（下）〉，《臺聲》雜誌，總第 28 期（北京，1986 年 11 月），
頁 45：
　　「1945 年 11 月下旬，」李偉光說：「張志忠帶著臺灣文協【文化
　協會】的老朋友蔡【孝】乾的介紹信，從新四軍出來，到上海來找
　我。年底，蔡【孝】乾也到了上海。我安排他們兩人住在我【的】
　療養院，蔡介紹張執一和我聯繫。從此，張執一一直領導我在上海
　的地下黨工作。1946 年 3 月，我設法送張志忠等人回臺灣工作，蔡
　【孝】乾也於 7 月回臺灣去了。

123 《大公報》，民國 36 年 3 月 6 日。

（四）達姆彈疑雲至今未散：美情治人員
隨意詆譭中華民國國軍

　　任職總署的佩恩中校檢定在二二八事件當時，一本被達姆彈擊中的厚重醫學書籍，未經查證即直接認為這粒彈頭是「中國一輛軍車在臺北通過所發射」，並交給美國領事館。[124]其實當年冒充軍警犯案的例子非常多，而且在報上顯著刊載。[125]但是，這位被稱為「美國第一的臺灣權威」葛超智未經查證，即作為報告材料，發文給大使館。他先在3月3日對在南京的大使館報告：臺灣軍警使用國際禁止的子彈屠殺民眾；其後又在3月7日的報告，說明子彈來源，並再次強調軍警對民眾使用此種彈藥。除直接醜化中國政府之外，也似乎意圖激化美國國務院，來介入這個事件。

　　葛超智在《被出賣的臺灣》當中甚至更「細心地」加上是由「路過的巡警」「任意」開火所設，來描述的這顆子彈的由來：[126]

　　　　三月二日…一位臺籍醫生跟幾個朋友帶來一顆軟鼻子彈，這顆子彈是前天中午一個路過的巡警在任意開火時，射入他的醫院，剛好打穿在診所架上的一部厚厚的

124　臺檔33號，1947年3月7日由Daw中校直送南京大使館，未經Blale簽字。

125　朱浤源、楊晨光、黃種祥，〈郭國基、涂光明與高雄二二八〉，《南臺灣社會發展研討會論文集》，屏東：國立屏東教育大學，民97.10。

126　《被出賣的臺灣》，頁263。*Taiwan Betrayed* 之原文為
A Formosan doctor, with several friends, bringing us a dum-dum bullet. On the previous afternoon this random shot, fired by a passing patrol, had entered the doctor's office and lodged in a heavy medical volume on the clinic shelf. Would the Consulate please lodge a protest with the proper authorities? The use dum-dum bullets was outlawed by international agreements.（p.264）

醫學書。他要求領事館向有關當局提出抗議，理由是國際協定上明文禁止使用軟鼻子彈。

楊宗昌認爲佩恩最令他難忘的是，爲臺灣民眾保存「這本夾有平頭子彈的醫學書」，證實當年蔣介石統領下的國軍以非法的子彈，殘害臺灣百姓。[127]但此顆子彈並未傷人，恰巧地打在一本大部頭的書籍上，子彈也完好的保留在書上，真是「完美至極的鐵證」。[128]

惟綜觀整個二二八事件全局，除美國領事館的這項所謂證據外，整個臺灣並未傳出有其他使用達姆彈的案例。且當時國軍消耗的武器彈藥都要造冊具報，臺灣警總的資料中，根本沒有使用過達姆彈一項。[129]而日本在二戰當中使用毒氣與達姆彈的舉動，世人皆知，而在光復初期臺灣地區的武器接收清冊內，也確實出現「榴霰彈」[130]一千多發，這證明在臺灣的日軍確實擁有達姆彈。但以一粒來源不明的彈頭打入一本辭典，即等於中國國軍以此彈「殺人」，則其推論的動機與用意，均深值商榷。

佩恩少校從 1947 年 4 月返美之後，在兩年的時間內，也不斷向報刊與民意代表投書，並到各地發表演說，闡述臺灣的情況；指出中國政府佔有臺灣，於法無據。他呼籲美國政府，停止對國民黨的援助，並極力支持二二八事變中「臺灣人」所提的要求：將臺灣納入聯合國託管區或暫由美國託管。一直到 1949 年 2 月之後，Paine 才結束這些活動。

---

127 楊宗昌，〈佩恩先生 ── 一位目擊二二八事件的美國友人〉，http://www.wufi.org.tw/taiwan/painec.htm，2009 年 12 月 12 日瀏覽。
128 現在此書現在仍收藏在臺北二二八紀念館，作爲二二八期間國軍使用達姆彈攻擊群眾的證據。
129 黃彰健，《二二八事件真相考證稿》，頁 514-515。
130 達姆彈的別稱。臺灣警備總部，《臺灣省軍事接收總報告書》，頁 93-94。

（五）美情治人員擅發報告企圖誘使美國政府介入事件

1.第一次報告與 Blake 的加註（3 月 3 日）

葛超智在 36 年 3 月 3 日發給南京大使館的文中，第一次報告了二二八事件的情況。茲摘要如下：[131]

（1）將事件因果顛倒，並誇大達姆彈，醜化
　　　政府以及美化本省人

其原文中譯如下：「臺灣民眾正在並無組織，也無武器的情況下，與陳儀的政府軍衝突。公署的部隊不分青紅皂白射擊無武裝且有秩序的示威群眾，甚至使用達姆彈，死亡四人，導致群眾整個下午痛打內地人，有些被打死，政府專賣局被搶掠，貨物被焚燒，但這些本省人完全沒有拾取貨物，連黃金跟鈔票都直接焚燒。而北門事件中，二十五人被打死，一百三十多人受傷，甚至有巡邏車使用達姆彈，目前還沒有例子證明本省人在臺北使用槍械。」

「這使本省人不得不開始武裝，但他們仍想與政府和平相處，本省籍警察及軍隊都準備將武器交給本省人，政府則毫無信義的調動五千兵力北上，卻在新竹被民眾搬走鐵軌，無法前進。美國人深得民望，社區安全無事，領事館館員在街頭開車，都受到群眾拍手歡呼。臺灣民間正籲請美國及聯合國干預，至少作一次公正調查，領事館已接受一份上有八百十七人簽名的請願書。」

（2）Blake 加註

葛超智身為臺北領事館的副領事，所有發給南京大使館的報告，當時都由他一力承擔，這點可以由《臺檔》當時的所有

---

131 黃文範譯，《臺檔》32 號，1947 年 3 月 3 日，臺北領事館呈南京大使館。

報告中清楚了解。領事布雷克則是個專職且有經驗的外交官員，嫻熟於相關事務，與出身情報系統且有所圖的葛超智，相處並不融洽。由於葛超智雖然負責寫報告，但仍需布雷克簽字劃行才能呈報，因此 Kerr 無法隨意採取行動。二二八時情勢混亂，布雷克明知葛超智所作的此份報告書別有用心，但在壓力之下仍無奈發出，故於最後提呈報告時，還特別加了一段附註，說 Kerr 的報告「應該由更客觀的方式來呈現」。原文中譯如下：[132]

> 作爲這個單位的主管，對於上述所附的通訊（despatch），我有這份榮譽來報告。因爲它所述尚無錯誤，除了以下可能的例外，那就是臺北主要百貨公司的劫掠案，其中臺灣暴民之參與業經證實。然而，依本人所見，縱使撰寫報告的誠意，經不起絲毫的質疑，國務院與大使館的要求，也許應該由更客觀的方式來呈現達成才好。[133]

132　《臺檔》31 號，1947 年 3 月 14 日，南京大使館呈國務院。黃先生譯文不易懂，茲重譯如上。原文極拗口，爲：
　　I have the honor to report that, as the principal officer at this post, I have signed the accompanying dispatch referred to above since it contains no misstatement of fact, with the possible exception that, in the case of the sacking of the principal department store at Taipei, there appears to have been an established instance of looting for personal gain by members of Formosan mobs. In my opinion, however, the purposes of the Embassy and the Department might perhaps better be served by a more objective style of presentation of the facts being reported and the conclusions drawn therefrom, even though the sincerity behind the presentation cannot possibly be subject to the slightest question. It is accordingly recommended that this observation be borne in mind in the evaluation of this and possibly future mail reports on the same subject, which pressure of other urgent duties and maintenance for me to prepare or, where no factual inaccuracy occurs, to revise in large scale.

133　以上爲朱浤源重譯者。黃文範原譯不易看懂，茲照錄於下：
　　謹以本文報呈，職爲領事館主管，對前述所附呈文簽字，文內未含

　　　　因此謹建議，本報告及爾後可能郵寄同一主題的報告，

　　　　評估這項觀察時，請銘記在心，在其他緊急職責，以及

　　　　維持工作館員關係的壓力下，使職無法辦到在擬稿時，

　　　　不發生事實上的粗忽而作大規模的修改。

　　由此可以看出，布雷克對葛超智的這份與事實有差距的報告有諸多不滿，甚至可能起了衝突，最後在「維持工作館員關係的壓力」[134]下，未做「大規模的修改」。因此，雖然身爲主管，理應確實審核，但由於種種原因，此份報告的真實性他無法保證。布雷克並且舉例，Kerr「美化」了臺灣暴民當時的舉動，並且說他們雖然焚燒專賣局貨物，卻對這些公物毫無貪念。事實上當時不但百貨公司遭到劫掠，許多烏合之眾也搶劫個人財物。

2.第二、三、四份自行發出的報告

　　我們發現：在 3 月 7 日、3 月 10 日這兩天，葛超智又接連撰寫三份報告，布雷克可能因爲忙碌，或不願意再次爲 Kerr 的報告背書，均逕由葛超智以代領事之名，透過大使館副武官，直接送抵大使館。在 3 月 10 日的《臺檔》第 34 號函之中，Kerr 就提到：[135]

　　　　事實的誤述，可能也有例外，臺北大百貨公司遭劫掠下，此間似乎
　　　　證實臺灣暴民份子有劫掠個人財物的例證。然而以職拙見，本報告
　　　　書中提出更爲客觀的方式，所做結論，即令文字的忠實程度，不能
　　　　夠承受最輕微的質疑，但大使館及國務院的目的，或許更能達到。

134　《二二八事件文獻補錄》，頁 516，英國陸軍武官 Miller 在報告中提到：
　　　Kerr 及一位研究日本與臺灣事務的學生，因無法說服美國領事將陳儀政
　　　府的不當施政據實報告，準備辭職，而美國新聞處在臺的辦事人員也可
　　　能因類似的理由辭職，他們並打算回到美國發動新聞界聲援，並揭發國
　　　民黨的腐敗與無能。可見葛超智與卡托當時以辭職威脅布雷克，迫使他
　　　不得不發出 3 月 3 日那份報告，但他同時附上了前述的附註。

135　臺檔 34 號，1947 年 3 月 10 日，臺北領事館呈南京大使館。

由於臺北戒嚴，以及在街頭行走的危險，必須為本館領
事擬呈第 43、44 及 45 號文，此三文領事已預知，但在
環境下，（布雷克領事）暫時不可能簽字，交南京大使館
副武官道中校返京轉呈。

而在 3 月 7 日的報告中，葛超智將臺灣當時的勢力分為四
類。其中第三類力量，就是關鍵：

1.陳儀政府，

2.二二八處委會，

3.另外有個「無法清晰界定、隱藏的組織，對任何來自大
　陸的力量，表示要做充分的抵抗。」

4.最後是準備在事件中混水摸魚的流氓幫派。

Kerr 在這份報告中強調：政府並未遵守與人民的約定，二
二八處委會則匯集了所有臺灣的專業領袖，可以充分代表臺灣
民意；臺灣人民認為臺灣的統治責任在盟軍，尤其美國應該在
支配的地位，如果陳儀政府繼續執政，經濟必然崩潰，共產黨
可能會隨之而來。[136]

至於他所提的第三勢力：「無法清晰界定、隱藏的組織」，
目前亦尚無法確定為何。蔣渭川、蔣時欽所號召的「青年自治
同盟」以臺籍日本兵為主體，對外省人確實比較敵視，但該團
體當時似乎沒有太大動作；若說是中共地下黨，他們照理也不
可能全面仇視來自大陸的勢力。比較合理的推測是，Kerr 想把
自己一力扶持的黃紀男等人，塑造成一個在美國政府眼中對臺
灣有足夠影響力，可以在臺灣「託管」時成為傀儡執政勢力的
團體。另外就是長老會的勢力，也在各都市甚至鄉間、山上若

---

136 臺檔 33 號，1947 年 3 月 7 日，臺北領事館呈南京大使館。

隱若現。[137]

3.第三份報告（3 月 10 日的第一份）

　　他在 3 月 10 日發出的第一份報告，即《臺檔》34 號。在這份報告當中，葛超智主要報告 3 月 7 日處委會向陳儀提出的三十二條要求，但其中 Kerr 耍了一些心機。對二二八事件有瞭解的人都知道，所謂的三十二條要求，加上後續追加的十條，其實有四十二條。

　　今天社會上刻意栽贓給陳儀政府的人，都以為後面追加的十條，是（陳儀所派）特務刻意在會場提出，目的是讓政府有把柄能對付處委會。但如予細究，即可發現事實並非如此。根據當時官方的報紙提到，後面追加的十條分別是：[138]

　　一、本省陸海空軍，應儘量採用本省人。

　　二、警備司令部應撤消，以免軍權濫用。

　　三、限至三月底，臺灣行政長官公署應改為省政府制度，但未得中央核准前暫由二二八事件處理委員會之政務局負責改組，用普選公正賢達人士充任之。

　　四、處理委員會政務局應於三月十五日以前成立[139]，其產生方法，由各鄉鎮區代表選舉該區候選人一名，然後再由該縣市轄參議會選舉之，其名額如下：臺北市二名、臺北縣三名、基隆市一名、新竹市一名、新竹縣三名、臺中市一名、臺中縣四名、彰化市一名、嘉義市一名、臺南市一名、臺南縣四名、高雄

137　長老會當時已在山上各原住民村落建立據點。其數量如何？刻正研究當中。

138　《新生報》，民國 36 年 3 月 8 日。

139　《新生報》原文作「處理會之政務應于三月十五日以前成立」，疑有疏漏，據《中外日報》校勘更正。

市一名、高雄縣三名、屏東市一名、澎湖縣一名、
花蓮縣一名、臺東縣一名，計三十名。

五、勞動營及其他不必要之機構，廢止或合併，應由處
理會政務局檢討決定之。

六、日產處理事宜，應請准中央劃歸省政務局自行清理[140]。

七、高山同胞之政治經濟地位及應享之利益，應切實保
障。[141]

八、本年六月一日起，實施勞動保護法。

九、本省人之戰犯及漢奸嫌疑拘禁者，要求無條件即時
釋放。

十、送與中央食糖十五萬噸，要求中央，依時估價，發
還臺灣省。

　　這十條的內容陳儀並不是特別在意，比較讓他不高興的，
或許是第一條：「本省軍隊盡量採用本省人」。因爲此條在 35
年便已經有人提出，而陳儀早就回答過：這不是一個省級單位
能做決定的，必須請示中央；而要求取消統籌臺灣軍警憲的警
總，也讓他不能接受。至於第九條無條件即時釋放本省人中的
戰犯與「漢奸」嫌疑者，事實上說中了陳儀施政的最大要害。
但在當時以及其後至今的 60 多年，似乎無人論及。

　　一般學術認爲最最嚴重的兩條，則都不在其中：第一，國
軍必須繳械，被剝奪軍事防禦的天職：所有武裝部隊繳械、第
二，陳長官最高行政權被剝奪：長官公署所有政治軍事施政，

140　《中外日報》作「應請准中央劃歸省政府自行清理」。
141　保障山胞權益這一條追加的有些突兀。

必須先向處委會「洽商」。[142]這兩點就是造成陳儀大怒，當場「隨手擲地三尺以外」，導致代表們「眾皆相顧失色」，[143]其後便斷絕了所有政府與處委會的協商，並且向蔣總統致電，表示已經決心清除奸匪叛徒，不容其遷延坐大。因此，「三十二條」才是刺激陳儀決定以鎮壓方式解決問題的直接原因。

　　美國領事布雷克當年就看得很清楚。他當即表示，陳儀若接受所謂的四十二條要求，中國對臺灣的主權將形同失去。[144]即使受合眾社消息影響的明尼蘇達州的《波利論壇報》於 1947年 3 月 31 日大篇幅報導「中國軍隊鎮壓民眾的暴行」，但該份報導也承認，三十二條這些要求，已「近乎獨立」。[145]

　　王添灯等人前往長官公署提出四十二條，被陳儀斥退後，王在其經營的《人民導報》上所刊登的三十二條，真的僅有三十二條，少去的是最敏感的部份：

　　1.對於目前的處理

　　一、政府在各地之武裝部隊，應自動下令暫時解除武裝，
　　　　武器交由各地處理委員會及憲兵隊共同保管，以免
　　　　繼續發生流血衝突事件。

　　二、政府武裝部隊武裝解除後，地方之治安由憲兵與非
　　　　武裝之警察及民眾組織共同負擔。

　　三、各地若無政府武裝部隊威脅之時，絕對不應有武裝

142　〈陳儀呈蔣主席三月庚電〉，《二二八事件資料選輯》（二），中研院近史所，頁 110。陳儀在報告中對蔣提到不與討論，嚴詞訓斥這幾條要求。

143　李翼中，《帽簷述事》，《二二八事件資料選輯（二）》，頁 384。「聞吳國信言，陳儀於公署四樓接見黃朝琴等，批閱綱要序文未畢，忽赫然震怒，隨手擲地三尺之外，遂離座，遙聞屬聲，毫無禮貌而去，眾皆相顧失色。」

144　臺檔 41 號，1947.04.06，檔號 894A.00/4-647。

145　臺檔 40 號，1947.04.11，檔號 894A.00/4-447，附檔。

戒鬥行動，對於貪官污吏不論其為本省人或外省
人，亦只應檢舉轉請處理委員會協同憲警拘拿，依
法嚴辦，不應加害而惹出是非。

四、對於政治改革之意見可條舉要求條件向省處理委員
會提出，以候全般解決。

五、政府切勿再移動兵力或向中央請遣兵力，企圖以武
力解決事件，致發生更慘重之流血而受國際干涉。

六、在政治問題未根本解決之前，政府之一切施策，（不
論軍事、政治）須先與處理委員會接洽，以免人民
懷疑政府誠意，發生種種誤會。

七、對於此次事件不應向民間追究責任者，將來亦不得
假藉任何口實拘捕此次事件之關係者。對於因此次
事件而死傷之人民應從優撫恤。

2.根本處理

甲、軍事方面：

一、缺乏教育和訓練之軍隊絕對不可使駐臺灣。

二、中央可派員在臺徵兵守臺。

三、在內陸之內戰未終息以前，除以守衛臺灣為目的之
外，絕對反對在臺灣徵兵，以免臺灣陷入內戰旋渦。

可見王添灯自己也很清楚已經觸碰到陳儀政府的逆鱗，刻
意想淡化這件事。處委會更是馬上在隔天聲明「三十二條」並
非出於公意，有許多需要重新商榷之處：[146]

查三月七日本會議決提請陳長官採納施行之卅二條件，
因當時參加人數眾多，未及一一推敲，例如撤銷警備總

---

146 李翼中，《帽簷述事》，《二二八事件資料選輯（二）》，頁 387。

　　　　部、國軍繳械，跡近反叛中央，決非省民公意。又如撤
　　　　銷專賣局，固為商人所喜，然工會則不贊成，殊不足以
　　　　代表本省人民利益。

　　但為時已晚，對處委會死心的陳儀已經無意交涉，加上大
陸派來的援軍從 8 日晚上開始陸續抵達基隆，武力鎮壓已無可
避免。

　　由處委會的聲明當中，我們可以看出，陳儀收到的版本確
實是《新生報》所報導的版本，而非王添灯所發行的《人民導
報》上面的刪節版。這些可以證明，王添灯確實欺騙了臺灣人
民，沒有將讓陳儀震怒的條文確實告知大眾，企圖取巧逃避自
己的責任。

　　葛超智對美國政府的報告在 3 月 10 日發出，應該已經清楚
的了解來龍去脈，但他仍故意遞出王添灯的刪節版本，並且又
再加以小幅修改，想給美國政府一個印象，二二八處委會不但
是合法又得民心的團體，他們提出的要求也是既溫和又適當，
而這樣的團體卻正遭受陳儀政府的迫害，美國怎能不插手呢？

4.第四份報告（3 月 10 日的第二份）

　　葛超智在 3 月 10 日發出的第二份報告，繼續以詆毀中國中
央及臺灣省的政府之方式，「恐嚇」美國國務院，認為如果陳儀
繼續執政，則「臺灣人民必將繼續暴亂直到被共產黨控制」，接
著又引誘國務院，主張要陳儀去職，由文人擔任首長。他也對
國務院曉以大義，說如此一來，臺灣可以成為美國經濟、交通
的據點。他說：[147]

　　　　美國惟有在支持蔣主席作第二種抉擇才能有利，那也就

---

147 臺檔 35 號，1947 年 3 月 10 日，臺北領事館呈南京大使館。

是撤換陳儀將軍。美國也惟有鼓勵以一位自由派的省長，在他治下，臺灣能發展為一項經濟資產，達成了自北海道延伸到菲律賓島連鎖中的一環方始有利。

緊接著，Kerr 又寫道，連蔣中正的地位也應該加以否決；因為臺灣是美國的「一項資產，而不是軍事負擔」，因此不該拱手讓與。原文如下：[148]

> 假使承認蔣主席在大陸的地位，會有更進而分崩離析的可能，美國更應該保持這個戰略性的海島，作為一項資產，而不是軍事負擔。在中國大陸上，沒有一個省能提供這麼多可以匹敵的資產：五十多個機場，兩處現代的海港，一個高度開發的交通體系，鄉野農業富裕，而人口相當稀少，受教程度高，政治上統合一致。

（六）駐華資深外交人員的附註與 Kerr 去職

但是，布雷克在同一函內所報告的附註，引起大使館注目。代理大使白德華在將葛超智的報告轉呈國務院時，不但附上了布雷克的批註，也加上了非常拗口而值得玩味的這段批示：[149]

> 這些報告（按：臺檔第 32-35 號等四份報告）在閱讀時，應當徵諸事實，即臺北領事館在臺灣當前的不安下，受有非比尋常的工作壓力；時間因素，使得擬稿官員在這幾份報告之中，需大致接受資料，未能評估，而主辦官員未能如正常在提呈資料時，加以充分檢查。

總之，Blake3 月 10 日的附註，與 Butter Worth3 月 14 日的批示是 Kerr 被吊離臺北的最重要基礎。這群訓練有素的正統外

---

148 臺檔 35 號，1947 年 3 月 10 日，臺北領事館呈南京大使館。
149 臺檔 31 號，1947 年 3 月 14 日，南京大使館呈國務院。

交官員，或明示，或暗示：Kerr 提送的資料，他們不以爲然。對於 Kerr 的這幾份報告的可信度，當時就已經打上了大問號。也因此大使館迅速採取行動，令 Kerr 即於 3 月 17 日，返回南京「述職」，並在 5 月被解除職務。從此以後，Kerr 終生再未踏足臺灣。

五、美國、中共與「臺灣再解放聯盟」

（一）慌亂中的臺北美國新聞處

二二八事件後，雖然中華民國政府自認寬大處理，但是當時的環境一方面使部分臺籍人士對國府的統治更加「失望」，二方面又給反對政府的各種運動製造發展的機會。不但中共地下黨在臺灣的勢力有數倍的成長，託管運動在臺灣和美國也取得一些發展。

事件過後，流亡海外的臺籍人士組成各種團體：36 年 4 月，吳鎮南在日本橫濱創立「臺灣住民投票促進會」。5 月，林白堂在日本京都成立「臺灣民主獨立聯盟」。5 月 30 日，廖文奎、廖文毅、黃紀男等在香港成立「臺灣再解放同盟」。[150]其中，「臺灣再解放同盟」的領導者廖文奎、廖文毅兩兄弟，出身雲林西螺望族，都留美，分別是芝加哥大學政治哲學博士及俄亥俄大學工程博士，其背景讓美國人比較放心，而黃紀男等十分活躍，更使該團體受人矚目。

二二八事件之後，反國民黨的勢力亟思整合，當時領導「臺灣再解放聯盟」的廖文毅，與在香港的中共地下黨勢力一度合

---

150 史明，《臺灣人四百年史》，頁 1100。

作。當時因政府通緝，躲在香港避難的謝雪紅、楊克煌、蘇新等，與廖文毅互取所需，合辦過反國民黨的雜誌，廖甚至拿錢出來辦訓練班培訓人材，但最終因為雙方理想差距太大，還是不歡而散。

　　但他們畢竟曾經有過夥伴的關係，蘇新等中共黨人，對廖文毅以及其所屬的團體背景知之甚詳。而且中共地下黨在雙方斷絕合作之後，仍然有數名幹部潛伏在其中，成為「臺灣再解放聯盟」最大的威脅。[151]《憤怒的臺灣》見證，該團體所進行的臺灣託管運動，其實是美國在香港情治人員利用聯合國救濟總署的外殼，所積極推動的。蘇新說：「美國新聞處長卡度是這個運動的牽線人，利用『聯總』或美國的船，派遣情報員黃其南（黃紀男）經常來往臺、滬、京、港、日之間從事活動。」[152]

　　1947 年 10 月 15 日，香港《華商報》報導，臺北的美國新聞處長向臺灣某參政員表示：[153]

> 開羅會議公報和波茲坦宣言雖然規定將臺灣歸還中國，但對日和約未締結以前，臺灣的歸屬實尚未確定。美國有意將大西洋憲章適用於臺灣，那個時候，臺灣人可以由自己的意志來決定臺灣的歸屬。

　　顯見卡托又重操故技，一方面主張託管，一方面推廣所謂的「臺灣地位未定論」。

　　莊要傳的報告也提到，卡托直接煽動臺灣民眾進行武裝暴

151　〈臺灣再解放聯盟案〉，檔案局檔號 0038/340.2/5502.3/12/005，該聯盟宣傳部負責人有兩位，分別為蔣時欽與宋非我。根據《吳克泰回憶錄》，蔣時欽早在民國 35 年就與他一起在上海加入中共地下黨；〈劉青石回憶錄〉則提到宋非我當時替廖文毅進行走私工作,但他同時也是地下黨員。
152　莊嘉農，《憤怒的臺灣》，頁 180。
153　莊嘉農，《憤怒的臺灣》，頁 178-179。

動：[154]

> 卡托先生親自建議，臺灣人應該試圖再來一次暴動，在
> 這一次，美國定會派出部隊來救他們。

由上述可看出，他要求臺灣人「再來一次暴動」，而「這一
次」美國定會派部隊來救援，明顯可以看出，Kerr、Catto 之前
必然已經以美軍的援助爲誘餌，慫恿過臺人發動暴亂。在這段
期間之內，臺灣人發動過的暴動只有二二八事件，則葛超智等
人在當時進行煽動企圖擴大事端確是事實。但莊在另一篇備忘
錄裡又提到：[155]

> 爲了我們這一極爲重要的政策，我們一部份深受卡托先
> 生的恩惠。雖則他建議我們試圖在一九四七年夏季來一
> 次暴動，卻在一九四八年元月及二月，反覆勸說莊若權，
> 民間暴動並不會給任何人帶來快樂和好處，惟有經過國
> 際管道……

卡托原本打算藉著煽動臺灣人武裝暴亂從中取事，但不知
道是形勢出了變化，亦或是他感受到自己被人盯上，而在行事
上更加謹慎，要莊要傳等人停止暴動的準備。但卡托的活動早
就引起國府方面的密切注意。1948 年 3 月 1 日，立法院長孫科
在臺北召開記者招待會，公開攻擊駐臺美新處及美國領事館。
同月，卡托被調走，副領事及臺籍通譯員也被撤職。[156]

（二）Catto 等人也被調回及臺獨論的崛起

---

154 臺檔 528 號，附錄七。莊要傳、佛朗克林撰，〈臺灣獨立運動與美國〉，
　　1949 年 2 月 9 日，東京美國駐日政治顧問室致國務院遠東司函，密等
　　爲最機密。
155 臺檔 528 號，附錄四。莊要傳、佛朗克林撰，〈我們獨立運動的特色〉，
　　1949 年 2 月 9 日，東京美國駐日政治顧問室致國務院遠東司函。

卡度被調職可能是美方改變戰略的分水嶺。繼任者爲美國前駐漢口新聞處長康理嘉（Richard P. Conniun）。他抵臺後三天便召開全臺情報員會議，檢討過去「託管運動」的失敗，並決定新的方針：[157]

> 今後不可再提「託管」，因為臺人排外性強，不能接受。臺人大多數反蔣，但又不願受外國人統治，所以利用臺人的反蔣情緒，搧動「獨立」。主要的目的是使臺灣在蔣垮臺後，不致於淪入中共手中，為此，必須培養親美勢力，以控制將來臺灣之政權。以臺灣「獨立」為號召、組織群眾，進行反蔣運動，同時製造反蘇、反共、親美的情緒。

從此，包括「臺灣再解放聯盟」在內，美國對臺工作的方針就由「臺灣託管」轉換成「臺灣獨立」了。

民國 39 年 10 月，高雄市警局偵辦所謂的「愛臺同志會」案，該團體進行反政府的宣傳運動，並散發「臺灣需要中立」等傳單。後來查出其背後的扶植者正是美新處專員康倫（Conleun？Conlon？），[158]而該團體爲「臺灣再解放聯盟」的臺灣分會。[159]由此可知，即使是葛超智、卡托等人離開臺灣，那股神祕的力量仍透過美新處，操控著臺灣的獨派勢力，試圖將臺灣納入美國的麾下。

其後，「臺灣再解放聯盟」不斷對美國提出各種要求，包含請求美國出兵驅逐臺灣、澎湖島上的一百多萬「非臺灣人」，

---

156 莊嘉農，《憤怒的臺灣》，頁 180。
157 莊嘉農，《憤怒的臺灣》，頁 180。
158 懷疑此一康倫與處長康理嘉應係一人。其詳仍待查。
159 高雄市政府警察局檔案，〈愛臺同志會〉，檔號 0039/215/002。

[160]將其集中並遣返，[161]扣留他們的所有財產，[162]並整肅所有反獨立人士（尤以共產黨及貪腐公務員）。[163]而臺灣將成立「聯合國監督」之下的獨立政府，美國可以在任何時間調派艦隊，臺灣大部分空軍機場也都由美國直接管制。[164]該聯盟又要求美國，讓多方協助該聯盟的香港副領事謝偉思（Service）及已回到美國的葛超智，成為美國軍事佔領臺灣後的委員會的顧問。

（三）美國國務院及中情局的冷處理

即使黃紀男等人不斷吹噓該聯盟在臺灣擁有上百萬的會員，並表示在「美國來接收」後，準備犧牲數以十萬計的臺灣人－包括他在內，血洗起事。聲稱孫立人正試圖和他連絡，提供武器與兵源支持，又表示彭孟緝正試圖協助中共。[165]希望能引起美國政府的重視。

但美國政府對該聯盟的實力其實知之甚詳。而香港副領事的反應，也出乎該聯盟意料。謝偉思便表示：臺灣人大多為農民，不可能有六分之一人口這麼有政治意識，加上該聯盟領導人廖文毅缺乏奉獻、熱誠及鼓動人心的領導才能，判斷該組織規模不可能太大。[166]

臺北的領事麥唐納則表示，黃紀男只集中心力在散發宣傳品，且該聯盟僅在政府最低層有成員，對中上層的態度則完全

160　康倫一直認為「中國歸中國，臺灣歸臺灣」，標準的臺獨主張。
161　臺檔 528 號，附錄九，〈為臺灣獨立向盟國最高統帥陳情書〉。
162　臺檔 528 號，附錄一，〈我們要求臺灣獨立的主要原因〉。
163　臺檔 549 號，附錄二〈臺灣獨立後國家政策的補充說明〉。
164　臺檔 528 號，附錄六，〈臺灣獨立運動與美國〉。
165　臺檔 567 號，檔號 894A.01/8-549，但美國人並不相信他的這些說法。
166　臺檔 599 號，1948.12.23，檔號 894A.02/12-2348。

不清楚；他們缺乏武力，只不斷想要使用盟軍總部的兵力及日本部隊來起事，他的結論是：[167]

> 我們應該阻止這種莽撞的行動，沒有明確的計畫與目標，而打算謀殺成千上萬臺灣人，對其頭腦清楚與否置疑；本人已安排與他未來會面，以保持接觸，但對他聲稱領導六百五十萬臺灣人，甚至其中的一小部份，都完全不予置信。

盟軍東京政治顧問室的負責人西博爾德（Seabold）也認為：[168]

> 以本人看來，「臺灣再解放聯盟」並不是一個非常有效率的組織，迄今為止，該組織也不能決定本身的真正性質及各種潛力。以所見它的代表判斷，這一聯盟的活動路線，似乎很難指望會得到別人的追隨或信任、支持。

後來，美國國務院表示：「本院認定黃紀男所言誇張，大多不可信。」[169]後來更由國務卿艾奇遜下令：「今後黃紀男之消息除非特別重要，他的情報用航寄即可（不需使用電報）。」[170]此後，美國對臺灣的獨立勢力異常冷淡，恐怕與該聯盟帶給美國惡劣的印象不無關係。

六、葛超智對臺灣託管的執著與理想

至於葛超智被調回南京大使館後，經過調查，認為其報告確有不合事實之處。加上除了 Blake 的警告外，陳儀與蔣經國

167　臺檔 567 號，1949.08.05，檔號 894A.01/8-549。
168　臺檔 528 號，1949.02.09，檔號 894A.01/2-949。
169　臺檔 551 號，1949.05.06，檔號 894A.01/5-249。
170　臺檔 559 號，1949.05.11，檔號 894A.01/5-1149。

在對蔣中正的報告中，都提及美國領事館在二二八事件當中的
諸多不當行為，這些指控，應該也與 Kerr 被調離不無關係。同
年 4 月 10 日，Kerr 再奉命對白崇禧赴臺宣慰任務提出備忘錄，
但其內容全為負面的評價，否定了中華民國政府所有相關的撫
慰及調查行動；這種結論讓代理大使白德華在轉呈其備忘錄予
國務院時，不得不加上批示。Butter Worth 的批示，更加明白
具體，他指出 Kerr 的「評論與措辭過於武斷與刺耳」，「越來
越難有冷靜、公正的評論」。原文如下：[171]

> Kerr 副領事撰稿的備忘錄，係應本館要求而作，以 Kerr
> 先生對臺灣情況的知識觀點，談白部長活動可能影響的
> 分析。Kerr 先生就臺灣流血事件，以及後來對臺灣代表
> 份子的殘暴壓制所作的個人觀察，或許他的論調較高，
> 但評論與措辭過於武斷與刺耳。然而，目前陳儀政府繼
> 續在臺灣執政，似乎也就越來越難有冷靜、公正的評論。

美國駐南京大使館的最高長官的這份報告，相當於對他的
能力作了不適任的評價，自然會導致 Kerr 在 5 月中被送回美
國，甚至最後剝奪了他的公職身分。而 Kerr 也因此與國務院結
了「不解之仇」。[172]

（一）既批國府也批國務院

經過了 44 年的葛超智本人，對自己離職的說明，則是反過
來的。他說：[173]

---

171 臺檔 44 號，1947 年 4 月 15 日發文，由南京大使館發往國務院，檔號
894A.00/4-1547。
172 但是他仍未死心，還透過各種管道為文鼓吹，以及直接上書。
173 司馬文武，〈壇島一老人，臺灣見證者〉，《新新聞週刊》210 期，民 80.3，
頁 75。

他目睹國民黨當年的血腥鎮壓，極為厭惡，對美國國務
院的官僚無能，十分失望，所以離開臺灣之後就辭職不
做外交官，改行做學術研究工作。

蘇瑤崇也替 Kerr 緩頰，說他離職是被召回國內述職：[174]
是以其去職應非一般所謂被驅逐出境，而是長期以來與
陳儀政府，以及與領事不合所致，其工作已無法遂行，
以致被召回國述職。

但王呈祥指出，上述說法都不合事實，只是遮羞而已：[175]
葛超智遭到「撤換」與「驅逐出境」之說法，雖未於官
方紀錄中獲得證實。然蘇瑤崇稱「被召回國述職」之說，
亦與事後發展不合，如葛氏係「被召回國述職」，為何回
國之後，「述職」反成「去職」，甚至離開外交部門，而
非改派其他外交、軍事單位，因此「回國述職」之說，
並非事實。實則葛超智因其在臺諸多不當作為，遭國務
院「免職」懲處。至於葛超智對外宣稱「主動辭職」與
受「行政迫害」說法，則明顯為遮掩遭「免職」之羞。

與現實情況及資料比對，明顯王的說法較符合事實。

（二）再撰文鼓吹並親自奔走

葛超智回到美國之後，多次就臺灣問題上書國務院，並向
媒體投稿。他的論點始終並無太大改變，如 1947 年 6 月 9 日他
上書國務院，表示在二二八事件中，負責的臺灣人一致同意臺
灣必須交付聯合國或美國暫時監督管制，不然會變成共黨國

---

174 蘇瑤崇，〈葛超智先生（George H. Kerr）託管臺灣論之思想與影響〉，《歷
　　史、地理與變遷學術會議論文集》，嘉義大學，民 92。
175 王呈祥，《美國駐臺北副領事葛超智與「二二八事件」》，頁 290-291。

家。[176]

　　1948 年，他找上了參議員鮑爾、洛克斐勒三世等，並再次致函國務院遠東司，表示他在臺灣的線民們告訴他臺灣即將發生比二二八事件規模更大的武裝抗議，若美國還不願意介入，臺灣人終將選擇共產黨；而美國將永遠失去臺灣這個戰略上極重要的基地。[177]他所提到的臺灣人暴動，或許正與前面所提卡托煽動「臺灣再解放聯盟」起事有所關聯，一個鼓勵臺灣群眾起事反抗政府，一個則通報此消息，試圖說服美國政府下決心介入臺灣政局，趕鴨子上架。但後來卻因親共媒體的大肆宣傳，導致孫科的公開抗議，以及卡托的黯然離臺，此事也就不了了之。

　　1949 年 1 月 7 日，葛超智又致函遠東司，表示臺灣人民從 1938 年就很羨慕菲律賓能成為美國的屬地，到 1945 年，更是經常有人談到臺灣需要美國的干預。建議以公投方式，在臺灣建立一個可以執行「美國方案」的自治政府，進行「現實政治」，並且另外設立一個「軍政府」，控制本島重要機場及基地；儘可能安排大量華裔美國公民擔任顧問職位，只要事先約定一個時間，表示將舉行公投並進行美國人的撤退，便能將國內及中國的批評減到最小的幅度。[178]

　　同年 1 月 23 日，葛超智再致函遠東司。在建議當中，他終於「露出了馬腳」，要把「臺灣加上菲律賓」，「列入我們從屬的民族目錄」。原文中譯如下：[179]

176　臺檔 53 號，1947.06.09，檔號 894A.00/5-2647。
177　臺檔 321 號，1948.03.29，檔號 894A.00/3-2948。
178　臺檔 81 號，1949.01.07，894A.00/1-79CSBM。
179　臺檔 80 號，1949.01.23，894A.00/1-239CSBM。

宣佈它（臺灣）是一處特別經濟及政治實驗區，「條約未
訂」期中，做一段時期的開發，我們自己保留軍事的控
制，但予臺灣人以最大的自由，選出自己的政府……一
項爲臺灣發展，以及在我國保護下成立自治政府的五年
或十年的計畫，會對殖民地的荷蘭或法國，提供甚麼重
要的壓力嗎？如果我們能把臺灣加上菲律賓，列入我們
從屬的民族目錄，進入一個民族自決的新時代，一旦民
主世界與極權世界一定要做最後的攤牌時，我們這一方
就增多一片地區了。

12 月 18 日，葛超智再致函無任所大使約瑟普，表示美國
對臺灣的政策，要不是全面放手，就是全面干預。他仍強調應
設定特定年數，在託管之下建立一個臺灣地方自治政府，甚至
將臺灣與東南亞非共國家以及菲律賓、沖繩、日本合成一個經
濟聯邦，「也許在由許多共黨自治政府小國聯邦的鼓舞中，尋求
一種支配整個亞洲的不同方式。」[180]

葛超智期望美國稱霸世界的強烈愛國心，實在令人動容。
許雪姬也認爲：「George Kerr 一生都在推銷其『臺灣託管論』，
並非他獨愛於臺人，實以美國利益爲出發點。」[181]只可惜當時
杜魯門總統對他的主張並無興趣，記者問到關於臺灣的問題
時，杜魯門即表示：

我不能回答這個問題，因爲那不是一個自由國家，它是
國民政府中國的一部分，而我們依然承認國民政府就是
中國的政府。

美國政府的立場看似堅定，葛超智的建議始終無法付諸實

---

180 臺檔 135 號，1949.12.24，894A.00/12-2449。
181 許雪姬，《林正亨的生與死》，南投：省文獻會，民 90，頁 44。

行。但其實美國透過政府各部門的各種管道，也在多方試探各種介入臺灣政局的可能性。

　　1949 年 7 月 7 日，美國領事館邀請林獻堂前往，在秘書陳士賢的介紹下與美國人會談，詢問臺灣人是否希望由日本統治、林是否能組織反共的團體，並表示臺灣人若能組織一個鞏固的團體，美國甚願幫助。[182]這些事情很快被他加入中共地下黨外圍組織的侄子林正亨得知，甚至要求林獻堂代爲介紹領事館的美國人見面，但被勸止。[183]

結　論

　　經過前後將近十年的努力，作者既從人文學探索與校勘，也從社會科學取徑，切入歷史，用美國官方，特別是葛超智（George H. Kerr）在臺時期爲主的檔案，再博覽其他檔案、報刊、回憶錄、訪問紀錄、日記以及專書等，來看美國官方在二二八事件當中，葛氏與其同事的言行以及相互間的關係。本文就是其中的一部分發現。

　　本文最主要的發現是以美國官方的檔案，將美國政府對臺工作團隊的內部矛盾，做了詳細的梳理，從中釐清以 George H.Kerr 爲主的對臺情報人員，在臺灣於光復之後，時代巨輪快轉的時刻，仍以比較老舊的意識形態，作爲永不撼動的標竿。根據 Richard Bush 晚近的批評，再經本文進一步查證，發現其背後的指涉，應係美國現政府對於 Kerr 昔年言行的直接否証（refute）。

182　林獻堂著，許雪姬主編，《灌園先生日記》，臺北：中央研究院臺史所、近史所，1949 年 7 月 7 日。
183　林獻堂著，許雪姬主編，《灌園先生日記》，1949 年 7 月 12 日。

　　對於葛超智，陳翠蓮也傾向這個說法，她以民國 38 年初已經返美兩年的 Kerr，能夠提出詳盡的接管臺灣計劃來證明。她指出：葛超智繼續與新成立的 CIA 連絡，並且念念不忘接管臺灣。[184]

> 一九四九年元月，柯爾提供了一份備忘錄給在 CIA 工作的前軍事情報局之老長官斐提格上校（Colonel Moses Pettigrew）。這份備忘錄是一份堪稱設想周全的美國接管臺灣計劃，柯爾稱之為「美國計劃」（American Program），該計畫的目的在於：（一）不使臺灣淪入對手的共產黨手裡，美國打算干預；（二）干預行動務必要盡量降低外界對美「帝國主義」的批評，或影響美國的聲望與國際領導權；（三）從國內經濟的利益來看，此行動必須將成本降至最低，並使臺灣經濟能夠自給自足維持政府之運作，並對遠東的經濟安定作出貢獻。

　　以降低外界批評的方式，既穩定臺灣之經濟，甚至使之對遠東經濟作出貢獻，但是同時干預臺灣政局，這是非常深刻的觀察。陳教授的這段引錄，道盡了中華民國在臺六十年的歷史。但是從學術上看，陳翠蓮的「證物」比較間接。

　　本文的主軸，就在增補上述美、中（華民國）兩國 2 位學者的論斷，以具體史料爲事證，建構美國情報機構於戰後立即與敵國日本攜手，並且轉向對付友邦中國的故事。

　　從中細膩處理這一則國際與國內同在結構轉型的巨變期間，所生之糾葛。藉此，亦期針對當年所爆發二二八事件的內容與原因，有了進一步的觀察與了解。特別是與葛超智有關的

---

184 陳翠蓮，《派系鬥爭與權謀政治－二二八悲劇的另一面向》，臺北：時報，民 84，頁 421。

部份。

　　職是之故，這種意識形態從政治思想的角度，比較容易了解，它的重要內容如下：

　　一、基督的神國以及基督教會所發展開來的美利堅合眾國的民主議會制度，是全世界最優良的制度。

　　二、第一次世界大戰結束時美國總統 W.Wilson 的「民族自決」，正為各民族所必信守的最高準則。也因此，臺灣人（Formosan）不同於中國人（Chinese），應該要獨立。

　　三、第二次世界大戰結束前後所流行的託管制度，是各未開發民族尋求發展的捷徑。臺灣亦然。臺灣在獨立之前，「暫」由美國軍事託管。如此作業，既合臺人利益，當然更合美國利益。

　　四、羅斯福總統的「開羅宣言」不具法律效力，而且杜魯門總統的國務院及駐華（含駐臺）的正統外交人員，並不真正了解臺灣。只有受過情報訓練，且潛伏臺灣多年的 Kerr，才是美國第一流的臺灣權威。Catto，Paine 等人也比國務院更了解臺灣，主因他們曾經接受過 OSS 委託哥倫比亞大學臺灣工作小組的「攻佔臺灣」集訓。因此，Kerr 以及上述諸人，到了戰後，還想要繼續昔年攻佔臺灣的「使命」，在臺灣進行多方面介入的工作。

　　五、Kerr 等情報員脫離純粹的情報工作，轉而成為宣揚暫時託管以及終極臺獨的「政治牧師」，四出傳播「臺獨」與「託管」福音。但沒有料到，在中國政府駐臺的機構，以及臺灣人民的各種組織之中，特別是媒體人，已被中共所掌握。Kerr 終其一生，不知其週遭甚至其住處，多為中共人員或外圍份子所佈間。

　　六、美國國務院的官員則非常清楚自己的使命以及工作權限，故對於其屬下：駐臺副領事 Kerr 的作為以及報告的內容，多不能接受。由於出面禁止無效，只好一方面放任其自行發文，但同時用旁註方式，提醒上司注意。

　　本文具體指出：出身長老會世家的 Kerr，除了具有濃烈的不燬的荊棘的特色之外，非常堅持先入為主的理念，而且採取許多積極並且過於率直的手段來執行。為了佔領臺灣，他以及其他少數幾個美國情治人員必須打擊主要「敵人」中華民國政府，特別是治理臺政的陳儀行政長官公署。又由於急於立竿見影，因此不知不覺之間，踰越情報人員不得公開活動的鐵律，在各地胡亂接觸與結合所有反對勢力與異議團體，對不同背景之人，曝露其慫恿臺獨的心態，攻訐駐在國政府，甚至公開鼓勵、贊成、參與暴動。最後，還答應提供各種武器，雖然他毫無政治影響力；不祇白宮與國務院，五角大廈也不會聽他指揮。

附件一、《臺北高等學校一覽》

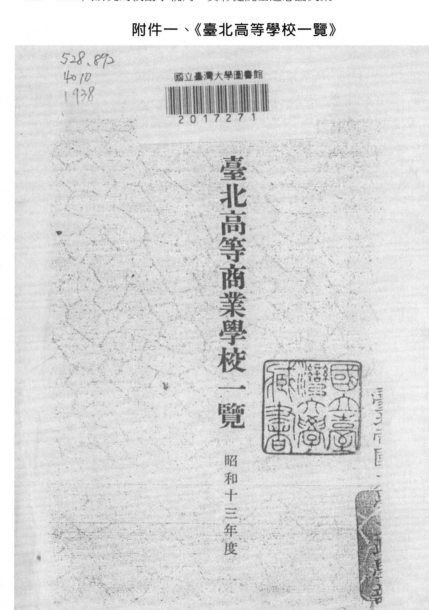

職員

◆職員

学校長　　　　　　　　　　　　　　　遠藤壽三　鳥取版

教授

商業政策、工業政策、植民地法制、植民政策、商業作文　商學士　吉成鉄雄　栃木

法學通論、民法、國際國法、國際私法、破産法　パチエラー・オブ・アーツ（カンサス・シチー大學）法學士　佐藤佐治　宮城

　　　　　　　　　　　　　　　　　　法學士　石崎政治郎　千葉

英語　　　　　　　　　　　　　　　　　　　　新里榮造　岩手

佛語　　　　　　　　　　　　　　　　　　　　江幡義雄　東京

數學、理化學、商品實驗　　　　　　　　　　　津村和夫　東京

英語　　　　　　　　　　　　　　　　　　　　内藤保廣　山梨

財政學、商業史、經濟學史、社會政策　マスター・オブ・アーツ（ウイスコンシン大學）商學士　鈴木源吾　岐阜

英語、商工經營　　　　　　　　　　　　　　　杉浦治七　愛知

貨幣論、銀行、保險、外國爲替　　　　　　　　今井壽男　大分

體操、柔道

八二

原價計算、計理學、英文簿記、商業簿記　　商學士　渡邊　進　大阪

歷史、修身、商業算術　　商學士・文學士　中西　旭　東京

經濟原論、統計學、交通　　商學士　伊大知良太郎　東京

生徒主事　　教授　石崎政治郎

　　　　　　　同　杉浦治七

　　　　　　　同　今井壽男　櫪木

配屬將校　　陸軍步兵中佐

教練　　鈴木一三　櫪木

助教授

體操、劍道　　横田正行　秋田

商業通論、稅關及倉庫、取引所、商業概論、貿易實踐及タイプライテング　　石橋憲治　福岡

商品學、南支南洋經濟事情、和蘭語、海外經濟事情　　塩谷嚴三　石川

商法、帝國憲法、行政法、商業法規　　法學士　井原　一　東京

銀行簿記、商業地理、商業簿記、貿易經營論　　商學士　松尾　弘　佐賀

職　員

八三

講師	職員　　　員	
民族學	臺北帝國大學教授	移川子之藏　福島
機械工學	臺北工業學校教諭	長沼淺造　山口
電氣工學		嵯峨秀三郎　北海道
英語 ✓	バチエラー・オブ・サイエンス(ルイス大學)　マスター、オブ、アーツ(シカゴ大學)	田淵實　兵庫
暹羅語		小島伊三男　東京
獨逸語		奧野金三郎　奈良
支那語		種村保三郎　東京
馬來語		大賀鐵造　熊本
支那語	臺灣總督府翻譯官　文學士	劉總甲　臺北
商業算術、珠算		田中載吉　岡山
國語及漢文		今村新　熊本
和蘭語		山崇祐一　新潟
書法		西川鐵五郎　福岡
熱帶農業		中村三八夫　山口
タイプライテンダ	臺北帝國大學助教授	渡邊三郎　靜岡

八四

嘱託

教練

學校醫

雇外國人教師
　和蘭語
　英語

書記

雇

職員

陸軍歩兵准尉
崎津三郎　島根
宮坂清正　長野
神澤修　兵庫
ゼー、ゼー、コーイ　和蘭
チョーヂ、エイチ、カール　米國

バチエラー、オブ、アーツ（ロリンス大學）
マスター、オブ、アーツ（ハワイ大學）

Bachelor of arts
Master of Arts

（愛）總督府屬
新道滿　山口
海老澤清　茨城
鈴木重光　福島
青木義人　熊本
平出勝太郎　靜岡

總督府屬（愛）
上野清吉　東京
古川威憲　熊本

八五

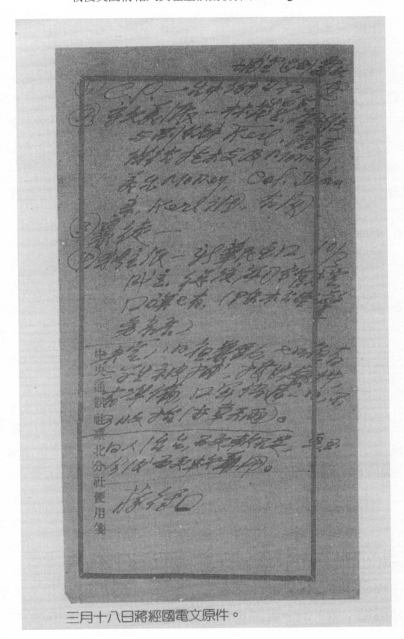

三月十八日蔣經國電文原件。

王曉波教授：

主席，各位先生，各位女士，很高興來擔任泫源兄的評論。而且更高興的是看到他的這篇文章，因爲這個是我有興趣追究但是沒有能力追究的部分。這裡當然是由於黃彰健先生，黃彰健先生這本書最令我感動的，就是自序的第一句話：「228 事件迄今仍影響著兩岸中國人的福祉，中華民國的史學工作者有責任釐清它的真相。」史學工作者是有責任要負起歷史的責任。但是很抱歉，幾十年來，因爲臺灣的史學工作者不負起責任，所以，我在 80 年代才首先蒐集探討 228 的資料。

那麼黃先生的這本書呢，我覺得有一個問題，他這麼的下工夫來考據這些東西，但是他卻碰到了這麼一個「不能被考據的」中共地下黨的一個資料。我覺得這個是黃先生沒有辦法克服的困難，因爲以他這樣的一個史學方法，用這樣的一個考證方法，他沒有辦法去考證地下黨啊，地下黨全是秘密的。沒有文件、沒有資料，單線的，而且口耳相傳，一個人斷線了就會全部斷了，那麼這個就是黃先生他不能克服的困難。

泫源兄的這篇論文裡頭有提到長老教會，談到這個還有一個名叫 Kerr 的牧師。但是，葛超智之所以會這樣子呢，我覺得可能跟上帝無關，而可能跟美國的國家利益有關。（朱：都有關）這個在他的《被出賣的臺灣》書裡面，他首先就講到，當 X 計劃出來的時候，他們重新打開了臺灣的檔案。

美國的臺灣檔案裡面有培理將軍的備忘錄，培理將軍在 1853 年來到了臺灣，並且登陸過基隆，作過調查並且回去美國作備忘錄。那這個備忘錄裡面就建議，美國一定要佔領臺灣。爲什麼要佔領臺灣？除了什麼物資豐富、美麗寶島等，最重要的是兩點：第一點，如果美國能夠佔有臺灣的話，美國就可以

控制東南亞海運的樞紐。而且他還說「如果我們能佔領臺灣的話，有一支足夠的海軍，我們就能夠控制中國的沿海港口，那我們就能控制中國。」

老實說，George kerr 對臺灣的眷戀，我懷疑，應該不是那麼高的宗教情操，也跟血緣沒有那麼大的關係，而他根據他的美國的國家利益，我想，根據泓源兄後面所講的，他是一個愛國主義者，一個愛美國的霸權主義者。這一點，我想泫源兄也許可以把《被出賣的臺灣》第一章拿出來作對照。葛超智只是又回到了這個培里將軍的戰略觀點，所以我想要幫葛超智的愛國主義或是霸權主義講兩句公道的話。

葛超智這樣子的一種主張跟看法，對不對，是不是維護美國的遠東戰畧利益的？對。只不過因當時的美國的政客、國際等等的這些政治原因，然後沒有接受葛超智的意見。如果說當時利用 228 或是後來臺灣獨立運動，把臺灣的政權拉倒，然後在臺灣培植一個傀儡政權，這絕對是有利於美國在遠東的戰畧利益的。所以，當時的國務院、外交部以及當時美國的駐中國大使館，對葛超智的處置，憑良心講，我爲葛超智抱冤。

那麼，這個文章也處理了另外一個問題，在這個黃先生的文章裡面也有，還有我的學生王呈祥的這本書裡面也都有講到葛超智的問題，就是 228 的時候，被殺害的這些人。807 個臺灣人中有 141 個人簽名給馬歇爾的陳情書中，主張要臺灣獨立，就是要美國託管它然後讓它獨立。那葛超智後來有講，被殺的這些人，都是有簽名在名單上的。那被殺害的有誰？包括王添灯，還有繼斌兄的祖父廖進平等等。

別的人我不敢講，但是以王添灯來說的話，剛剛諸位也都有提到，他基本上是已經在蘇新等人的控制下的，而且這些裡

面也提出了一些證言出來：他們是反對美國人干預的。那怎麼
又會去簽那個字呢？所以吳銘能教授在我們《海峽評論》介紹
黃彰健鉅著的時候，結果馬上就引起了在北京陳炳基的抗議。
這個王添灯絕對不可能是接受或支持美國的態度。那麼另外
呢，就是以廖進平來說，在座不知道有多少國民黨員？廖進平
可是同盟會的秘密會員耶，可是老老老老的國民黨，而且是蔣
渭水創立民眾黨時的一個祖國派的人，擔任蔣渭水臺灣民眾黨
的宣傳部部長。那麼他會來接受這樣的一個美國支持的獨立運
動的簽名？我也很懷疑。

　　可能等一下繼斌兄可以補充一點，那時候廖進平跟地下黨
有沒有一些關聯？那他們這樣兩個人，會出現在陳情書上嗎？
所以當王呈祥寫這本書的時候，他也要接受這個看法，我就拒
絕。這本書是他的博士論文。我就告訴他：「葛超智那麼會作假，
你怎麼沒有考慮到這個陳情書可能根本就是作假的？所以有八
百多個卻只有一百多個簽名，這是不是他把他所知道的名字都
簽上去？葛超智是搞情報戰的，「兵不厭詐」。他是忠於美國的
國家利益，當時是爲了要美國出兵臺灣，這是本於他美國愛國
主義和帝國主義的立場。不過，泫源兄的文章裡面，是替廖進
平與王添灯作了一個洗刷，就不會引起陳炳基的抗議了。

　　有關於 228 的研究，澤涵兄研究的是官方版，我研究的是
在野版。我們朝野不同，朝野殊途，所以這個對於 228 的研究
來說，我戲稱澤涵兄是官方學者，我是民間學者。我沒有他的
資源，我完全是靠自己的經費，在我們家領導批准之下進行的
研究，我們家領導就是我太太。那時 80 年代初，我還到海外去
蒐集了一些史料，然後編成了《228 真相》。當時我們知道這本
書會被查禁的，所以這本書沒有編者的名字，沒有印刷廠的名

字，沒有出版社的名字，用最便宜的白報紙印的，這本書無名無姓的。王曉波唯一一次說謊就是爲了 228 說謊，當時調查局來問我，你曉不曉得這本書？我說我不知道。這是說謊，我今天認了。

　　這篇文章裡面還有提到，戰後的臺獨運動，我老早就發現，戰後的臺獨運動有兩條線：一條是西洋獨，一條是東洋獨。葛超智的這條線是西洋獨，包括廖文毅。另外一條就是東洋獨，東洋獨在這篇論文裡面也稍微提到，當時辜振甫跟許丙等人，他們在 8 月 16 號日本人投降的第二天，在臺北市的辜家的太和行的一個秘密會議，那麼後來呢這個辜家的辜振甫後來靠攏國民黨，他的弟弟辜寬敏就到了日本成立了臺灣青年獨立聯盟，奔走於帝國之間，還被新潮流批判，一副皇民姿態的樣子。這個就是東洋獨的這個線。那葛超智跟 228 事件關涉到後來戰後的臺獨運動，涉及甚鉅，泫源兄把葛超智的部分澄清，我想對於歷史也好，對於未來的臺灣也好，貢獻很大。謝謝。

見　　證

賈尚誼將軍之演講

各位女士各位先生：

今天承蒙舊金山灣區「臺灣 228 事件真相」說明會籌備處各位先生的邀請，感到非常榮幸，但也非常惶恐，我已 90 之年，要爲這爭議性至大之不幸歷史事件作見證，的確是一件非常吃力不討好而又困難的蠢事，但爲歷史存真，曾爲老兵的我亦責無旁貸，謹就所知提作參考。

一、我與 228 事件

1947，228 暴亂發生時，我任**陸軍整編 21 師 145 旅 433 團第一營營長**，當時正率部在蘇北如皋附近清勦共軍工作，突奉命、立以強行軍，趕赴連雲港搭乘海軍中字號艦馳臺鎭暴。

「臺灣」二字，過去我所知不多，今突啣命爲旅之先遣營，軍令如山，安敢違扭，海陸兼程，於三月九日晨，如時抵達基隆港碼頭登岸，並立乘預置火車，趕赴臺中，進軍霧社，追捕潛臺共幹謝雪紅歸案。蓋時已獲知謝女爲此次事變之主謀，可惜趕抵霧社山區時，據土民供稱，謝女確曾於先晚抵此，但行程匆匆，已連夜奔逃，越中央山脈東竄，此際恐已渡海遠逸矣。

此後即分別先後駐過埔里、東勢、集集、水裡坑、日月潭、潭子糖廠、嘉義、屏東、東港、林邊…等臺中以南各地，維持

治安，直至是年八月中秋為止，六個月中，名為鎮暴，實為戍守。

　　因在此期中，與民相處和諧，從未打過一鎗，射過一彈，什麼屍積如山，血流成河的形容詞，在我蒞臺後（3月9日起至中秋為止），連一個死人都未曾見過，劍拔弩張的事態，也未曾發生過。

　　不過有幾件事，在我未到臺之前，聽說曾發生過：

　　（一）基隆割喉事件：

　　據說事變之後，一港務局職員（外省人），外出理髮，被理髮師割喉。

　　（二）搶奪武器庫，被開鎗射殺事件：

　　據說事變之後，一群人要到武器庫搶鎗，庫房守兵舉鎗喝止，暴民不聽，益迫近，但猶有懼，但當更迫近時，守庫指揮官，對空鳴槍，並喝說：「誰再逼進，就開鎗！」但因係用國語，群眾聽不懂，只見其向天射擊，暴民帶頭者大笑並喊：「鄉親們，衝呀，支那豬連鎗都不會放，只會朝天打，衝呀！」帶頭前衝，庫房守兵，迫不得已，機步鎗齊發，死傷多人，此事似發生在嘉義。

　　（三）沿街打殺「外省豬」及「半山」：

　　據說事發之後，暴民著日本軍裝，手拿武士刀，或軍刀，或劍，或獵槍，或日遺武器，三五成群，沿街叫喊：「殺死『支那豬』！」，見人不問男女，先以閩南語發問，不懂者，立予打殺，懂閩南語者再以日語發問，會者放行，不會者打殺，此一行為，全省皆同，瘋狂數日，還挨家挨戶，逐一搜查，凡外省人都打都殺。連時任長官公署財政廳長的嚴家淦先生，在臺中開會，都曾受威脅，幸為鄉紳林獻堂先生所救，將之藏於其家高閣，始得倖免。

（四）接管高雄要塞：

據說高雄暴亂的臨時政府，派遣數百暴徒，要上高雄要塞接管，卒被時任高雄要塞司令的彭孟緝將軍所嚇退，幸未發生傷亡。

（五）成立臨時政府，接管官署，並令軍警繳械：

據說事發翌日，全省各地均組成臨時政府，推動並強迫接管官署，令軍警繳械投降，一切印信旗章，一應俱全，儼然要改朝換代。

以上種種，均發生在本人到臺之前，迨本營蒞臺之後，一切風平浪靜，無任何打殺痕跡可供憑鑑，上述事件，僅能以『據說』述之。

二、智者的揣測與評斷

我駐防中縣集集鎭時，曾向一位世居臺灣的鄭姓長者（他當時已年近 70，白髮蒼蒼，文質彬彬，精神奕奕，但其左眼因輕微中風而歪斜，其書房精雅，藏書甚多，能說不太純正的國語，我聽不懂時，其孫女在旁補充翻譯）請教他對事變發生的看法。經他深入真相的探索及分析後，確覺頗有見地，且較爲客觀可信，但也語出驚人，爲前所未聞，故姑妄言之，也請諸位姑且聽之：

（一）228 事件，絕非偶發事件，而是經過熟慮後的預謀：

販賣煙酒婦人，從頭至尾都是整個事件之鑰，並是故意以之作爲導火線引發衝突，用以顯示警察濫用公權力，罔顧人民痛苦，以顯示暴政虐民，激起民憤，爭取同情，連抱不平的民眾，都是假的，是預先安排好，並經精密設計。

理由：

298 二二八研究的校勘學視角：黃彰健院士追思論文集

1.煙酒公賣自日據時代，即是如此，非光復後始然，臺民知之甚稔，日本警察權威、強霸，亦為臺民所深悉，一個孱弱的賣煙婦人，必聞之而遠遁，何敢與之爭吵？進而理論（本就無理）？故爭之即不合常理。

2.光復不到兩年，日警的餘威猶在，群眾對警察與煙販間之衝突，通常應是走避，旁觀，最多勸走煙販，何敢喧賓奪主？助販毆警？

3.警察雖僅數人，而群眾無數，要鬧場定多為附近人士，警察應多認識，豈有不畏警察秋後算帳的顧慮？而警察對這批人士概不認識，非外來而何？

4.警民衝突，警毆一女，何其平常？頂多臺北地區，發生混亂，如按常情，民眾敢否與警方理論？而今竟擴而大之，全省造反，豈合常理？

5.當年通信與傳播工具，並不如今日之普遍，苟非預謀，何能於一夜之間，全省串聯？齊聲造反？行動一致，甚至連臨時政府也已組成，印信旗章亦已一應俱全，儼然政權轉移，如此高效率的辦事速度，你信嗎？

鄭老說：

> 陳長官公洽先生因軍人出身，過於自信，認為百姓人人都很善良，絕不會 背叛他，其實少數野心份子，早有預謀，企圖變天，不過陳長官情報不靈，沒有半點警覺，縱有人告訴他有人要謀反，他也聽不進去。

鄭老語罷唏噓不已。

（二）倡此議者的確只有少數人，但都各有野心，也各有
盤算

大約可分為幾方面：

1.失勢政客：（又稱保皇派）

在日據時代，有許多人已獲得日人的信任與栽培，手裡握有特權，可以作威作福，而今回歸祖國，不僅失去特權，反常遭防範，這些人豈能忍受？

2.日本皇民與二戰參戰軍人

臺民在日據時代，日方爲攏絡人心，凡曾作過對日方有功之事者，均賞賜日本姓氏，如田中，松本等；另外是二戰參戰軍人，此類人員規定都可享有某些特權，如今回歸祖國，特權當然落空。他們也可稱爲行動派，身強力壯，既可搖旗吶喊，又能充當打手。

3.浪人與地痞流氓、幫派等：

這些人也是打手的好材料。

4.企圖改變政體者：

此批人員，因鑒於二戰後許多殖民地如新加坡，都獨立建國，他們也就想嘗試嘗試。

5.潛臺共產黨徒：以女共幹謝雪紅爲首，其主要任務是企圖赤化解放臺灣，並聽命執行有助於中共整體戰略之行動。她才是這次事變的主謀者。

這些份子，雖然所求不盡相同，但俱想摧毀現政權之目的則一致，且臭味相投，一拍即合，自然就攜手結合在一起了。

（三）可乘之機：

雖然變天之思，各派都有，但光復之初，中央將陸軍 70 軍調駐臺澎，再加原來兩個要塞，還有左營、馬公、基隆三個海軍基地，及廠庫監護部隊，何況空軍，亦可支援，自然誰也不敢妄拈虎鬚，心存歹念，但機會來了。

當中央擬將前駐軍調防，改以整編 21 師調臺接防時，陳長

官以過去臺民曾有反應國軍軍紀較差，並舉例說明初來國軍官兵行為不檢，進出民間『榻榻米』房間時，往往大剌剌的穿著草鞋或泥鞋，一躍而上，三五步下來，人家高貴臥室或起居室，就清潔溜溜的報銷了。為此引發了多少民怨，因而他心血來潮，竟信心滿滿的建議中央，停調整 21 師戍臺之建議，還擔保臺省治安，絕無問題。幾經磋商，終決定除已運臺之何軍章獨立團（因為這是我們的部隊，所以我很清楚）外，餘仍留置京滬不動，此一倉促決定，立即引起各方不同反應。

1.臺灣駐守兵力減少，捉襟見肘，防衛力銳減。

2.臺灣野心家們，則認係天賜良機，蠢蠢思動。

3.大陸京畿戰場，國軍威力原本大於共軍，雙方兵力之比相對懸殊，共軍更有吃不消的感覺。

為此據說中共中央慌了手腳，即令飭謝雪紅，應在臺灣掀起戰亂，採圍魏救趙之策，以吸引國軍兵力回流臺灣，來疏解中共蘇皖新四軍陳毅部之壓力，故中共高層三令五申催促謝女設法，而謝女只得鼓其如簧之舌在臺各方遊說，折衷樽俎，以求有成。

鄭老又說：據事後獲悉，當謝女初倡此議時，係在 70 軍調離臺灣，而整 21 師（當時是美式裝備之精銳部隊）又遲未調臺時。謝女對與會者的說詞是：

> 恭喜大家，現在向各位報告一個好消息，諸位要奪回臺灣政權，改朝換代的機會，已經由我們八路軍在大陸給你們打出來了，蔣軍在大陸戰場，被我們打得連吃敗仗，所以把臺灣駐軍都調去增援了（她不說陳長官愛惜臺民，婉拒在臺駐軍），蔣軍被紅軍牽制在大陸，此正天賜臺灣變天的好機會，我們正好聯手一搏，一舉把臺灣

　　拿下來，到時候全由你們當家作主，我們紅軍因重點在
　　大陸，對臺灣絕不染指分一杯羹。

　　與會的諸人聽了，亦喜亦憂，喜的是美夢已有實現機會，
並露出了一線曙光，但憂的是萬一事變不成援軍掩至，豈不仍
是一場空？此種憂慮已現於辭色，且多數人還說：「臺灣暴亂，
國軍豈會坐視不援？到時大軍壓境，豈不竹籃打水，又一場空？
何況更會惹來殺身之禍。」耳語曉曉，但多未敢明言。

　　謝女見狀當即笑了：

　　各位太自以為是了，各位以為臺灣在蔣匪眼裡會高過大
　　陸嗎？大陸是他的根據地，如果兩地同時有事，當然大
　　陸優先，誰管你臺灣死活。同時戰場調兵，還要看戰況
　　來作決定，主動的想要抽兵，非常困難。蔣軍在大陸戰
　　場已陷入泥淖，我們紅軍當然要將它拉著，不讓蔣軍外
　　逃，這點大家放一百廿個心，我敢同各位打包票！

　　「哄死人不償命。」大家就信了，從那時（駐軍離臺之日）
起，臺灣內部就已在為發動 228 事變作準備，組織偽政府，準
備粉墨登場，據說連販煙女販的假戲都不知沙盤推演了多少
次？定要使這雙簧劇演得天衣無縫。

　　當我聽完鄭老滔滔不絕的講說後，一方面覺得他的分析有
道理，一方面又有點將信將疑，認為鄭老何能對此內幕，知之
如諳！當時的疑慮久久未息，事隔多年，如今從中共對謝女之
酬庸論功，表揚封官時，我才回想 60 年前鄭老所說的話，令我
真佩服他「薑是老的辣」。鄭老果是當時的先知先覺者。

　　鄭老最後還告訴我，他說 228 事件是預謀，是有事實根據
的，因為在事變前的某一天，他曾親眼見到二位浪人在陽光下
曬日本舊軍裝，拭戰刀，他就驚問：「你們找死，曬它何用？」

因為在當時這種行為是犯法的，但這二人卻神秘而倨傲地對他笑笑，「老蕃癲！等著瞧！」他當時聽了，氣憤不已，但不知他倆何敢如此猖狂。待事變時他看見這兩人穿著那套軍裝，手執戰刀，耀武揚威的出現街頭時，他才恍然大悟，他們早已預知要事變了。

三、我的見證與研判

228 事變自始至終，大家（包括政府以及當時參與者）都是輸家，只有謝雪紅是唯一的贏家，她既成功又成名，成為中共有功之臣，這是今天談 228 事件非常值得深思的一件事，當時臺灣許多參與此事之人都被她騙了。

（一）蔣總統絕非 228 元兇

唯恐天下不亂的政客，誣指蔣公為 228 事件的元兇，這絕對是不正確的，因白崇喜將軍蒞臺駐節日月潭涵碧樓時，我曾率部擔任其外圍警衛。他宣達蔣公處理事變方針時，我曾親聆他說：「蔣公處理方針其中第二條是寬大處理，除首惡外，不可株連太廣，造成冤獄。」這是千真萬確的，至於爾後現場處理者，是否嚴格執行其此一指示，這我因未參與其事不敢妄斷。

（二）事件中本省人及外省人都有傷亡

據說外省人比本省人多，因為首先發難者是那些鬧事浪人，所謂外省豬多被殺，但已無記錄可考。

（三）官逼民反，應非事實

從大體言，陳公洽先生治臺理念並無多錯，惟軍人性格，主觀太重，操之過急，引起不滿，倒是有之，如倡導國語運動，規定官場必說國語。其他閩南語、日語均排除在外，引發民怨，確是事實，但愛民惜民，也非妄語。我在臺灣共待六個月，經

常與民接觸，對公洽先生怨懟者實少，官逼民反之說，應是言過其實。

（四）本省人對外省人的觀感，並非如一般渲染的不友善或存有敵意

我可以舉幾件實例，因爲這些乃我親身經歷，故可爲諸君作見證：

1.我營在臺僅留駐六個月，但離臺時，上尉以下的軍官（位低薪酬少），竟能娶得臺胞六位新娘歸。

2.我妻在省立嘉義醫院分娩難產，時接生醫生，爲院長魏炳炎博士（以後任臺大醫院院長，我 1949 年來臺曾見過他），對外省產婦親若家人，無微不至。

3.我妻在嘉義待產期間，借寓本省縉紳黃銅鐘先生家，不僅不要分文房租，而且當我不在家時，對我妻及幼兒之照顧，亦宛若家人。

4.我營駐防水裡坑山頂軍營時，全營 90%罹患瘧疾，當時該地是政府列爲瘧疾疫區，營軍醫救治無力。水裡坑大小醫生全體動員，來營住診，大觀、鉅工兩發電廠提供瘧病特效藥醫治，盛情可感，絕無暗中使壞之情事，也絕無半點敵視的表現。

最後我再鄭重強調一句，所謂「殺人如麻，屍積如山，血流成河。」事發前九天因我未親歷，不敢妄斷，但三月九日以後，我們所謂的鎮暴部隊，絕無此等情事發生。我的部隊（官兵共約 700 人）到臺之後，全省已風平浪靜，從未開過一槍，射過一彈，傷過一人，請諸君信我，假如我所述不實，必遭天譴。今天在此作見證，是尙誼畢生榮幸，諸公如有疑問，當盡我所知，誠實以答。

最後我要誠懇呼籲，臺灣不能再分裂，也不能再惡鬥了，

不論藍綠都是同胞手足，《聖經》中有一句話：「為什麼看見你弟兄眼中有刺，卻不想自己眼中的樑木呢？」另套一句曹植的話：「本是同根生，相煎何太急？」

　　族群對立，只有撕裂人與人間的感情，並摧毀民生經濟建設，這是非常不值得的事，藍綠同胞們，休兵吧！讓 228 死難的同胞在九泉之下也可得到安息，同時也要讓我們齊心面對當前困境，發揮統合力量，振興經濟，共創太平。

　　也許今天我好像在同各位作天方夜譚之論，那就當它是天方夜譚吧！但這也是非常嚴肅的天方夜譚。

結　語

　　把一件共產黨預謀的事件，被利用為臺民被欺，憤而起義的偶發事件，予以定讞，致為今日省籍分裂之借口，可說是一件不可原諒的歷史真相的誤判。

　　最後，我要向二千三百萬同胞說句公道話，二二八事件記念會，應該記念所有因該事件而犧牲的人，也應包括無辜受害的外省犧牲者在內，才能使因此事件受難者得以心安。

　　因此我想到，愛是無堅不摧的利器，它有滲透力，親和力，凝聚力，擴散力，撫平力，對感情，對仇恨，具有充分的溶解效果。臺灣的族群感情，被少數的野心份子，將大陸人（或中國人）、與臺灣人作二分法，列為兩個對立的族群，「不是朋友，便是敵人」，何其忍也！

　　為記取歷史悲劇的教訓，唯一撫平之道，我想只有愛，而非仇恨，我們為何不能把愛擴而充之，使臺灣變成一個和諧的社會呢？希望能和樂共生，228 休兵吧！

　　謝謝各位！謝謝各位！

我所經歷的二二八事變

陳　肇　家

一、前　言

民國卅六年在臺灣所發生的二二八事變，為一極不幸的歷史悲劇。事隔多年，眾說紛云，實際真象，頗多舛誤，殊為不當。我們是外省人家庭，當時正在臺灣臺中縣田中鎮開設：「瑞昌紡織廠」，我們親身經歷此一悲慘事件，家人中有遭暴徒用刀殺傷，有遭棍棍痛毆，家產則全遭搶劫一空。可謂家破財盡，相當悲慘。事後我家持寬恕之心，未採任何報復之舉，反而兩度為眾行兇暴徒，向國軍及治安單位，解脫罪行，始免渠等生命或牢獄之災。

近時偶有機會閱及若干資料，涉及我家在二二八事變中所遭遇的報導，甚多不實之處，頗多編造，甚至有偽造家父簽名及用印文件，實令人不解，亦深感不妥。為澄清事實，現特就記憶所及，及伯父，家父母在世時所述情節，將我家在此事變中所遭遇的實情，詳述如後，以為歷史見證。

二、來臺緣由

民國卅四年抗戰勝利，舉國歡騰。家父（伯範公）當時正在湖北六戰區服務。忽接獲命令，奉派赴上海，為首批軍方接

收工作之先遣人員。先赴重慶報到後，隨即搭乘美方軍機，先抵南京再轉上海，與日方及汪偽政權等單位交涉，展開各項接收重要事宜，迄我政府及軍方工作人員，正式完成接收工作為止，工作進行頗為順利。爾後家父即奉派至上海松滬警備總司令部交際科，任職上校科長。

抗戰時期，家母帶著我與三個妹妹，均在四川省奉節縣白帝城居住。勝利後由於家父已奉令先行到上海服務，所以在數月後，家母帶領我們四個小孩，自奉節乘輪船沿長江南下，分段換乘舟車，途中歷經各種波折，始抵上海，與父親團聚。

當時日方駐華派遣軍司令岡村寧次曾與家父對談，表示中共正全面爭搶接收權，政府應該盡快進行行動，不然會出問題，並且贈送短刀一柄，目前由我大妹收藏。她住在高雄。（但由於近年家中變故多，比較不易聯絡。）民國卅五年初，李及蘭上將擔任淞滬警備總部副總司令，錢大鈞則是市長兼總司令，我父親因為未提供李將軍滿意的生活條件，受到刁難，頗感委屈，因萌退意，遂上書請辭，奉准後即脫離軍職。

時家父堂兄（傳興公）亦到上海，謀職未就，閒居家中，兄弟二人因聞臺灣方始光復，風光甚佳，遂擇期搭機赴臺，至各地參觀旅遊，實際瞭解民情。當時臺灣各地遭美軍機轟炸，損壞頗重，各種生產設施，大多停頓待修，經濟蕭條，物資缺乏，百廢待舉。但水電、交通及其他民生基礎需求，均能維持正常運轉，教育普及，社會亦大致呈穩定現象。反觀當時大陸各地，國共爭端，戰亂頻仍，民不聊生，工潮學運，社會動盪不安。相較之下，如欲發展事業，臺灣當屬較合適地區。兄弟二人於返回上海後，即與親友商議，決定集資來臺開設紡織工廠，預定生產各種民生亟需布料，開展新事業。

　　大約在民國卅五年中，資金及籌劃工作均已完成，全家即渡海來臺，實際展開設廠工作。先前已在上海委請專人，負責訂購紡織廠所需之各項機器及設備。另則經多方考慮後，選定在當時的臺中縣田中鎮設廠。選擇此地的主要原因為：當地正好有適用之大型廠房，空置待租，中部氣候良好，水電供應無缺，交通方便，尤以田中鎮遠離大都市，僱用工人較易等優良條件。廠址為：「臺中縣田中鎮中路里八六號。」同時又在臨街處租屋，為一兩層樓房，我全家住二樓，樓下為辦公室兼門市部。工廠在此屋後方約一百公尺處，步行三分鐘即可抵達，十分方便。（參所繪位置圖一）

　　機器中以紡織機為主，共約一百臺，運抵工廠後，立即進行安裝、試機，訓練工人等事宜。經過「採購棉紗」、「運紗」、「整理」、「染色」、「紡紗」、「織布」以及「定型」等繁複程序後，方能製成各式布料成品。其間甚多困難，經不斷努力，方告克服；逐漸量產，上市銷售。我們「瑞昌紡織廠」，在當時應算是全臺唯一的大型紡織廠。

　　另外又在臺北市租屋，成立門市部，當時的地址仍沿用日式。我記得似乎是：「臺北市壽町目一番地」，大約在現今臺北市峨嵋街與西寧南路交叉口附近，為一臨街兩層樓房，樓下為門市部及辦公室，樓上為職員宿舍。門市部設有經理及副理各乙人，均係外省籍人士，另有臺籍職員五人，此外尚有外省籍學徒二人，他們是我家江西籍小同鄉，高中畢業後至上海考大學未取，生活困難，經友人介紹，隨我家乘船來臺。家父指派二人在臺北門市部服務，並協助照顧在臺北求學時的我的生活起居。

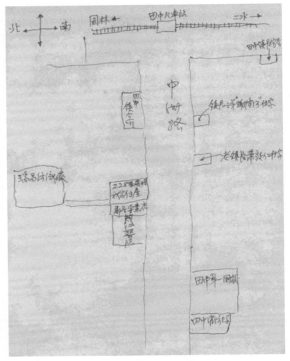

圖一：相關地點簡圖

　　因為臺灣方始光復，各地學校仍多沿用日語或臺語教學，在田中鎮這種鄉下地方，國語幾尚未通行，處此情況，家父遂令我留在臺北就學，至附近之西門國校，就讀三年級。平時住在門市部二樓宿舍，上學約步行十分鐘即可到校。就我記憶所及，當時之西門國校，尚無其他外省籍子弟在校就讀，我大約是唯一的外省籍學生；在為極其短的求學期間（大約僅兩三個月）與同學相處，尚稱融洽，並無不愉快事件發生。僅偶有高年級生，在下課後放學時，會圍著我比手畫腳，亂吵一陣，當時由於語言不通，亦不解何意，但現在回想，則不外說我是「a-yama」（阿山）、「yamapuda」（山豬）。

三、二二八事變發生前臺灣社會上所呈現的狀況

　　二二八事變發生之前臺灣社會上所呈現的狀況，依據伯父及家父母等就他們所瞭解的情形，分析如下：

　　（一）臺灣光復後，政府所指派的接收人員中，有少部份人員，素質及操守欠佳，常有貪瀆不法等情事發生，雖係少數個案，但口耳相傳，渲染之間，政府及外省人名譽，卻受重創。

　　（二）初期來臺接收之國軍部隊，裝備陳舊，服裝破爛，軍容不振，軍紀欠嚴明。與日據時代日本皇軍之雄壯威武，相形失色，令本省同胞大失所望，而成日後在日常生活中的取笑話題。

　　（三）初期來臺的接收人員及其他來臺外省籍人士，大多具自我優越感。自認係天國上民，對臺省同胞長時受日人統治，生活習慣，語言文化，均有差異。因而常持不屑或看不起之態，時久則磨擦加深，相互排拆，而致發生嚴重誤會。

　　（四）臺灣光復之初，生產蕭條，百廢待舉，失業問題嚴重。尤以大批在二次大戰時奉日軍徵召到南洋等地出征的臺籍士兵，返臺後大多失業在家，生活及精神均感苦悶，若有人從中挑撥，甚易衝動闖禍。

　　（五）因少數外省人之不良生活習慣，或個人之不檢點行為，而被有心人加以誣衊；以侮辱的方式，稱外省人為「阿山」，其含意係指外省人形同「山豬」或「豬的同類」，生活髒亂，好吃懶做，不守法紀，沒有教育水準，又笨又呆。

　　（六）臺灣方始光復，國語尚未能普及，外省人與本省人之間，常因語言無法溝通，產生誤會，而致糾紛不斷。

　　（七）當時南京中央政府，忙於其他政務，對臺政情，疏

於督導查核。臺灣當地民情，多被忽視。是以下情無法上達，而有被壓迫之感而生怨忿。

（八）臺灣光復初期，甚多在日據時期已在臺灣各公職機關服務的人員；如政府中下層單位，警察、消防等機構，多被解職，賦閒在家，心中多呈不平，見接收亂眾，更形憤慨。一有動亂，遂即參與。

（九）甚多地方大老、臺籍學者、教師、大專學生，或教會人士等，渠等自認見多識廣，或自負曾受高等教育，係臺籍菁英。光復後並未受政府重用。而當時政府所起用之臺籍人士或派來的外省籍接收人員，大多靠關係獲用，並非合適優秀人選，因而造成極度不滿。

（十）臺灣四面環海，但交通便利，通訊發達，任何消息，片刻之間，即傳遍全島。許多政令被誤導，許多外省人與本省人間的細小糾紛，常被渲染誤報，以訛傳訛，造成不良後果。

四、二二八事變發生時我在臺北所遭遇的實況

此事變係發生在民國卅六年二月廿八日。當時我因年幼無知（約九歲），照常到西門國校上學，渾然不知當日臺北市已發生重大事故，從下午起，凡是外省人，均為暴徒追殺對象。第二天我仍舊到校上學。忽聞宣佈：凡四年級以上學生均需按地區報到（即按學生家居住地址；如西門町、太平町、壽町等地區），攜帶棍棒集合後外出（後向同學打聽，告以可能係準備對抗國軍部隊之用）。現在回想，當時學校校長為何組織學生出去，又打算進行哪些行動，實在值得研究。

我因係三年級生，故不用參加集合，也不知要做何事，在校園內隨意走了一陣，回到自己的教室，見級任導師（男性，

為時過久，已忘渠姓氏，但記得是 3 年乙班，教美術的老師）正在教室內修改學生作業簿，遂向前請問老師道：「我應到何處去報到？」記得老師低頭沉思，然後抬頭對我用臺灣國語說：「你趕快回家去！」此外別無他言。我聽後誤以為本日學校停課放假，隨即離校經西門町電影街，先在電影院窗櫃前，觀看影片劇照，後又隨意走到新公園內閒逛。園內遊人稀少，街上冷清，亦不以為意。

迄將近吃午飯時，才回到門市部。只見兩位學徒大哥，神色緊張，大聲責問：「你整個上午跑到那裡去了？為何拖到現在才回來？」我答以老師要我回家，今天大概不用上課，故到新公園去走了一陣，也不知有什麼事情發生！二位學徒大哥連忙正色言告：「臺北市延平北路處發生重大事故，甚多暴徒只要遇見外省人，不論男女老幼，都要殺害，故今後切不可外出，也不要去上學了！」當時門市部經理及副理，已逃離不知去向，臺籍職員亦均離去，只剩下兩位學徒大哥及我共三人。隨即緊閉大門，停止營業。每日均躲在二樓，多不敢下樓，因大門旁的大玻璃窗，無法全部遮蓋，易為外人看見。三人每日以僅存之大米煮稀飯充飢，竟日室內徬徨，愁困不已。

唯一可獲知外界消息的管道為：收聽收音機廣播。但收聽到的消息卻是陳儀主席（兼東南長官公署長官）命令他的參謀長柯遠芬將軍所頒佈的命令：「各地駐軍，不准開槍，不准使用武力，要以和平方式與民眾談判」，一再重複播報，並無其他新聞報導。約至第八日（詳細日期，因當時年幼，無法確記），存米已吃光，亦無其他食物可充飢，餓肚忍飢，疲困不堪。

晚間（約七、八點鐘）忽聞密集槍聲，有若過年節時之鞭炮聲，此起彼落，不斷響起。從二樓窗戶向外探視，則見夜空

天際有探照燈光，不斷移動照射，有時亦偶有槍彈火星呈現。我們三人頗為緊張，因為從廣播中已悉陳儀主席下令部隊不准開槍，而今卻槍聲不斷，不知何故？三人在飢餓與驚恐交迫之下，一夜未眠，迄第二天清晨，我們三人再度由二樓窗口向外探視，忽見有穿土黃色軍裝人員，持槍在街上巡邏，方知國軍救援部隊已趕到臺北市內，當可解決我三人所處困境。隨即商議，由我外出，向國軍人員求救，希能送糧解飢。因為我當時只是一個九歲小男孩，判國軍士兵應該不至於開槍射擊。

　　當我打開樓下大門走到街心數步，即聞身旁有子彈聲，我遂即止步，站立不動並高聲喊叫：「不要開槍，我是外省人！」數分鐘後，忽有一青年軍官前來，以國語問我：「小孩子，你跑出來幹什麼？」我遂告以：「我是外省人，住在那邊（以手指方向），共有三人，因斷糧已兩日未食，特來求助。」等情。軍官聞後，要我帶路到門市部門外，看清住址，並告誡道：「你們三人，絕不可外出。目前局勢混亂，分不清外省人或本省人，也不知誰是好人，誰是壞人，為鎮壓暴徒，故見人即射，非常危險，至於所需食物，等會派人送來！」言畢離去。我也返回屋內，將上情告知二位學徒大哥，三人非常高興，同慶解困。

五、二二八事變發生時我家人在田中鎮所遭遇的實況

　　當時在田中鎮開設的「瑞昌紡織廠」裏頭，家人計有：伯父（傳興公）、家父、家母、三個妹妹（年幼均尚未上學）及老家人兼廚師「史良」（當時約三十五、六歲，在我家數十載，忠心耿耿，做得一手好菜。）等七人均住在田中鎮內。住在工廠附近，臨街二層樓房的二樓。伯父則住樓下後面臥房，樓下前面大間為辦公室兼門市部，史良住工廠宿舍。（圖一）右鄰係一

佛像店，店東「吳半樵」老先生當時已七十餘歲，通漢文，每日以毛筆在大張宣紙上繪畫佛像，經裱裝後再出售給鄉民懸掛，聽說他原係大地主，後因不良嗜好及管理不善，致家道中落。妻早逝，而與第二個兒子同住。他的右鄰為黃姓家族所開設之「茂仁醫院」，黃醫師臺大畢業，與家父偶有交談，是基督教長老教會的信徒。我家左鄰為一洗衣店，係吳老先生幼子所開設，街的對面有各種店家。左前方則為前任鎮長蕭敦仁的公館。他有好幾個兒子是醫生，女婿亦然，因此與基督教的醫生們有密切往來。

當地只有一個教會，就是長老教會所屬的田中教會，大約從火車站向西北方向走，約一千公尺。家母篤信天主教，當年也曾與那邊的教友以及黃家的親戚聊天，但他們的觀念當時即令家母頗為意外，認為：「你們外省人到臺灣來做甚麼，臺灣是我們的。」這兩句話，媽媽跟我說過好幾次，因此記得特別清楚。

我家紡織廠在田中鎮當地所僱員工，共約一百餘人。伯父與家父每日為工廠諸事，非常忙碌，家母則忙於家事及照顧三個小女兒的生活起居。全家人與外界人士，甚少接觸，尤以語言不通，諸多不便。

當時田中鎮長為「謝樹生」先生（謝樹生簡歷待補），此人幼時在田中鎮鄉下務農兼習國術，為人正直。二次世界大戰時，曾與弟「謝隆河」（謝隆河簡歷待補）先生及兩子等赴大陸漢口等地經商，故渠家中四人皆可以簡單而帶湖北腔的普通話，與家父母交談。家父為在田中鎮租屋設廠等事，數度會晤謝鎮長。家父亦曾主動表示：今後鎮上若有何災難或緊急事件，我家均願在經費上全力協助。是以謝鎮長對我家印象良好。

不知道是美軍轟炸或者是其他原因，田中國校的教室玻璃及學生之桌椅等大多破損，當時我們剛剛搬進來，父親看到這景象，曾主動向張校長提出願意出錢修復，但張校長卻不願意答應，父親當時還在家裡提過這件事，表示張校長不知道在顧忌些甚麼。

父親說：二二八事變在臺北發生後，他從收音機的報導中，聞知大概情形，但無法預作任何處理，只得靜觀其變。第二日，右鄰房東吳老先生忽然秘密交給他一小紙條，寫著：

> 臺北有人南下與田中鎮上壞人會晤，對你們家可能有不良企圖，現全天均有人在你家附近暗中監視，請小心！

父親獲此消息，十分憂慮，但亦無妥善應付之策，只有約束全體家人，不要外出，另則即時購買大量米糧食物及日用必需品，以備需用。三月二日中午飯後，家人正在樓下辦公室閒坐時，突見大批暴徒，將近百人手持棍棒刀械等兇器，用日語大聲喊叫聲中蜂擁而至，衝進我家。之後，即在一樓的辦公室，開始追趕打殺屋內之人。當時在屋內的父母以及伯父，還有當地僱來的男性會計與二個職員逢此突發狀況，驚惶失措，四處逃散。不幸仍遭暴行，情況如下：

（一）伯父部份

伯父立即起身，轉入後院，逃向工廠，但立即被一暴徒追到，叫喊聲中，先以手中所持日式長刀，朝伯父身上砍去，伯父雖然是黃埔八期的軍人，但手無寸鐵，雖曾全力閃躲，但不幸手腳均遭砍傷，血流如注，不支倒地。是時已有大批鎮民在旁圍觀，但無人敢出面制止。正危急時，幸好居我家斜對面不遠處的謝隆河先生（謝鎮長之弟），率眾親人趕到。當即阻止舉

刀欲作致命一擊之暴徒，用棍棒將暴徒之長刀架開。暴徒因而
與謝先生吵罵，在混亂之間，田中鎮警察派出所員警及田中鎮
消防隊義勇人員也已趕到，現場情況略可控制，暴徒因而無法
繼續行兇，僅在旁不斷大聲叫囂，伯父方能躲過被殺之禍。（參
見圖二：我家一樓平面圖）

　　但是，當時在場的警方及義勇人員並未立即逮捕兇手，聽
任渠等在叫罵聲中揚長而去。轉而注意身上刀傷流血不止的伯
父，由消防隊義勇人員將他架送到鄰居「茂仁醫院」欲作急救。
不料該院醫師竟以：「如救治你們阿山外省人，恐將召致暴徒不

滿而會受到報復！」
為由，拒絕為伯父作
任何急救治療。不得
已伯父又被架回家
中。幸好家母前在上
海時，曾赴藥房購買
當時剛流行之美製
消炎片數包，趕緊找
出來磨粉，撒在伯父
身上傷口，止住流
血，暫脫險境。

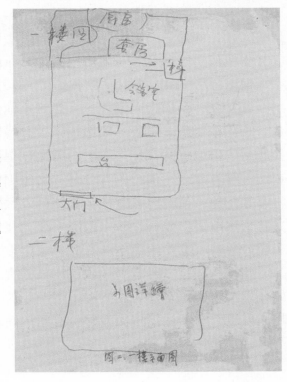

圖二：家中平面圖

（二）家父部份

　　家父見暴徒衝入店內時，急速起身，奔上二樓，他（參圖三：我家二樓平面圖。）先將樓梯口處之房門緊閉，並立即找出自上海帶來的手槍，裝上子彈，持槍戒備。此槍係家父在上海將啓程來臺之時，軍中老友特贈德製精裝小型手槍乙隻，以爲紀念，並戲言：初到臺灣，人地生疏，遇緊急可作防身之用。不料此時卻眞用上。當時三個年幼妹妹正在臥房玩耍，不知樓下已有巨變，家父急將她們帶至二樓後面陽臺，此陽臺與右鄰房東吳老先生之二樓陽臺相接，其間用半人高之磚塊間隔。家父在旁將三個妹妹扶持爬過陽臺，時吳老先生次子已在二樓，家父請他代爲照顧並設法藏匿，獲他點頭同意後，家父即返我家二樓樓梯旁，開門後只見數名暴徒，持刀徘徊，欲上樓行兇。

　　家父立即舉槍指向暴徒，大聲制止他們強行登樓，如不停止，將開槍射擊。也不知眾暴徒是否聽懂家父具有濃重鄉音的普通話，但似瞭解家父之意，紛紛棄械舉手，站立不動，不敢登樓，雙方怒視，僵持約五分鐘。迄派出所警員趕抵現場，阻止渠等行兇，情況已能掌控，暴徒們不敢逞強，叫囂爭吵後，方始忿然離去。臨行之時，還隨手用刀在樓梯邊的木板上，砍了數刀洩憤。家父乘此空隙，收拾家中重要文件及家母之金飾等。此後有很長一段時間，我家均靠變賣家母這些金飾過活，如今思及，殊感辛酸。由於樓下情況已暫告穩定，謝鎮長亦剛趕到現場，家父遂下樓與謝鎮長會面，商議如何善後。

（三）家母部份

　　家母見大批暴徒衝入店內時，心中極爲恐懼，慌亂中向屋

後廚房經後院小徑逃走，但被一暴徒追隨而至，大聲叫罵，先以手中所持短刀，向家母刺去，家母見狀急忙躲避，幸未被刺中。也許是天意，不知何故，此暴徒所持之刀，竟然將他自己手掌割破流血。當下更怒，棄刀四顧，見路邊竹籬旁有棄置之木棍支架，撿起後痛毆家母。家母無法逃脫，亦無力抗拒，終於不支倒地。是時甚多鄉民在旁圍觀，但無人出面制止。（參圖二）迄派出所員警抵現場，行兇暴徒竟然未被逮捕，從容離去。

（四）老家人「史良」部份

暴徒衝進我家店中時，史良正在廚房清洗餐具。渠幼時曾在家鄉習武，頗有真功夫。是以當數名暴徒前來向他行兇時，他立即撿起灶邊之鐵火鉗（挾煤球用），與眾暴徒打鬥，不分上下。事後僅手部有輕傷。（參圖二）

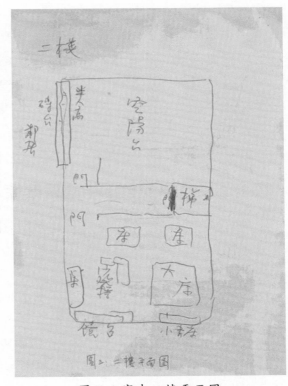

圖三：家中二樓平面圖

（五）工廠部份

暴徒蜂擁而至，一部份衝入我家向我家人行兇，另有近百名則衝入工廠內，先將員工全數趕走後，大肆搶劫；布匹成品，整包棉紗等較易搬動物件，先行全部搬走，對小型機具，也立即拆卸抬走。

後來，再因全家人均到內灣謝家祖祠避難，無人看守廠房，以至廠內大小機器，包含一百多臺紡織機，竟然全被搬運一空，損失慘重！3月2日，到我家行兇人員，有資料可查證者如下：（依據警方檔案資料）

　　　　主謀者：黃仁山（基督教長老會教友）

　　　　行兇人員：陳貴添、陳清邦、陳建清、許坤東、卓雨

我從紡織界的朋友口中聽到，民國39年以後，到臺灣的有一種紡織產品「前門牌」的老闆，本來機器不夠，但據說後來他們在中部買到一批上海的紡織機，才得以發展。我猜大概就是我們家被搶走的那批機器。

六、二二八事變後田中鎮眾暴徒之不法囂張行為

負責田中鎮之治安單位為員林警察分局田中派出所。在事變發生後約十分鐘，眾員警及田中鎮消防隊之義勇人員始抵我家現場。所有員警及義勇人員均係臺籍，因見現場圍觀鄉民，人山人海（事後分析：田中鎮這種鄉下小地方，在光天化日之下，公然發生兇殺搶劫事件，驚動全鎮，故鄉民皆傾巢而出，團團圍觀，人數約達數千人之多。）但渠等對暴徒之非法暴行，未採任何逮捕行動，僅制止暴徒不得繼續行兇施暴。而暴徒們卻高聲叫囂，堅持要殺害全部阿山外省人，任何人皆不能阻止！

當時其中一位主謀者係長老教會的黃仁山，（參檔案管理局檔案：）當時擔任田中消防隊義警的副隊長，就住我家隔壁的隔壁，茂仁醫院就是他姪子開的。

還有，我突然想到：我家對面後來開了一家「謝醫院」，即今天的「仁和醫院」位址。（參圖一）院長謝登，據父親所說，他當年曾任職東北的「七三一部隊，」為醫官。我小時候也給他醫治過。他能講一口標準的東北話。他的姪兒就是著名的謝聰明，曾經與彭明敏合作發表臺獨宣言。後來返臺擔任立委。

正危急間，田中鎮鎮長謝樹生先生率子弟多人抵現場。當即與主謀暴徒談判；謝鎮長先詢暴徒：「你們與陳家有無仇恨？有無錢財或其他糾紛？」暴徒答以：「皆無。」謝鎮長繼問：「既無仇恨，亦無錢財或其他糾紛，為何要行兇殺害陳家家人？」暴徒答以：「因為他們是阿山，是外省人，故要殺害，你不可管這件事而去幫助外省人，否則連你也一起打！」謝鎮長自幼務農，為人忠厚樸實頗具正義感，因聞暴徒無理狂言，非常不滿；因而指責暴徒道：「陳家在本鎮開設工廠，生產民生亟需布料，供銷全省，對全省經濟發展，頗有助益。而本鎮鄉民，亦因陳家工廠僱用，解決百餘人的就業問題，陳家對本鎮實有重大貢獻。你們這種暴行，已嚴重違法，我身為鎮長，自應保護陳家安全，絕對不允許你們再對陳家家人施暴！」等語。暴徒們聞言，極為不滿，大罵謝鎮長居然出面保護外省人，是「半山」。

老鎮長蕭敦仁當時也有出面，但他們家多是讀書人，兒子都是醫生。（其中一位叫蕭家衛，他的診所稱為「蕭醫院」，在員集路上，近中洲路。他是我們家人的共同醫生。在我的印象中，他都不收我家的醫藥費。當時蕭前鎮長女婿也是醫生。我們後來還在美國聯絡過，另一個兒子也是醫生，住在 D.C.。電

話中還曾邀請我去吃飯。）只能口頭勸止。暴徒等雖然口出惡言，但看到地方仕紳都出面，[1]亦不敢亂來，於叫罵聲中，忿忿離去，並揚言將繼續尋機殺我全家。

謝鎮長等暴徒們離去後，遂與家父商議，如今情勢危急，繼續留居現址，十分不妥，有安全顧慮，恐暴徒隨時都可能前來行兇，應遷走避難為宜。為安全計，可暫移至田中鎮長官舍居住，並派人保護。經家父同意後，遂以消防隊車輛，將我全家移送至鎮長官舍（在田中火車站不遠處，今興工路上）暫住，指派人員巡邏，以防暴徒偷襲。但鎮長官舍太小，我家七人居住頗為不便，而官舍面臨馬路，車輛行人來往頻繁，安全維護不易。因此大約二日後，又將我全家移到田中鎮內灣謝家祖祠內之空屋暫居。該處為謝氏家族地盤，謝鎮長為族中大家長，在族中頗有份量。他還指派數十名謝家子弟，組隊持棍分班巡邏，全力保護我家安全。同時又聽說暴徒群眾每日均在鎮上聚會，商議如何加害我家。

數日後謝鎮長告以：「暴徒們不知從何處已獲得槍枝，氣焰高漲，揚言如謝鎮長不交出我全家人員時，暴徒將用槍械進攻，並火燒謝家祖祠！」處此情況，謝鎮長顧及其家子弟僅有棍棒，實無法與暴徒們之槍械對抗；不得已只能接受暴徒要求，將我們自謝家祖祠移至我家工廠廠房內居住。此時廠內機器設備等已遭搶劫搬運一空，全廠呈空置狀態。

我們被集中看管的同時，暴徒又將附近鄉鎮零星居住的外省人（約廿餘人，大多係單身在政府機構中之中下級公務員）也全部集中過來，號稱為：「田中鎮外省人管護所」。不准外出，

---

1 下文將敘述。

亦不准與外人接觸。每天二十四小時均有暴徒持槍輪班監視，與德國在二次大戰時處理猶太人所設立的「集中營」方式相同，非常恐怖。

又過數日，謝鎮長前來面告家父；日前暴徒們在田中國校大禮堂內開會，召開所謂的「民眾鬥爭大會」。

今天我參考檔管局的檔案，以及《彰化縣二二八事件》、《二二八事件辭典》等資料，發現：3月6日在田中鎮第一國校召開鎮民鬥爭大會的人如下：

　　主謀者：蕭登乾、謝振聰

　　參加者：蕭家棟（要求政治改革）

　　　　　　葉同定（主張加強組織及保安行動）

　　　　　　陳百年（宣揚臺灣受迫害歷史）

　　　　　　蕭學先（報告參加 228 處理委員會接洽情形）

　　　　　　簡慶榮（介紹自己在海外緬甸之革命經歷）

　　　　　　謝振聰（組織赴臺中及嘉義參戰情事）

　　　　　　曾美恭

　　　　　　蕭德修

　　謝鎮長以及第二國小校長陳百年也參加。（陳百年事後我多次在路上遇到，他看到我都低著頭。偶一次我陪某一位友人找他兒子，到第二國小找他。他一眼都不敢正視我，當時我還不知道為甚麼，今天看到這些資料，才恍然大悟。）謝鎮長會後來我家轉告父親：會中決定要將在「田中外省人管護所」內之全部外省人，予以殺害，近時即將執行。謝振聰（頁 376-7）有參加「鬥爭大會」。第二國小校長陳百年（頁 316-7）也參加，並且發表演講。

　　在 3 月 6 日，「田中青年同志」提出了「12 條要求」。有許

多臺語轉譯、日語轉譯以及錯別字，原文如下：（依據警方檔案資料）

第一條：要求二二八事件的意義作文宣明

解訣：為以下各欠點發生本事件，所以不改革各欠點者，本事件示威對抗的續行繼續又該當地二條的死亡者我們要表明另意。

第二條：本事件死亡的青年學徒及其他勇士要嘉獎表現他們的（爭取民主精神的義士、自由平等平和的戰士）行為有最後的美。

第三條：二二八事件之處理方法是實現臺灣自治政府處理委員會不可落入八老獪的外省人的策略，不可解散要繼續努力。

第四條：認識臺灣人民的特殊性。

解訣：臺灣人民的特殊性對人的方面觀：臺灣人民絕對於犧牲自己被做外省人的奴隸也不是做搾取的愚民：臺灣人民是文明國民也是確保一等國民的資格。

第五條：要求憲法的同時施行。

解訣：臺灣不是殖民地，具有前條的資格，也有體得民主立憲精神的人民。

第六條：要求長官制度的即刻廢止。

解決：臺灣人不是被搾取階級：如殖民地行政的總督的長官制度一定即刻廢止，調體得民主立憲精神臺灣省人派省長而要求實行憲政縣市以下准之。

第七條：要求長官制度的即刻廢止。

解決：負政治責任的長官及各處長即刻辭職而對中央政府交涉政治改革；他們是過去對省民說民主立憲，不能改革

者他們是噓偽省民的傲慢不遜的獨裁者也，所以要求本條主旨的貫徹。

第八條：民主政治在憲法實施以前也要各自治團體的徹底改革。

解決：要求地方自治團體及其他民意機關的再選舉要求一掃光復後乘機抬頭的無力政治家。

第九條：日常想昇官發財，榨油無技術專門外的外省公務員的排拆；官僚資本的絕滅拒絕惡德商人之來臺。

第十條：以蔭民生主義的美名，凡國營之事業獨占，返以釀成貪官污吏，要求這制度廢止。

解決：專賣局、貿易局、臺灣銀行及其他之工廠等等之殖民地的機構，即時廢止，其事業以歸復民營企業，現臺灣銀行制度及其紙幣亂發使物價暴騰致民生生活不安定，要掃清官僚資本及金融元之性質，同時並擊退吸血浸骨的惡鬼。

第十一條：要求處理委員會之處理狀況以擴播電臺或各報紙以統一的正確明瞭公開報告。

第十二條：要求某某機關的地下工作之名義之下施暗黑政治與危險政治即廢止

解訣：基於此名義叫令為虎作賬之輩同胞相互相剋擾亂民主精神反動派之輩加以絕滅

附註：其他有意見者即告左記場所具陳田中青年同志

今天我看檔案局裡的檔案，又看到該國小也遭搶劫，是一個叫做陳希策的老師有財物損失。但是問題在於當時這陳老師的求償申請的證明人，竟然就是陳百年校長。因此，謝鎮長表示，由於情勢所迫，他已無力保護我們全家，而當時應維持治安的警方，不知何故，竟呈癱瘓狀，渠甚感痛心。建議家父，

速謀對策，以避此難。

　　家人聞此惡訊，極爲恐懼，因爲警力已呈癱瘓，無法維持治安，因此轉而寄望國軍鎮暴解，卻從收音機的廣播中獲悉省主陳儀下令：部隊不准開槍，只能與民眾和平談判。命令既出，各地部隊只能遵令。他們大多僅能堅守自身營區安全，根本不能武力鎮暴。以至任由各地暴徒橫行，目無法紀。而「和平談判」更是空有口號，完全不能解決問題。田中鎮眾暴徒，既發出格殺令，家人孤立無援，絕望之極，真正是在等死狀態。

　　不幸中的大幸，隔日在暴徒尚未開殺之前，國軍救援部隊已運抵基隆。登陸後立即馳赴各地，迅速展開鎮暴。

　　局勢遂即穩定。而在田中鎮之眾多暴徒，亦突然消失無蹤。被監禁在「田中鎮外省人管護所」內的全部外省人，總算重獲自由，平安脫險，各回原住地，收拾殘局。

　　事後我們家推測，或許是過去曾經在大陸上目睹飢荒，到臺灣以後，每次只要經濟許可，無論是買米或麵粉等食物，一次都買十袋、二十袋，以備不時之需，在當時缺糧的情況下，可能惹人眼紅。而我們雖然是正正當當的做生意，但經濟狀況確實也比多數人優越，或許因此被有心人士盯上，視爲肥羊。加上二二八事件莫名奇妙地被導入省籍之間的問題，遂演變成如此情況。

　　我家先行醫治伯父刀傷，家母棒傷及史良手傷等，幸均未傷及筋骨，不致成殘。但暴徒對家母之暴行，使家母在精神上遭受重創，以致在爾後的日常生活中，心中常存恐懼、不安之態，迄家母過世之前，均常出現。此爲我全家人心中永遠的創痛！至於工廠及其他財產損失，亦無從追究。當時父親是個商人身分，不知道公家機關曾允許申請賠償。即使有，一個商人

是否能求償，也是個大問題，更何況在無可奈何之際，雙親在失望之餘一心只想搬回大陸。要不是後來在臺北遇到彭孟緝將軍告訴父親大陸已亂，回不得，否則我們就真的搬回去了。

七、二二八事變後處理暴徒犯罪事宜時，我家所持原則

國軍救援部隊抵臺後，立即展開清鄉工作，追緝各地暴徒。派赴至中部地區負責指揮官為某副師長，此人大約係家父前在大陸軍中服務時之舊識，他抵中部後，交待要到田中鎮負責清鄉工作之李連長，告以：「據悉田中鎮有眾多暴徒對開設紡織廠的陳姓家人施暴，受創嚴重。陳某原係軍中袍澤，你到田中鎮後，即向陳先生報到，聽他指揮，協助緝拿兇手，務必將行兇暴徒，全數肅清，而繩之以法」等情。李連長奉令後，率隊抵田中鎮，逐即遵令向家父報到並言及渠長官所交代事宜。

家父當即表示歡迎該部到田中鎮執行任務，並謝謝長官關懷美意。我家在此次事變中確實受創甚重，現在忙於家人療傷及處理善後，恐無法陪同清鄉，請自行展開所負任務。

數日後，李連長來我家（當時我還沒被母親接回田中），他用四川口音的國語說：「二二八事變時，向你家行兇之眾暴徒，經連日追緝，已抓到大部份暴徒，現均捆綁在你家門外，請即指認，如屬無誤，當即就地正法，以儆眾人！」伯父當時還重傷未癒，家父母乃隨李連長到我家門外，見數十人雙手被縛，旁有士兵持槍戒備，街邊另有數百人在旁圍觀。二十幾天前，這些暴徒到我家行兇搶劫，無法無天，渠等面貌，記憶猶新。細看現在這些被捆人員，確係當時行兇之眾暴徒，不知李連長以何種方法，能在數日內，即一一抓到歸案。這些人現在面臨

生死關頭，表情無不恐懼戰慄，惴惴不安。

　　家父當即請李連長到我家內暫坐，與家人略作商議後，遂即面告李連長：「在這次二二八事變中，我家確實遭到這些暴徒們施暴行兇。全家受害甚重，幸無人死亡，實屬萬幸，至財產損失，目前無法估計；這些暴徒們的兇行，固屬罪大惡極，但若未經適當之法律程序，即予就地正法，實感不妥！況我家素持忠厚待人原則，對這些暴徒的罪行，我們寧可予以寬恕原諒，而不願採血腥報復方式。因此不願指認；請將這些被捆人員釋放，另請向你的長官報告，多蒙關懷，十分感激。上述處理方式，願負全責！」李連長聞家父言後，表示遵重家父意見，未作任何堅持，遂帶隊離開，後聞不久即釋放被捆眾暴徒。

　　此後我家忙於收拾善後及療傷等事宜，家父則趕赴臺北，處理臺北門市部結束事項。某日，警局田中派出所員警來我家告以：「臺省保安司令部軍方人員及警方高級人員等，均抵田中派出所，處理你們家遭暴徒行兇案，請即派人前往出席，有要事商議。」時家父在臺北未歸，伯父刀傷不良於行，遂由家母代表到田中鎮派出所應詢。家母抵派出所後，見所內擠滿人群，軍方及警方較高階官員均在現場，由警方人員正式宣告：「前向你們家人行兇暴行，均已查明並逮捕到案，請予指認，以便依法嚴懲！」言畢指向四周黑壓壓的數十個暴徒，家母放眼望去，都是上次李連長所捆的眾暴徒。但見每人已知，若被指認，則大禍臨頭，死亡或牢獄之災，均無法逃過，面向家母，均呈驚恐不安與求饒之態。此與前時到我家行兇時之殘酷無情，實有天淵之別。

　　家母略經思考後，向軍方及警方人員表示：「上次國軍部隊李連長曾將眾暴徒捆綁帶到我家，要求指認，那時我家人已決

定，因不願報復，而未指認！故今天亦不願更改立場，再作指認！」警方人員再道：「陳太太，這些暴徒，殺害你及你們家人，搶奪你家財產，罪大惡極，當然應予指認，並繩之以法，現你們卻拒絕指認，有違常理？」家母告以：「我家素持寬厚待人原則，吃虧或受侮，大多善心以對，皆不計較，冤仇宜解不宜結，我家從未思及報復或傷害他人。如今地方治安已恢復正常，社會已趨穩定，我家也正忙於處理善後中。如再指認暴徒，或處以極刑，則徒增彼此間仇恨，加深省籍情結，於事無濟，實非良途。何不釋放他們，令渠等良心發現，思過悔改，重新做人，對這些暴徒家屬而言，亦不至造成間接傷害。所以我家願承受此次傷害及損失，而不思報復。如此當可促進社會祥和，減少摩擦，大家安居樂業，應屬上策！」軍方及警方人員見家母所言，均為正理。故未再堅持要家母指認暴徒。僅要求家母在筆錄上簽名，以示負責。

所以在田中鎮到我家行兇的暴徒們，因我家善念，使他們能兩度逃過生死及牢獄之災。事件後，主要的暴動份子例如蕭登乾、謝振聰等人，碰到我們都是低頭不說話，不好意思的樣子。

八、到我家行兇眾暴徒的背景分析

就我們所知，二二八事變時到我家行兇眾暴徒，其組成份子，大致如下述：

（一）當時有些不明份子，自臺北南下，暗中策劃，促成暴動。從房東吳老先生密札，及事後在田中國校召開的「民眾鬥爭大會」及成立「外省人管護所」等事蹟分析；在民國三十六年初，於田中鎮鄉下地方，竟然出現這種特殊

政治活動，實令人費解？

（二）家住田中鎮之醫生、大專學生、教會人士等知識份子以
　　　及警察，由於受不良宣傳所誤導，產生嚴重省籍情結而
　　　致參與暴行。最重要的例子就是黃仁山。他是義勇消防
　　　隊的副隊長。茂仁醫院院長是他姪子，拒絕伯父就醫。
　　　甚至當時一位就讀臺大的陳時英，他父親是鎮上名醫陳
　　　景松，開景松醫院。他也回鄉參加暴動，我伯父說陳時
　　　英就是拿棍棒帶頭打他的人，後來他當到彰化縣長以及
　　　中國國民黨的國策顧問，他好像在事後沒受到處分，大
　　　約是花錢消災。這是我爸爸說的。其實我們很心寒，平
　　　常相處地好好的鄰居，像是對面照相館戴眼鏡的老闆陳
　　　茂登，也拿棍子來我們家打人，在群眾之中，為了讓我
　　　們認不出來，還刻意拿掉眼鏡，裝作不認識。

（三）日軍徵召赴南洋各地出征返臺之臺籍士兵，失業在家，
　　　精神苦悶，情緒極易衝動，因受煽動而參與暴行，當時
　　　持軍刀殺傷人的大多是這些人，其他暴徒大多只是拿棍
　　　棒。

（四）田中鎮當地之不良份子如地痞流氓等，渠等大約係以搶
　　　奪我家財物為主要目的。國史館出版的《二二八事件辭
　　　典：別冊》當中，在 320 頁紀錄的陳坤帖是個流氓，父
　　　親說過。可笑的是國史館與二二八基金會竟把陳坤帖的
　　　職業寫成「三青團」。說他當時擔任三民主義青年團的分
　　　隊長。而且，說他在 4 月於田中鎮西路里的自宅「無故
　　　遭國府軍逮捕，並「羅織」『煽動暴動』等罪名。其實當
　　　時就是李連長抓來的人之一。錢崧（頁 570-571，田中
　　　菜市場管理員）也是當地流氓，雙親提到過，應該也是

李連長抓到的人。而且根據彰化縣政府所出版二二八口述歷史調查計畫獲得的警察局檔案，[2]陳貴添（頁356-357）來過我家打人，他還與簡維義（頁586-7）、劉定國（頁 488-9）都參加往嘉義參戰的行列。其中每人都領了三百元。

（五）田中有多人參與臺中、彰化機場的攻擊行動。但較複雜了。[3]由田中鎮赴臺中及嘉義參戰人員，從《彰化縣二二八事件》以及《二二八事件辭典》來看，至少應該包含這些人（31 人）：

陳甲申	劉定國	林八郎	蕭進德	陳金鐘
陳清邦	蕭金傳	石伯樹	謝子明	張木杞
葉　庭	黃水章	陳朝和	謝恆仁	黃仁山
陳貴添	蔡木水	陳水龍	蕭新慶	
簡維義	石賜寶	魏文智	陳清城	
鐘添金	黃天舜	蔡　練	郭伯松	
陳建清	謝振聰	蕭登乾	謝富房	

因為父親出身軍旅，事變後與彭孟緝、張柏亭（上海同事）檢討，才知由於臺中與嘉義機場是直屬南京的空軍總司令部的高砲部隊，只聽中央空軍總司令部的命令，不聽陳儀，因此成為被攻擊的目標。就是這種情況。

另外依個類似的案例，也在今天發現。我看到彰化縣警察局的檔案（頁 115）提到住中路里的黃仁山「爲田中暴動時的主要人物」。更印證家父母所言不誣。父親在事後也提及：此人

---

2 《彰化縣二二八事件》，頁 94。

3 《彰化縣二二八》，頁 95。提及兩個臺籍警員（邱樹與張溪山）率領 50 人到嘉義參戰，而且每人 300 元。

後來逃離田中，先躲到南部，後來偷渡出境，結果不知甚麼原因就死了。雙親聽說他死了，都說「惡有惡報」。

我從資料中所能查出田中 228 事件之主導人士，則還有以下 7 人：

蕭登乾：在田中主導各項活動。

錢　　崧：為田中鎮菜市場管理員，流氓行為，在 228 事件，曾持槍參與活動。

謝　　登：田中鎮之醫生，曾在二戰期間赴大陸東北地區，參與日軍之七三一部隊，做細菌活人試驗。

謝振聰：為田中鎮各項活動之主謀者，並持槍參與。

許英賢：三青團人員。

陳坤帖：為田中之流氓，主導各項活動。

黃木杞：渠妻涉及與謝雪紅勾連。

（六）我聽父親提過，彭孟緝事後曾經對他說：「伯範兄，陳儀長官在臺灣並無部隊，他直轄的武裝力量非常小，[4]我是要塞司令，而且帶的部隊是仍在大陸（某）長官的部隊，自然也不必聽從陳儀指揮。」父親乃恍然大悟，原來各地的空軍高砲部隊也直屬南京，非陳長官所能節制。但因臺中與嘉義的機場，為高砲部隊防守，首要任務有二：一、防空；二、防守機場本身，也不受陳長官節制。也因此，在二二八事件期間，他們都沒有必要遵照陳儀不開火的命令，而中共的目的，當然在取得機場，在戰略上，獲敵機先，因此密令各地地下黨員召集外圍之學生、日本兵、流氓，會同知識分子，達到全面動員圍剿陳儀

---

4 受陳儀節制的是整二十一師，但是多數留在大陸參與剿共，在臺僅有一個加強團及一個工兵營。

及主要國軍戰鬥部隊的目的。

九、二二八事變後田中鎮鄉民對我家所表現之人情味

事變平息不久，某日謝鎮長邀約家父於晚間到渠官舍會面，家父按時抵達後，見已有二人在場（為前到我家行兇暴徒），謝鎮長介紹後稱他二人係前來表示歉意；言畢此二人即向家父下跪，自言對前之錯誤糊塗不當行為，深感愧疚！尤對我家人在軍方及警方之兩度善舉，更是感激不已，但不知如何報答。誓言今後當全力照顧陳家，請安心在田中鎮定居等語。

又在某天，忽於我家大門邊之窗隙中，發現一紙條，上寫：「謝謝你們，以後你們家不會遭小偷！」等言，家人觀後，付之一笑。

我們全家因工廠被搶劫一空，財產蕩然無存，僅靠家母之少量金飾，換錢渡日，實非良策。故家父到臺北謀事，幾經努力，終於在鐵路局貨運服務總所（當時的名稱為「臺灣通運公司」，係日據時代之情報單位，控管臺灣糧食的通路，光復後搞不清楚，以為如字面是運輸公司，就劃歸鐵路局）謀得一職，生活方告解困。後鐵路田中貨運服務站主任出缺，貨運總所以家父在田中鎮及鄰近地區具有極佳的人際關係，遂指派家父擔任該職。我家從此在田中鎮定居，前後約二十五載，其間有頗多特殊或感人遭遇，我們也對大家十分感激。擇其要者，分述如下：

（一）我家在田中鎮居住期間，大約全田中鎮的鄉民，均認識我們這家外省人。對家父母在態度上均非常禮貌與尊敬。家父母因事或購物上街時，不斷會有鄉民大聲問候！家人有事晚歸夜間獨行，從無安全顧慮。而家母買菜或

　　購物時，店家都會主動表示：「陳太太，請將東西放下，你不用自己提，我們會叫孩子們將你的東西送到府上！」雖係小事乙件，但從對方主動提出，十分誠意，頗能感受到其中溫情。

（二）家父被鄉民一致尊稱爲「伯範仙」；在臺語中，於某人名後加一「仙」字，通常爲對某長者之尊稱，係對該人特別尊敬之意。不是輕易就能獲得，而家父以一外省籍人士，在田中鎮卻獲鄉民自動一致使用此一尊稱，十分奇特。鎮上凡有喜慶或拜拜大宴賓客時，家父必受多位鄉民盛情邀請，以能請到家父出席爲榮。渠家人均熱心招待，狀甚恭敬。令以後到田中鎮居住的其他外省籍人士或軍方人員，皆感不解？爲何鄉民對外省人士大多排斥，而獨對陳家家人，有此特殊情誼？

（三）民國四十年後，政府舉辦各項選舉，地方上自必有派系，爭執不已。田中鎮當時有兩派勢力，即「謝派」與「蕭派」，爲選舉事互不相讓，常成僵局。時主導輔選事宜係國民黨民眾服務站工作同志，渠等多無法解決。最後大多係請家父出面，與雙方協調。因家父以一外人身份，立場較公正。是以所提建議或人選，均易爲雙方重視並樂於接受。

（四）地方各派系人士，多次主動促請家父出馬，參加本區省議員或縣議員選舉，各派系願合作，全力支持家父當選。但因家父無意從政而予婉拒。

（五）民國四十六年逢田中鎮選舉鎮長，「謝」「蕭」兩派各推人選，兩家都是當地的望族，他們互不退讓，情勢僵持不下。最後雙方協議；請陳家大小姐（我大妹）參選，

出任下屆田中鎮長，以平息爭端。此事由民眾服務站負責同志，正式向家父提議。在民國四十六年那段時期，婦女從政，少之又少，多靠婦女保障名額而選上。而田中鎮卻要推舉一個外省未婚，高中剛畢業的小女生來參選鎮長，真可謂係破天荒之舉。此事因我大妹要考大學，亦無從政興趣而予婉拒。

（六）民國四十九年我家二妹高商剛畢業未久，新任田中鎮長曾天恩先生（二二八時似乎也就讀臺大，但是並沒有參與事件）忽來家拜晤家父，邀請二妹到鎮公所上班，出任會計，為編制內正式職員。家父頗感訝異，當時找事謀職，甚為不易之際，不知是何原因，曾鎮長會主動聘用二妹？後經側面瞭解，方知該職位有多人爭取，各方運用人情關係，曾鎮長甚難處理，最後以選用我家二妹出任該職，方無爭議。

（七）家父在民國四十年初，患氣喘症，隨時發作。田中鎮各醫生，只要接獲通知，無論早晚，均立即趕到我家，細心診治，從無推託之詞，態度恭敬謙和，診費大多僅收針藥成本費用。至於我家其他家人赴各醫生診所看病，亦頗受禮遇。

（八）有次我陪家母到菜市場買菜；家母習慣性會到固定的豬肉攤購買，向肉攤主人說明所需種類及數量後，該攤主人即請家母稍待，他卻到附近其他豬肉攤位，割取所需數量，拿回來交給家母。家母在付費時問他：「向你買肉，而你卻到別家去切割，是何道理？」他坦言回道：「陳太太，今天我的豬肉品質較差，是母豬肉，故去別家切割，不敢欺騙你們陳家！」此雖係小事，但鄉民之：「不敢欺

騙你們陳家」其中含意，實足令人深思。

（九）我讀彰化中學的時候，坐火車到彰化去上課，車上乘客很多，有時候會有人因為搶佔位置，態度不客氣。有次我被推擠，馬上有幾位同住田中的學長出來替我推開對方，高聲用日文講「naniga？」（怎麼樣？）替我解圍。

（十）我高三時罹患盲腸炎，當時有一位薛醫師，替我看病，拖了兩三星期沒好，甚至昏了過去，薛醫師馬上要我父親的下屬去找田中幾位大醫師，我印象中比較深刻的是一位許屋醫師，他算是當地很知名的醫生，總共找了四位醫生，他們商量之後覺得病情嚴重，決定馬上送大醫院開刀，保住了我的命。五位醫師當時都沒有收任何醫藥費，後來又幾次來替我查看病情，甚至暫停自己診所的醫務，實在是很讓我感動。

（十一）民國五十年後，已有大批軍公機關在田中鎮設立，軍人及外省人增多，常有外籍青年與田中鎮內本省籍少女，談情說愛，雙方熱戀；但因為當時流言，嫁給外省人的女孩子都會被賣到大陸去當妓女。一論及婚嫁，女方家長必定堅拒，而呈僵局。幾經努力，女方家長最後在找不出拒絕的理由時，通常會要求：「若男方能請到『伯範仙』出面，保證我家女兒今後不會受到委屈，此事方可再議！」所以家長還曾多次為這些青年男女婚事，向女方家長說情，均能促成良緣，算起來有五、六對之多。

（十二）民國五十五年前後，海軍陸戰隊某部隊輪調至田中砲訓處，接受砲兵實彈射擊訓練。當時逢天候惡劣，連續大雨不斷，部隊所位帳篷，內中潮濕不堪，士兵們生活艱困，且易生病，影響健康。是以該部某團長向鎮長及

田中國校校長商議，希能暫借目前空閒教室避雨，但遭拒絕。大概的原因為以往有類似情形，均同意借住，後卻因故拖延，影響學生上課，因此不願借出。經人建議，該團長前來拜會家父，請出面協助解困。家父見軍中弟兄在雨中受苦，至表同情。遂與鎮長及國校校長交涉，並代為保證定可如期歸還，終獲同意出借教室，部隊眾弟兄方能進住教室避雨解困。事後陸戰隊孔司令到田中鎮視察部隊時，曾向家父當面致謝。

（十三）民國四十八年八七水災之日，風雨大作，眼見水災即將形成。是時家父思及所轄內十餘座倉庫，存有大量米糧，均係鄉民辛苦耕作的心血，繳田中農會轉糧食局而暫存鐵路倉庫。若不及時預作處理，勢必受損，最後真正吃虧的還是鄉民。於是在未奉上級指示前，家父採緊急措施，下令所有員工均到倉庫，另加派工人，運用已有工具設備，全力將庫存米糧，架高避水，迄搶救工作方告完成，則大水已洶湧而至，全部庫存米糧，均未受損。時省糧食局主管全國米糧調配供需大計，緊急清查全省各地倉庫存糧受損情況，均有嚴重損耗，唯獨田中鎮鐵路倉庫，因處置得宜，安然無事。糧食局李連春局長深表推許，再三致謝。而田中鎮鄉民聞知所寄存糧，平安無損，亦衷心感激不已。

（十四）我家在田中鎮定居，為時甚久，迄至民國六十二年始遷離。約十年後某日，我陪家父母南下返田中鎮舊居探視。抵田中鎮方下車走到舊居門前，即遇長年在我家附近賣檳榔為生的潘姓婦人。一遇我們，大為驚訝，非常興奮，問東問西，親切無比。當家母詢及其二子現況時，

潘婦則滿臉愁容，眼中充滿淚水，徐徐告以：「長子因犯重罪遭判重刑，次則則因打架傷人，亦被關在監獄！」言畢執家母雙手，痛哭失聲，悲傷不已。原來潘姓婦人命運頗為艱辛。丈夫外遇，自己靠賣檳榔為生，因不識字，所生二子，均懇請家父代為命名。兩個小孩，幼時長得結實粗壯，每天大多在檳榔攤旁的地上玩泥，甚獲家父喜愛。上國校後更是頑皮好動，不太聽話。但遇見家父時，都會乖乖站好叫「阿伯」，家父也常以長輩身份，要他兄弟二人好好念書，不可貪玩胡鬧等規勸之語。是以渠兄弟二人對家父均心存敬畏。現潘婦哭述渠二子變壞原因：一則係自己每日忙於生計而致疏於管教，一則因「阿伯」（意指家父）搬離田中，無人從旁嚴督，以致兄弟二人結交損友，誤入歧途，為非作歹，終遭法辦。當潘婦以臺語，流著眼淚向家父母哭述悲情，而家父母卻以不太標準的外省腔臺語，安慰潘婦，雙方真情流露，至為感人。我在旁目睹此情，印象深刻，深為感動。潘婦視家父母為許久未見面之親長，而家父母則關懷潘婦若自己家人，雙方真誠相待，未因省籍不同而有任何差異，是以何來「省籍情結」？

十、結　語

二二八事變後，迄今已近六十載。對此事變的報導甚多，但大多係對事變之後，政府查緝辦案時，本省同胞所遭受的迫害情形，即所謂的「白色恐怖」。但本事件剛發生時的前十天，若干外省人所受傷害狀況，則未見傳述。

我家是本事變中，實際受到傷害的外省人家庭。事後我家

持寬恕之心，未作任何報復，詳情已如前述。前時，即使政府
已正式頒佈「二二八事變賠償條款」，我家人亦未前往申領辦
理；其主要原因即顧及於申領辦理時，勢必詳細呈述當時實情
及所涉行兇暴徒罪行。似此尚在世的若干涉案人員及其家屬
等，又必將造成傷害或困擾，與我家最初所持寬恕立場，頗有
違背，故未前往申辦。

　　而今，已發現有若干資料，對我家在二二八事變中的遭遇，
作不實報導。《彰化縣二二八事件檔案彙編》當中的資料，如警
方的查緝資料及涉案人的自白書等，對我家所遭受之暴行，僅
簡略陳述，而工廠器材及家中財物被搶奪之事，則隻字未提。
更甚者，暴徒當中陳欽賜、吳自北、黃仁山、張溪山、錢崧等
五人，竟將其持有之槍械，全部卸責給家父。

　　家父所持之手槍，自上海帶來，在三月二日暴徒到我家行
兇時，曾發揮嚇阻作用，乃是全家保命之要件，在二二八事件
發生的那段時間，從未離家父之手。當時全家之安全，除因謝
鎮長等出面保護外，家父手中有此武器，更是暴徒不敢輕易進
犯的主因。直到事件結束後一個多月，家父始將此槍繳警結案。

　　此五人在事件中均持有手槍，並參加各項不法行為，事後
警方追查槍枝來源，為掩飾真相，全部都表示槍枝是向家父所
借，並且用以維持治安，根本全係謊言。姑且不論父親並未借
出手槍，就算真的借出，又如何同時借給五人使用，實在荒謬。
更離譜的是他們在警局所簽的自新書，居然還出現家父的簽名
及蓋章，表示同意他們敘述的內容，但家父一向使用毛筆，不
曾用鋼筆簽字，筆跡也完全不同，所蓋的更不是家父的章，顯
係冒用。為何警方會允許這些他們用這些假資料脫罪，而不直
接向家父查證？莫非因為我家聲明不追究這些暴徒，就可以把

責任都往家父身上推托？實令人不解。

是以特就本事變發生時，我全家所遭遇的實情，詳予記述，並無任何政治目的或私人恩怨，亦無追究或指責任何人之意，其主旨在敘述事實，保存歷史真像，促後人記取教訓。所謂：「省籍情結，實乃人為」，而古人所云：「善有善報」，對我家而言，頗能體會其中真義。

附錄：

一、**3 月 2 日至 3 月 9 日，此期間曾擁有手槍者：（依據警方檔案資料）**

陳欽賜、吳自北、錢崧、黃仁山、張溪山

（事後警方查證時，此五人均謊稱所持之槍係向家父借用）

二、田中鎮在 228 事件中所參加活動人員名單

（依據警方檔案資料）

姓　　名	年齡	職業	住址	犯罪經過情形	備考
葉　庭	33	商	西路里 216 號	三二事件發生時前往臺中嘉義助戰抵抗國軍，為青年隊隊員	
簡維義	23	日傭	西路里 176 號	三二事件發生時前往臺中嘉義助戰抵抗國軍，為青年隊隊員	
黃天舜	22	日傭	西路里 167 號	三二事件發生時前往臺中嘉義助戰抵抗國軍，為青年隊隊員	
劉定國	18	商	西路里 221 號	三二事件發生時前往臺中嘉義助戰抵抗國軍，為青年隊隊員	
蕭金傳	23	建築業		三二事件發生時前往臺中嘉義助戰抵抗國軍，為青年隊隊員	
黃水章	25	日傭	西路里 183 號	三二事件發生時前往臺中嘉義助戰抵抗國軍，為青年隊隊員	

石錫寶	20	日傭	東路里 284 號	三二事件發生時前往臺中嘉義助戰抵抗國軍，爲青年隊隊員	
張木杞	21	日傭	中路里 387 號	三二事件發生時前往臺中嘉義助戰抵抗國軍，爲青年隊隊員	
林八郎	21	公務員	西路里 172 號	三二事件發生時前往臺中嘉義助戰抵抗國軍，爲青年隊隊員	
石伯樹	19	日傭	東路里 284 號	三二事件發生時前往臺中嘉義助戰抵抗國軍，爲青年隊隊員	
謝副房	33	農	三安里 26 號	三二事件發生時前往臺中嘉義助戰抵抗國軍，爲青年隊隊員	
陳朝和	32	？	東路里 285 號	三二事件發生時前往臺中嘉義助戰抵抗國軍，爲青年隊隊員	
陳水龍	42	日傭	北路里 369 號	三二事件發生時前往臺中嘉義助戰抵抗國軍，爲青年隊隊員	
魏文智	17	日傭	西路里 228 號	三二事件發生時前往臺中嘉義助戰抵抗國軍，爲青年隊隊員	
謝子明	44	日傭	新民里 364 號	三二事件發生時加入田中青年隊爲隊員，參加臺中嘉義助戰，抵抗國軍並毆打外省人	
謝恆仁	24	裁縫業	新庄里 52 號	三二事件發生時煽動田中青年加入青年隊赴臺中嘉義助戰，抵抗國軍且自己身爲青年隊班長	
蕭新少	28	洗衣業	中路里 165 號	三二事件發生時煽動田中青年加入青年隊赴臺中嘉義助戰，抵抗國軍且自己身爲青年隊班長	私藏軍火現已破案
黃仁山	38	洗衣業	中路里 165 號	三二事件發生時煽動田中青年加入青年隊赴臺中嘉義助戰，抵抗國軍且自己身爲青年隊班長	爲田中鎭主要暴動份子

蔡　練	28	日傭	三安里 32 號	三二事件發生時煽動田中青年加入青年隊赴臺中嘉義助戰，抵抗國軍且自己身為青年隊班長並奪取手槍一枝現已繳出	私存軍火現已破獲被捕
陳清邦		？	南路里	三二事件發生時加入青年隊為隊員，赴臺中嘉義助戰抵抗國軍	
陳建清		？	南路里	三二事件發生時加入青年隊為隊員，赴臺中嘉義助戰抵抗國軍並毆打外省人	
謝振聰		？	南路里	三二事件發生召集鎮民，開鎮民大會宣傳煽動青年參加青年隊並張貼標語說勸大重要出力出錢捐助青年隊前往臺中嘉義助戰抵抗國軍	為田中鎮主要暴動份子
蕭進德		？	龍潭里	三二事件發生時參加青年隊赴臺中嘉義助戰抵抗國軍	

二二八憶往：
身爲二二八受難家屬的持平心聲

彭　正　雄

　　國民政府遷臺，首度實施土改政策；爲穩定民生經濟物資，發行「新臺幣」，以黃金做準備金；以及發行「新臺幣限外臨時發行準備金（今稱外匯準備金）」。

一、二二八事件的發生

　　民國 36 年臺灣發生 228 事件，民進黨宣稱當年的國民政府殺了臺灣人民 20 萬人，然而就我記憶所及，這種說法恐怕言過其實。當時的國中課本記載臺灣人口有 600 萬人，如果 600 萬人口無誤的話，那麼當時每 30 人就有 1 人死亡，恐怕滿街遍地都是死人了吧！

　　回想民國 36 年時，寓宅羅斯福路二段，家父當時爲大安區錦華里（民國 40 年改爲古亭區古亭里）12 鄰鄰長，3 月初家父因住家巷口傳來吵鬧聲，前往一究竟時，便被前來鎮暴的警察一併虜走，羈押於中山北路圓山的臺灣省訓團（今臺北市立美術館附近）。臺灣省訓團每月僅准予家屬探視被羈押人一次，家母首次探視家父時，才知道當時會見的方式，相當不人道，會

見家屬的羈押人 5 人站立一排，家屬站在 15 公尺距離外與羈押
人交談，由於距離遙遠，人聲雜沓，家母每句話都是用喊叫的
方式才能讓家父聽到。家父羈押期間和其他羈押人一樣都被刑
求，兩腳後腳跟腫脹潰爛，幾乎無法站立，會談喊話中，得知
另一被羈押人為一國術師，要求家屬用紅花、川七、蔥根鬚泡
米酒做成藥洗送到羈押所。首次會面時，家母聞狀，相當心痛，
返家後隨即如泡製療傷的藥洗，第二次會面家父時，家母攜帶
藥洗及我一同前往探視家父，當時的我年僅八歲，就讀小學一
年級，見守衛警察不注意時，遛進羈押所將泡製好的藥洗遞給
家父。不知是藥洗療效極佳，還是祖先庇佑，家父用了藥洗自
我療傷，傷勢漸好，才得以免除殘障的可能。羈押了七個月，
家父終於重獲自由得到釋放。

　　由於家父曾經因 228 事件被霸押，我因此被列入黑名單，
服役期間在小金門，雖因工作態度佳，被長官指派擔任砲兵射
擊計算士兼人二職務，但仍被指導員列為丙等的考績，退役後
遂不得參與公務員考試，後來經營出版社，還被警總搜查過兩
次，青年時的我為此憤恨不平，也相當難過，家父生性平淡，
教育子女時始終要求我們要放下仇恨、要努力奮進，凡事不與
人爭、吃虧便是佔便宜。回想我大半輩子的打拼，恐怕都是遵
從先父「嚴以律已、寬以待人」的教誨，才得以廣結善緣，而
有今天的小康局面。

二、土改政策農民受益

　　農業是人類十分古老的經濟活動，自古以來土地即呈現出
複雜樣貌，除了純經濟層面外，更涉及社會層面。自工業化時
代來臨之後，居於弱勢的工人和農民階級，尤其是佃農，一直

是社會改革運動者、人道主義者關心的對象。

　　國民政府的國民黨民國三十八年來臺執政時，瞭解佃農缺乏保障，臺灣在日據時代地主未賦予佃農有好的生活。現今政府實施土地改革：農地農有、農率、農享。民國三十八年起的三七五減租。四十年起的公地放領。四十二年起的耕者有其田。五十一年起的農地重劃。促進農村經濟繁榮、帶動工商業發展。促使土地合理的分配利用。

　　國民黨政府透過土地的重行分配，掌握當時人口結構中佔最多數的佃農，穩定其執政的正當性，土地改革受益者爲佃農，阻力在大地主的關鍵的土改。得罪了本土大地主。民國三十八年臺灣中南部農民階爲佃農佔大部分，實施公地放領、耕者有其田，國民黨政策，受益者爲佃農。農民有了耕種土地，帶著財富近五十個年頭，民富才有尊嚴。佃農有了土地，忘了當時窮困生活，受益從那一個執政獲得呢！忘了吃水果拜樹頭！

　　封閉土地投資之門，將地主傳統的觀念與習慣，改投工商業發展。使當時的大小地主放棄以土地爲營生手法，而將資金注入工商業。徵收的地價，三成補償公營事業股票（水泥、紙業、農林、工礦四公司以及之後的三商銀），七成撥發實物土地債券給地主。而土地改革政策得罪了部分大地主。

三、國民黨帶來的黃金

（一）發行金圓券：

　　民國 36 年發行金圓券，其兌換率二百元金圓券兌黃金一市兩，四元金圓券兌一美元，二元金圓券兌一銀元，爲擁護政府，百姓排隊兌換。又因軍需，沒那麼多黃金做準備金，大量發行

金元券，致通貨膨脹，國府失去民心。

（二）　國庫庫存金：

　　國庫庫金之運輸黃金白銀的船隻或飛機運臺數字至今未詳。據民國 37 年 12 月 31 日俞鴻鈞曾經向蔣介石報告：已悉運黃金 2,004459 市兩，銀幣 1000 箱合美金 400 萬元。尚有空運來臺黃金未記載，前中央信託局副局長賀肇笏先生押五架飛機運黃金準備來臺，在香港啓德機場待命，一星期之中一架飛美（資料為賀副局長至兒賀志堅親自口述；據吳興鏞先生黃金檔案記載，美國運回臺灣約 38 萬兩，可能是其中一架飛美的黃金。），四架飛臺北，不知載黃金多少。還有其他運輸，其數尚不知多少。

（三）　發行「新臺幣」：

新臺幣發行準備監理委員會第xx次檢查公告

　　第 1 次於民國 38 年 8 月 5 日公告，以黃金 28 萬兩準備金，發行新臺幣 7800 萬元。

　　第 2 次於民國 38 年 9 月 5 日公告，以黃金 33.6 萬兩準備金，發行新臺幣 9400 萬元。

　　第 3 次於民國 38 年 10 月 5 日公告，以黃金 40 萬兩準備金，發行新臺幣 1 億 1234 萬元。

　　第 4 次於民國 38 年 11 月 5 日公告，以黃金 43.4 萬兩準備金，發行新臺幣 1 億 2176 萬元。

　　第 5 次於民國 38 年 12 月 5 日公告，以黃金 51.5 萬兩準備金，發行新臺幣 1 億 4412 萬元。

　　第 9 次於民國 39 年 4 月 5 日公告，以黃金 68 萬兩準備金，發行新臺幣 1 億 9041 萬元。

第 138 次於民國 50 年 1 月 5 日公告，以黃金 4,949,269.99 公克準備金，發行新臺幣 2 億元。

發行新臺幣第 138 次準備金公告於民國 50 年 1 月 5 日後，已取信於國際，也是最後一次公告。

38 年臺灣通貨膨脹不亞於上海，吃一碗麵要舊臺幣 2 萬元，因有民國 36 年上海發行金圓券通貨膨脹前車之鑑，國民政府來臺，帶來的黃金是逐月加碼發行新臺幣，民國 39 年至 49 年十一年間，所發行新臺幣一直維持是二億元，不致於通膨。政府也穩定了經濟，人民方能過安居樂業生活。

（四）發行「新臺幣限外臨時發行準備金」

國民黨總裁帶來了黃金，自民國 39 年 8 月 5 日發行「新臺幣限外臨時發行準備金」第一次公告（今稱外匯準備金），招信國際貨幣基金會，民國 50 年 1 月 5 日第 126 次公告，已取信國際是最後一次公告，保證向國外購買物質機械之信用，做爲人民生財，民有所獲利，政府可徵收稅金，建設臺灣，支付軍公教薪津及建設工程費用，繁榮臺灣經濟。

民國三、四十年代報紙版下每月五日，公告黃金、白銀數量做爲發行「新臺幣準備金」及「新臺幣限外臨時發行準備金」的徵信，告示國際貨幣基津金會之信用度；又有尹仲容經濟部長的國際前瞻性、國際村的遠見，向世界招商投資，穩固經濟，以奠定臺灣經濟的發展。民國 38 年從大陸運來的黃金做爲新臺幣發行的準備金（現藏新店小格頭附近山洞），當時是以國民黨蔣總裁帶來的，非由總統身份帶來的。

四、日本友人贈予地產

在黃金地段的和平東路 1 段頭，古亭捷運站 5 號出口的 3 間房子（現改為 4 間）60 年來一直是平房，為何未蓋大樓呢？日據時代的電力公司高級主管贈予筆者家父，民國 38 年國民政府遷臺，由日本友人贈予簽字據有效，家父就可以登記為所有人，當時怕繳不起稅，未經過戶登記，轉送給同鄉人來臺北居住，事後輾轉多人至今佔有人可居住，據說現今其一戶是警總高級長官居住。依民法居住 20 年，居住者可享有使用權。又如信義路 2-3 段有某兩大知名冰淇淋業、餅乾業，佔有日人遺留下的地產，登記為其私人所有。國民黨情況同前者，國民黨也取得一些產業呢？利用產業也發揮救臺灣當時的國際石油及金融危機。目前全國有很多很大的財團，不也是取得日人所遺下產物？國民黨全國有 161 所民眾服務站，也可享有民法賦予的權利，但最近也率先部分還給政府了嗎！

五、受難家屬持平心聲

其實 228 受難者當中，內地人不比本地人少，由於內地人來臺多是單身，沒有家屬為之申訴，因此我主張政府要為 228 事件中罹難的本地及內地人一起立碑，不僅是安慰亡靈，也是為了促進族群的融合。仇恨是和諧的毒藥，我，身為 228 受難家屬，願意屏棄歷史悲情，用寬容的心，包容異己。臺灣人應向海洋學習包容的心胸，不辭涓細，接納百川，不要再存有被殖民的仇恨思維，我認為只有族群融合，心胸寬廣，發揚臺灣刻苦奮鬥的精神，臺灣才有可能走向世界，再創一次臺灣的經濟奇蹟。

新臺幣發行準備監理委員會第九次查（檢）公告

新臺幣發行準備監理委員會

新臺幣發行準備監理委員會第二次檢查公告

資料來源：民國38、39年中央日報

新臺幣發行準備監理委員會第138次檢查公告

新臺幣限外臨時發行準備監理委員會第一二六次檢查公告

49年12月31日止

中華民國五十年元月五日

時　　評

（含駁論及轉載）

論述族群融合及二二八公義，

應從人道主義及返還原住民公道談起

彰化縣二二八關懷協會

楊 澤 民[1]

　　臺灣二二八大屠殺六十週年的眾多人權紀念活動，最不協調的現象應是：主導臺灣的執政團隊（包括二二八事件紀念基金會）和（仍掌握當年國民黨政權資源的）中國國民黨，都賣力的利用這人權紀念日，去詮釋臺灣二二八大屠殺的真相和歷史意義。

　　我的父親當時因為擔心農會的公糧被搶，將農會借給林才壽所組織的「溪湖青年自衛隊」作為隊本部，希望自衛隊協助保護農會的公糧，卻也因為這樣而被當時的政府當作叛亂犯逮捕入獄，飽受刑求，家人身心更是受到痛苦的折磨。楊澤民說，他曾經到波蘭參觀納粹集中營的舊址，波蘭人在其中展示了被納粹所殘害的猶太人的眼鏡、牙齒等遺物，這些被殺害者的遺物，正是納粹暴行的最有力見證，看了令人心頭感到非常震撼；反觀我們對於紀念二二八事件所做的事，卻實在少得可憐，少到連許許多多的下一代甚至對二二八事件為何都弄不清楚，因

---

1 楊澤民是二二八受難者的家屬，他的父親楊春木在二二八事件發生時擔任溪湖農會理事長。

此政府除了所謂的賠償之外，應該還要有更積極的作爲，以還給受難者及其家屬應有的公道。

　　我選擇不去旁聽臺北市政府文化局於中研院所舉辦的學術研討會，主要是因爲臺大教授朱浤源也在那裡講述臺灣二二八。去年，他曾未經嚴謹史料之探討，就以文章表示「全國因二二八而死亡，並申請得到補助的⋯是六七三人」，並說「即使這個數字也遭灌水」。我不想探究朱教授撰文批判的動機，但他自詡已以口述歷史方法從事二二八研究逾十五年，但竟只能攻擊二二八事件紀念基金會所收集的數字，而未能依據自己逾十五年研究的成果，說出在二二八大屠殺究竟有多少傷亡，或更進一層分析在國民政府退守臺灣後，究竟有多少當時臺灣住民及跟隨國民政府遷臺之大陸新移民，因中國國民黨爲延續其生存及利益而被無辜犧牲？

　　是以，在長期被操縱和價值扭曲的臺灣社會，主張將歷史真相釐清的工作全交給所謂學者，是有爭議的，就像很多臺灣住民會說他們尊重臺灣的司法，但卻對現實中許多司法的判決不滿，不都是這土地上長期存在的矛盾和無奈麼？

　　我選擇去二二八紀念基金會主辦爲期兩天的學術研討會，爲的是想在那裡介紹德國總理勃蘭特「華沙之跪」的事蹟；個人祈望：我們臺灣土地上許多血債和仇恨，真的很須要有勃蘭特先生胸襟的人來帶動化解，讓臺灣才有真正公義和祥和的社會。

　　在第二天早晨，我在分發「華沙之跪」的傳單後，才步入會場，認真聽了一些專家學者的論述。那時，我耳朵聽著「外來政權」爲確保其生存及統治而虐殺臺灣各地精英的討論，腦海卻浮現日前李敖及蔣孝嚴兩位立委在公開場合論述二二八大

屠殺時，完全不帶一絲悲憫之人道主義的嘴臉。對於他們這些公眾人物的舉止，我和許多臺灣二二八大屠殺罹難者的家屬一樣，心裡都充滿難以言諭的憤怒和不平。

在那樣心情激盪時，我發言提醒與會者，在論述二二八真相時，莫要忘了當年在各地憲警紛紛棄守的環境，曾有許多臺灣原住民也和客家人及和佬人同心協力，參與保護家園的行動。我說這件史實是有依據的，這是二二八的見證人彰化縣林才壽先生告訴我的。

近年來，中國共產黨的專家學者不斷以德國總理勃蘭特「華沙之跪」的圖文，就日本淡化或扭曲南京大屠殺一事，來罵說「日本小泉首相不下跪，日本人就站不起來」；但荒謬諷刺的是，這些專家學者可曾同時（或敢膽）檢討中國共產黨在文化大革命及新近天安門事件，對自己千萬計同胞毫無人道之迫害虐殺？是以，如果我們圖有深度的論述二二八大屠殺，全體臺灣後來的移民當然也應同時討論「返還臺灣原住民族的歷史公道」。

對於那些在臺灣現仍執意以「官逼民反」的簡單論述，來淡化二二八大屠殺真相者，他們可能未曾瞭解民國初年胡適先生對於「民主的啓蒙」應先於「救亡圖存」的論述。有一天，在這非常有包容力的臺灣土地上，全數「外來政權」終將會放下他們壓抑臺灣住民人權及民主的蠻橫，但今天這些讀過一些書，應負起「民主啓蒙」責任的政客及所謂專家學者（包括蔣孝嚴、李敖、朱法源等）究竟給臺灣住民的啓蒙帶來了什麼？而至於中國國民黨除了誠實認罪道歉，並拿出誠意贖罪以外，難道還有其他的選項？

彰化中學歷史老師蘇瑞鏘在「『超越國恥』- 從『南京大

屠殺』」談起」的文章中，說得非常好：

> 時下有些人常愛逼問他人「你是中『國』人嗎」？我認
> 為：先反問自己「我是『人』嗎？」可能更為重要。不
> 從根本的人道主義出發，滿腦子盡是「國家至上、民族
> 至上」的沙文主義思想，終究難以超越「國」恥。

　　彰化縣林才壽先生曾見證六十年前，在臺中市民大會裡，當時看起來最有決心並勇敢裝備自己，來參與維護地方治安及捍衛家園的，就是那長期被各「外來政權」迫害而又顯然最善良的臺灣原住民族。

　　說到這裡，我又不禁想起，就在一年前，西元 2006 年二二八大屠殺五十九週年的前夕，生長於臺灣的臺北縣長周錫瑋剛就任不久，就以其政治公權力，強制拆除烏來高砂義勇隊慰靈紀念碑一事。

　　顯然，今天仍有許多滿腦子盡是「民族至上」的沙文主義思想者雖在臺灣生長五、六十年之後，還是繼續頑固地抗拒認同這塊福爾摩沙的土地，甚至還仍想盡辦法去消滅最早來到這裡生根的臺灣原住民文化及這充滿包容力、真正多元的臺灣文化！例如那位周錫瑋先生，雖他曾經唸過天主教的輔仁大學傳播學系及美國南加州大學的兩個碩士學位，可曾在輔大及美國的環境裡，真正領會在多族裔的土地上，住民都應學習相互尊重並珍惜多元文化的並存與共榮？

　　另外，在今年二二八的前夕，自稱是當年整編廿一師第一營營長署名「賈尚誼」的，曾在聯合報民意論壇投稿，他論述「還原 228 歷史真相 —— 共產黨策劃、少數皇民浪人的惡行」，並說他在西元 1947 年「突奉命赴馳臺灣鎮暴，在三月六日晨在基隆港登陸…。」姑不論這位賈先生，以其當年擁有絕對優勢

武力之鎮壓者成員，寫成一大篇的文字中，到底有多少是真的與事實相符，但他的文章顯然遺漏了我們許多無辜罹難者家屬最想知道的情事：當年您佬的廿一師怎忍心一上基隆港，就沿路以機關槍虐殺臺灣無辜的民眾或所謂「同胞」？是您的上屬要求你們所謂「國軍」以捕捉並殺害臺灣住民的手段來鎮暴嗎？您佬殺了幾個人？他們都是該死的人嗎？您佬有無用鐵絲穿過一些臺灣人的手掌，硬生生地綁成一串，將他們活活推下海？他們可曾哀求您佬放過他們一命？若殺了無辜的人，您可曾摸著良心覺得不安？您想過那些被無辜虐殺者的父母和兒女，這過去六十年是怎麼走過來的？

　　我們真的不願相信有這等慘絕人寰的惡行，但這位賈尚誼將軍您可願意公開出面說這些故事都是「假」的？這些才是我們被害者的親人想從您這位國民政府第廿一師退役軍官這裡了解的真相！因為許多 228 罹難者的家屬從來不知道我們的親人是如何走的。甚者，許多六十年仍未出土、不被紀念的臺灣 228 冤魂，他們的苦難和冤情有誰來替他們敘說？

　　臺灣住民及專家學者們，您說類似二二八大屠殺的歷史悲劇絕不可能在臺灣重現麼？又誰來寫成這臺灣二二八大屠殺的故事？

答覆楊澤民先生有關『二二八』
公義的憤怒

賈　尚　誼

澤民先生：

讀 2007 年 3 月 4 日聯合報發表的大文『論述族群融合及 228 公義，應從人道主義及返還原住民公道談起』，敘理至明，立論亦佳，堪稱讜論，惟因爲先生的令尊大人楊春木老先生，曾因該案涉嫌而繫獄，內心悲傷和激動，故對拙文「我營馳臺鎮暴，六人成臺灣女婿」所述事實多所質疑，認爲替當年政府作辯護。

令尊的冤獄是事實，曾遭刑求也是事實，但不可以此而否定所有與尊意相反的實證，都認爲全非事實，此非探史求真的態度。先生可以例舉事證，指出朱浤源教授蒐證之謬誤，以及拙文所述，有何與史實不符之處，方足以折人心服。

從先生談話與文意中，可看出您係一高級知識份子，慎思明辨，虛心求證，乃爲作學問的道理，武斷自是，何能服人？

先生文中問我：『⋯姑不論這位賈先生，以其當年擁有絕對優勢武力的鎮壓者成員，寫成一大篇文字中，到底有多少真的與事實相符？』，這點我可以敬告楊先生：『句句屬實！』

因爲我是基督徒，不說謊話，也不必說謊話，請問我如果說的是謊話，對我有何益處？同時我還可以告訴先生一件事證：當我的拙文於本年 2 月 27 日刊出後，在 3 月 25 日，就輾轉收到周江玉蟬女士來信，說拙文中所提到的『第三營韓營長，也作了臺灣姑爺』的韓營長，就是她的三姐夫，並將與其姐姐的結婚照及其子女的照片寄`給我，要我與他們連絡足證我所寫非虛（按他們當年結婚地是在嘉義梅山，由當時鄉長證婚）。

　　再則我說 1947 年臺灣 228 事變爲潛臺女匪幹謝雪紅所策動，先生質疑爲欲加之罪，恐係誣指謝女士，請查謝女士事發後奔逃之所，即爲大陸，既抵就受當時中共中央敘功表揚，又豈是信口雌黃？

　　先生再問我：『…但他（意指我）的文章顯然遺漏了我們許多無辜罹難者家屬最想知道的情事；當年您老的 21 師怎忍心一上基隆港，就沿路以機關槍虐殺臺灣無辜的民眾或所謂「同胞」？是您的上屬要求你們所謂「國軍」，以捕捉並殺害臺灣住民的手段來鎮暴嗎？您佬殺了幾個人？他們都是該死的人嗎？您佬有無用鐵絲穿過一些臺灣人的手掌，硬活生生的綁成一串，將他們活生生的推下海？他們可曾哀求您佬放過他們一命？若殺了無辜的人，您可摸著良心覺得不安？您想過那些被無辜虐殺者的父母或兒女，經過這 60 年的時光，是怎麼度過的嗎？』

　　澤民先生，你的問題是如此尖銳，描寫得又如此血腥，我真佩服您有如此豐富的想像力，您真把您所謂的「國軍」官兵，想像成凶殘的猛獸了！我想請問您 228 事變時，您有幾歲？這些情事，是您當時親眼看到？或是事隔多年聽人提到？還是看到某電視製作的 228 事變影片？

　　澤民先生，我的個人言行，所作所為，神都在看，我不能說一句謊話、殺人、害人，定有人、事、時、地，可供查考，想隱瞞也瞞不著。別的單位，別的人，是否有此惡行，因無任何證據，我不敢說有或無，但我（賈尚誼）當時所率領的單位（整21師145旅433團第1營），民36年3月9日清晨，在基隆港登陸，踏上臺灣土地後，直到同年8月中旬調離臺灣，我沒有殺過一人，也沒有拘捕過一個人，至於鐵絲穿手掌，綁成一串，推入海中，那更屬匪夷所思了。我受到的任務是來臺鎮暴，涖臺之後，除登陸當天，急趕臺中霧社，追捕謝雪紅外，當時全臺已無暴可鎮，致於緝犯懲兇，那乃是司法檢察單位的事，與鎮暴部隊無關，國軍祇是協助維護社會治安，擔任山海防任務，故您形容描述的虐殺事件，根本聞所未聞，想所未想。您可懸賞，招人指認，只要能查出我本人和我所率領的部隊，在臺期間有殺過人，或拘捕過任何人的事實，我願以生命承擔。

　　讀宏文，我才知道在臺若澤民先生者流，心中對非原住民所謂"外來政權"，以及228事件要打殺的"外省豬"與"半山"等積恨之深，誤解之大，想像之殘忍，已到不可共戴青天的程度，"本是同根生，相仇曷有極"？從澤民先生文中，把「同胞」、「國軍」等字眼，都用「」號括起來，足證你們早已不認同我們是同胞，是國軍了，甚者，公然以外來政權視政府，以228大屠殺來命名228事件，其隔閡之深，差距之大，臺灣族群融合障礙之既堅且鉅了。

　　澤民先生，請再恕我問句不該問的話：令尊大人結果是平安出獄？抑囹喪獄中，我非常掛念，致於嚴刑逼供，飽受刑求，這是我國司法史上的劣質文化，陳年陋習，積弊有年，迄今未改，讓我們共同來努力，改除此一不人權不人道的惡行吧！

　　誼非常同情先生的尊翁春木老先生的遭遇，好心未得好報，竟被誤會而繫獄，也非常同情先生及家人們，在這 60 年裏內心所受的熬煎，故盼望您們要放開心胸，退後一步海闊天空，聖經載耶穌無辜被釘十字架都是非常無助，古聖先賢，蒙冤屈死者，不知凡幾？生逢亂世，誰敢自許能永享公平？千萬別長年生活在仇恨中，如此太痛苦，行事會陷於偏激，傷神而又憤事，殊非修身養身之道，局外人說安慰話易，當事人要真心放開胸襟難，不過人生不如意事，何只千萬？先生達人，盼能以超人的神智，做出超人的決定，放下仇恨，用愛去看人看事，個人才有快樂，社會才有和諧，我之所以以耄耋之年，還勉強出頭來寫那篇短文，就是有鑑於 60 年來，228 的陰影瀰漫及於臺灣每個角落，把仇恨的種子，深植人們心坎中，讓族群對立，越陷越深，讓我憂心忡忡，寢食難安，希能略盡棉薄，以化解對立，消除內耗，走向和平理性。

　　放眼當今臺灣，地狹民稠，經濟衰退，已完全失去國際競爭力，協作猶嫌不足，分裂對立，自我對銷，後果豈堪設想？澤民先生，願意消除仇恨，與我攜手協作，共創臺灣的和諧未來嗎？引領望之。

張拓蕪給賈尚誼的信

敬愛的賈公老將軍，老長官：

感謝您老的長媳牟女士把您的電郵及電話告知，一時頗為激動，腦筋尚來不及轉彎，您的電話就來了，讓我喜出望外之外又激動緊張，一時竟答不出話來。

令長媳已將您的演講稿 email 給我，可謂振聾發聵，義正詞嚴，而且您以九十高齡的長者之仁心，字字肯啓忠恕，句句誠懇坦率，直如暮鼓晨鐘，尤其您老最斬釘削鐵的五字真言：「老兵不說謊！」義正詞嚴，鏗鏘作響，我這老部屬讀了最為傾心肯定！

賈公老前輩老長官，我想將您的演講稿，全文刊載在我的部落格裡發表，故此先請求您同意，讓在臺灣的人，也能讀到您金聲玉振，義正詞嚴，正氣浩然的演講內容。拜託，拜託。老部屬在這兒向您立正，舉手敬禮！

祝您和夫人暨闔府

平安　健康　硬朗　幸福

您的老部屬前陸軍二十一師一四五旅迫砲營
第三連下士　**張拓蕪**謹拜
2009/3/11

附註：已於 3/13/09 蒙賈老將軍允准披露

我讀 賈尙誼將軍的演講稿

張 拓 蕪

今（2009）年二月二十六日，接到熱心網友電話，要我去買份《中國時報》，因爲該報預告了二十七日「中天新聞」將有有關二二八的頭條新聞，專題報導有關陸軍二十一軍在上海保衛戰中被人民解放軍殲滅殆盡，剩下的幾個殘兵被俘，勝利者自然興高采烈志得意滿，對被俘虜者盡情羞辱，對方跪地求饒亦不被接受，然後以機槍掃射，將俘虜集體殺光！

何以有如此深仇大恨？原來這批俘虜是二十一師的士兵，勝利者是臺籍兵，兩人在戰地接到臺灣家書，說二十一師在臺灣殺了很多人，剛巧被俘的正是二十一師的殘兵，立刻就「仇從心上起、惡向膽邊生」，盡其可能的向這批俘虜大報其仇了！

這幾個臺灣兵，是當年最早來臺接收的駐軍七十軍，在臺灣招考了一批臺籍青年，編入七十軍的所屬各部，他們於三十六年奉命移防開赴大陸作戰，不幸被人民解放軍的三野部隊打垮，剿滅，他們幾個差幸未被打死，卻被三野軍俘虜，又當了人民解放軍，然後又奉命編入「抗美援朝軍」某師，到韓國去打以美國爲首的聯軍，韓戰打得迷迷糊糊就結束了，美聯軍無功而返，算是打了敗戰，捏著鼻子回美國去了，抗美援朝軍被打死的官兵人數比美軍多了好幾倍，但人命在中國半文不值，

中國有的是人，死個千兒八百萬的算不得甚麼。既然美軍捏著
鼻子回去了，那麼抗美援朝軍便成了勝利者，受到軍方的誇讚
獎勵，個個也成了英雄，回到故鄉，受到黨、政、軍及地方人
民的英雄式熱烈歡迎！

這幾位流落在大陸各地的臺籍老兵，娶妻生子，再生第三
代，算是安家落戶了。他們因歸類為英雄，是屬大陸最紅且神
聖不可侵犯的「紅五類」，中共政府給他們最優惠的待遇，他
們也向臺灣退輔會領退休金？（不知是甚麼金，每月平均約一萬
五千元左右，可能比不上大陸的多，聽他們的口氣和神情，似
乎臺灣的國軍很忘八蛋）。

這些在大陸打仗的臺籍兵，在硝煙瀰漫、砲彈破片與子彈
亂飛的接戰地區，如何能收到來自臺灣的家書呢？據一位承辦
軍郵多年的老上官說：據他的業務職責和經驗，只要接敵地區，
（更別說淪陷了）只要尚在戰爭中，勝負未分，便奉命斷郵，
那邊過來的，這邊過去的，不管單掛號雙掛號的，一律攔截，
半封信也不准通！　待戰事平靜，地區被國軍控制之下時再予寄
出（等於發還）。

那兩位臺籍老兵能收到臺灣故土弟弟和妹妹的家書，應是
千萬封信件的唯一漏網之魚，真是幸運。

信中透露了一點點臺灣訊息，僅說：二十一師殺了很多臺
灣人！就這幾個字，把他們氣了個一佛出世、二佛升天！怒火
中燒中，恨不得立刻飛回臺灣，把二十一師的官兵殺個精光，
為臺灣鄉親報仇、雪恨！一直等到上海保衛戰，二十一師被數
十倍人民解放軍包圍殲滅，幸存的幾個殘兵被這幾個臺灣老兵
逮到，即便對方跪地求饒，他們仍一邊羞辱凌虐一邊還用機槍
掃射！

　　這鏡頭令我看了心膽俱寒！人被仇恨包圍之際，人性早已丟到九霄雲外！這是可以理解的，當你我得知親人鄉人被殺害時，你我也會仇從心頭起，惡向膽邊生的大肆報復，尤其當我是勝利者，敵人跪在我的面前求饒時，我更會仇上加火，釜底添柴，快意恩仇！

　　對這一段，我無意評論，但我看到二十一師被整個殲滅歷史，心中積聚了難過、惋痛、懷想、感嘆以及小小的慶幸等等說不清說不全的各種複雜情緒，頹然的長歎一聲癱坐在小椅上了。本來一躺進小椅，瞌睡蟲立刻報到，不消三五分鐘就可進入黑甜鄉，神準得很，屢試不爽。今天卻是輾轉反側，無法「入定」，剛看過的種種情節，走馬燈似地來回轉圈兒！

　　二十一軍（師）抗戰勝利初期，整個軍進駐京滬線、南京、蘇州、鎮江上海時，那多風光、多神氣，那是民國三十四年的秋冬之際，想不到短短四年不到，整個軍數萬官兵就這麼被殲滅殆盡！　令人傷感不已。

　　二十一軍從早年出川，無論抗日、剿共，都能盡忠職守、能攻能守的名師，二十一軍雖然垮了，但他們個個都無愧的。

　　鎮壓臺灣二二八暴民，後來又被臺籍老兵用機槍掃射殺光報仇一節是歷史的作弄和諷刺，也是反國民政府反國民黨者最是樂聞的一則「報應」！

　　對這幾位臺籍老兵九死一生的幸運，打心底同情。

　　然而他們忽而左，忽而右的身份變換，既感到突兀，又覺得悲哀，更感到滑稽可笑，人的是非、對錯、黑白、正反的思想層次，不是紊亂的一塌糊塗？仔細琢磨一下：我是個甚麼玩意？算個正常人嗎！當然不能這樣說，那太失厚道，設身處地的往深處多想一下：對方已經跪地求饒了，已棄械投降沒有反

抗能力了，你還忍心掃射得下去嗎？且不說違反日內瓦公約上「不得虐待俘虜」的規定，就站在人性立場上說，似乎也不必對待已經向你屈膝求降的殘兵敗卒，你不覺得過於兇狠殘暴嗎？！

「中天新聞」的標題是「二二八泯恩仇」，說來容易。馬英九數度向二二八受難者家屬及全體臺灣人民道歉，看得出政府的心誠意正，但有人就是不願放下，到處嗆馬、嗆劉，場面弄得很尷尬。今年的二二八紀念大會上，馬英九和劉兆玄双双扯開那個象徵二二八的情結時，偏偏扯不開，弄得他們一心一意要扯開糾纏了六十年的結，也暗示了實在很難扯得掉，弄得場面很尷尬，馬劉很糗！

我不知道這是歷史的嘲弄，還是行政人員的疏失，漫不經心？抑或是宿命？老天註定的？這就叫人傷感情了！

仇沒有解不開的，美國黑白戰爭長達一百多年，經雙方的刀兵相向，睚眥必報，到後來淡了，意識對立不那麼重要了，黑人明星比白人明星更受觀眾歡迎，非洲移民的後裔高票當選了美國總統。仇恨不可泯嗎？臺灣已被仇恨了六十年，還不能消解？臺灣兩千三百萬人民，至少百分之九十五以上莫不馨香祝禱！衷心盼望臺灣平安幸福，人民能過沒仇恨、和平相處相互關愛、相濡以沫的好日子。

事實上這個悲劇原不應該發生的，發生了也不該擴大蔓延到不可收拾的地步，之所以釀成大悲劇，因素很多，踪其源，首先是臺共操弄，其次是日軍殘餘勢力，野心失意的政客的煽風點火，地痞流氓的趁火打劫以及當時的警力太薄弱等等等等……這顯然是經過精心策劃的，當年的通信傳播並不普及，為何臺北發生的小事，立刻爆發成大暴亂，立刻在高雄、嘉義

竄聯而且比臺北嚴重，一發不可收拾。

謝雪紅的臺共 xx 軍只是星星之火，在野心政客的添油加火之下才會燎原。

六十年過去了，這些斑斑史實，無論政府的民間的都已陸續出土，昭昭在世人面前，誰血腥鎮壓了？誰殺了多少人了？誰是野心份子，你去看歷史資料啊！

時間可以諒解這場誤會的，有人可就忘不了，三不五時就拿出來炒一炒，真正的二二八受難者遺族都可以原諒，野心政客們就是不放，放了就沒有她們的政治利益了，就挑不起仇恨情緒了。

二二八，政府是大輸家，二十一師官兵被冤枉背黑鍋，臺灣人民未沾到多少好處，臺共被消滅殆盡，唯一受益者是那些野心政客，而政客又是世襲，陰魂不散的，以致六十年後的今天，仍是吵吵鬧鬧沒完沒了！

<u>中研院黃彰健院士去年有一部歷史鉅著《二二八事件考證稿》出版</u>。書中的記載最詳實，態度最公正，氣度也最平和，不管你是哪一方，請你靜下心來，好好研讀，包你心平氣和，冷靜思考，事與非，對與錯，正與邪的問題。另外請你讀讀<u>賈尙誼將軍在美西舊金山灣區「二二八紀念會」上的演講稿</u>，老將軍意誠詞懇，老老實實的現身說法，相信能給你有所啟示。阿彌陀佛，老將軍九十高齡了，他說的沒半個字假話，老將軍強調：「老兵不說謊」！

駁為彭孟緝「平反」的新證據：
先聽聽彭孟緝自己的證詞

陳　翠　蓮

　　去年以來，中研院院士黃彰健與研究員朱浤源突然成了「二二八專家」，前者指二二八事件動機是台獨、「彭孟緝出兵平亂是正當的」；後者謂「二二八事件只有死亡 673 人、失蹤 174 人」；相繼屢發令人駭異且有違常識的高論。日昨媒體報導，黃朱二位先生從彭蔭剛處取得新證據－－事件當時高雄市長黃仲圖與高雄市參 議會議長彭清靠寫給彭孟緝的文件，要證明：1.黃仲圖與彭清靠是被涂光明強逼上壽山。2.涂光明、范滄榕、曾豐明三人是社會人士，根本不具學生身分。3.彭孟緝的軍隊是在 15 位軍人被槍殺後開始反擊，並非一開始就對高雄市政府、火車站、高雄第一中學的民眾掃射。黃朱二人試圖為彭孟緝「平反」，洗刷「高雄屠夫」的罪名。

為人翻案求證應該嚴謹

　　彭孟緝之子彭蔭剛為父奔走、希望先人不要在歷史上留下臭名，其心理不難理解，但是兩位中研院「學術工作者」在為人翻案前的求證行動應該更嚴謹。在公佈所謂 的新證據之前，不妨先仔細翻翻史料，看看彭孟緝自己如何誇耀自己「軍事平

亂」之功。1953 年，彭孟緝任職台北衛戍司令兼台灣省保安副司令，奉蔣介石指示，乃依據當年的日記，並調閱高雄部份檔案，寫下一文（收入中央研究院近史所編，《二二八事件資料選輯（一）》，1992）。文中他如此自述：

（3 月 2 日）…台北的事件才只發生兩天，高雄的情況就變得如此惡劣，如果沒有預謀，沒有幕後的指使操縱，何至演變得這樣迅速？經過研判後，肯定的認為此次事件…已經完全變質，現在正由陰謀分子在幕後進行有組織有計劃有政治背景的陰謀活動。

（3 月 4 日）…照陳長官廣播的指示，依然強調這次事件，應該等待政治解決，不准採取軍事行動…我認為事態本身正在不斷變質，奸匪已經滲透進叛亂集團，…恐怕等不及政治解決，就將陷於不可收拾的境地了，我認為捨軍事制止而外，已經沒有其他的途徑可循。…我為恪盡革命軍人天職，而不顧一切，毅然決心平亂…

（3 月 5 日）午後二時，暴徒涂光明、范滄榕、曾豐明等…同來壽山司令部找我商談「和平辦法」。…但我因為正在暗中加緊準備，決定七日拂曉開始全面行動，為了保守機密，乃故意虛與敷衍遷延，表示可以考慮他們所提出的要求…相約於次日再來司令部共同商談。

（3 月 6 日）上午九時，以涂光明為首的所謂「和平代表團」，分乘兩部轎車，插大白旗，駛進我司令部…涂等首先提出他們業已擬好的「和平條款」九條要我接受…

誘騙談判代表一舉成擒

我既將暴徒首要涂光明等予以逮捕，這就說明政府與叛亂組織之間，已經攤牌…軍事行動勢非立即開始不可。於是將預

定於七日拂曉實施的行動計劃，提前十四小時來執行。

　　我決定下午二時開始攻擊，命令陸軍第二十一師何軍章團的第三營向高雄火車站，及暴徒盤踞的第一中學進擊；又命令我的守備大隊陳國儒部，向高雄市政府及憲兵隊部攻擊前進…

　　從彭孟緝自己寫的回憶錄中可以清楚的看到，他在事件剛蔓延到高雄的 3 月 2 日即主觀認定是「奸黨陰謀」，意指共產黨叛亂；4 日決定以軍事解決，雖然陳儀還在等待國府援軍，不許他輕舉妄動，但彭已「毅然決心平亂」。甚至，5 日涂光明等人上壽山準備談判，彭孟緝因軍事準備尚未底定，還「虛與敷衍遷延」、誘騙談判代表次日再來，而予一舉成擒，並且提前軍事行動，迅即出動部隊三路屠殺鎮壓高雄市民。彭孟緝自己的證詞中哪裡提到了 15 位軍人被殺後，才出兵反擊？

228 委員會成捕殺對象

　　有關高雄市長黃仲圖與市參議會議長彭清靠是被涂光明脅迫上山的說法，並無新意。在楊亮功、何漢文來台調查事件時，黃仲圖所提出的就是這樣寫的。國府軍隊增 援後，各縣市二二八處理委員會成員都成了被捕殺的對象，處委會成員之一的黃仲圖會提出此說，並不令人意外。儘管如此，事後黃仲圖仍遭撤職處分。另外，彭孟緝還指稱因為涂光明開槍要殺他，他才逮捕一干人等。但是一同上山的談判代表之一的台電高雄辦事處主任李佛續在 1992 年接受口述訪問時，否定了有人被脅迫上山與涂光明開槍之說。

　　而參與談判另一當事人彭清靠則在筋疲力竭回到家後，「兩天沒有吃東西，心情粉碎、徹底幻滅了。從此，他再也不參與中國的政治，…他所嘗到的是一個被出賣的 理想主義者的悲痛…他甚至揚言為身上的華人血統感到可恥，希望子孫與外國

人通婚，直到後代再也不能宣稱自己是華人。」（引自彭明敏，《自由的滋味》）這是 被脅迫上山的彭清靠應該會有的反應嗎？

被屠殺民衆高雄人最多

至於涂光明、范滄榕、曾豐明三人，從來沒有研究報告指他們具學生身分。涂光明有中國經驗、戰後被任爲高雄市政府日產清查室主任、是事件中的民兵領袖，曾豐 明經營電器生意，范滄榕是牙科醫生，這些資料在九〇年代的所做的二二八口述史中早已提及。兩位學者要用「新證據」來證明此三人是社會人士，不具學生身分， 反而更顯示兩位先生對二二八史料的陌生。

根據 1947 年台灣旅滬六團體的「關於台灣事件報告書」所稱，台灣二二八事件中被屠殺的民衆「以高雄爲最多，有三千人」。

來台調查的監察委員何漢文也指出，事後彭孟緝向他報告「高雄市在武裝暴動中被擊斃的暴民，大約在兩千五百人以上」（引自何漢文，〈台灣 228 起義見聞紀略〉）。由於在二二八事件中率 先鎮壓民衆、屠殺有功，彭孟緝一生受蔣氏父子重用、享盡富貴榮華，但在民間被惡評爲「高雄屠夫」。如果說這樣的評價對彭孟緝「太不公平」，還要爲他美言、 粉飾；那麼，這些冤死的台灣民衆又該要去哪裡尋求公平？

（作者爲淡江大學公共行政系副教授兼系主任）

〔資料來源：《台灣日報》，2005 年 3 月 5 日〕

《自由時報》

民國 99 年 2 月 5 日〔記者王寓中、曾韋禎／台北報導〕

馬英九總統昨天明令褒揚已故中研院院士黃彰健，肯定黃彰健畢生專研史學以及發掘二二八事件真相的努力。但有學者質疑黃彰健對二二八的研究成果，與學界的認知差距過大，多是個人主觀意見。

民進黨發言人蔡其昌批評說，馬總統一方面對二二八家屬道歉，卻又肯定這種不為學界接受的研究成果，顯示馬對二二八毫無反省能力，只是為了選舉考量，才展現出種種虛假的政治言語與動作。

高齡九十歲的黃彰健去年底辭世。他在三年前發表「二二八事件真相考證稿」。但許多觀點大異學界與二二八受難者家屬的認知，包括：二二八僅六百七十三人死亡；國軍在一九四七年三月八日登陸基隆港時，基隆港已淨空，不可能有民眾被射殺。

馬總統在褒揚令中指出，黃彰健畢生恢弘學術思想史乘，盡瘁文籍考訂校勘；殫力上古專題論述，浸淫明清個案解析，詳贍精審，窮理盡微。晚歲潛心二二八事件研究，疇咨博采，饒富新見。

黃研究結論　二二八家屬質疑

不過，二二八事件紀念基金會執行長廖繼斌表示，他肯定

黃彰健對明清史的貢獻，也尊重黃晚年對二二八所展現的治學精神，但其研究結果，實與家屬認知差距過大。光申請賠償的部分，就不少是基隆人，其中還有他的長輩，要說基隆沒民眾被射殺，恐怕與事實不符。

中研院近史所副研究員陳儀深指出，黃彰健的死亡人數據，是領取賠償的人數，實際上，有更多亡者是隻身一人，沒有家屬為其申請賠償，這只要比對相關官方檔案就知道了。

馬英九肯定穢史

曾 韋 禎

http://blog.roodo.com/weichen/archives/11620179.html

馬英九今天發令褒揚黃彰健這個早該死的傢伙，肯定黃彰健發掘二二八事件真相的努力。

看到這就知道，原來馬英九的二二八史觀是多麼地錯亂與無知。黃彰健這傢伙，如果早死個十年，應該還算是有點貢獻的史家。結果他後來主持二二八研究增補小組讀書會，與一堆史賊們合力製造穢史，一下字說二二八只有673人死亡，還肯定彭孟緝處置得當，又說二二八是 George Kerr 等美國人煽動的，還說二二八後的3月8日基隆港已淨空，不可能有人被射殺。這種處處假造歷史，只想為國民黨開脫的穢史學賊，早就該死了，活到現在才死，已經沒啥天理了。結果馬英九還為這種穢史學賊發褒揚令，這不正證明，馬對二二八的看法，就是黃彰健所研究的那套？

愚公移山，精衛塡海

郭　冠　英

「彰健銜石投臺海，春蠶絲盡化春泥。」

我因爲 228 研究而認識黃彰健，他寫了「228 事件真相考證稿」，初稿影本交我校對，一大疊，我一個字沒看，後來出書，一大本，六百頁，我只看了幾頁，我記得的只有一句話：「彭孟緝在高雄事件處理上，是沒犯什麼錯誤的。」

我沒看，是因爲「真相」早在事件後幾個月裡就弄清楚了，這句話，早是我的常識。我認爲一切記錄，包括死亡人數，都清清楚楚，那時候也不必要造假。後來，四十年不談，不是「我錯了」，是不好說「你錯了」，大家都是同胞，何必要那樣子說穿，那樣子扯破傷口，大家難堪。

問題就出在，有人不認爲我們是同胞了，那我國的真相就與貴國的不一樣了，對錯也不一樣，要倒過來了。但是，又因爲真相，常識的真相，太清楚了，要否定，要逆反，不太容易，爲著「新國家」的認同，有這種感情，可以不顧事實的去否定真相，但這就像那種打冒頭的遊戲機一樣，這槌敲下去了，那頭又冒出來了，只有一直打，打得很吵，這就是這 20 年來的真相。

「228 研究增補小組」，就是那個頭，一個一再冒出、各點

冒出的頭，叫著「真相、真相、事實、事實」。這裡被打，那裡又會冒出的頭。黃彰健，就是這個頭，一個頭髮稀疏，垂垂老矣的老頭。他聲音微弱，但氣很長，因爲，他以歷史考證的耐心，一件事一件事的查，一個電報一個電報的分析，一句口述一句口述的比對。爲了見林，他一棵樹一棵樹的去摸，去看，去測量。有時，太細了，會見樹不見林；有時，我會想，你煩不煩？寫那樣本大書。我認爲，這些「真相」並不是不對，不是不爲人知，並不是像「明實錄」一樣，很少人去研究，研究了有什麼目的。爲那種歷史，可以皓首窮經，如你黃彰健般的去研究，但 228 距現今很近，40 年、60 年，史實俱在，當事人還在，比如葉明勳，才剛去世，那還有什麼好研究的呢？黃彰健的研究，包括「228 研究增補小組」的努力，我們聚在一起三、四年了的「讀書會」、混個簡單便當吃的研究，其實不是在找尋真相，而是在保護真相；不是在扒糞，是在擋糞。是在溫故，乃可知新。

　　我們做的，不是歷史研究，是排擋政治對歷史研究的扭曲、捏造。這是林，這是林相。我覺得不必在樹，在枝葉上打轉，因爲 228 研究不是歷史，是政治，否則哪有一個過去不久的、人事地物俱在的、所有說要隱瞞的檔案都已開放的歷史，舉全國之力，研究個 20 多年還得不出個結論的呢？是臺灣的歷史學者水準太差？差到白癡的地步？怎麼每年都說要找真相，每年都要紀念真相，年年都有發現真相，還要給大錢，十幾億的給，一直找下去，找不到不停，愈找愈大呢？

　　曹操墓都找到了，228 的真相怎麼還在找呢？

　　還是，說要找真相的，就是踩著真相的，就如那說是來探病的，正是踩著病人輸氣管的。

　　我、我們每次來開「讀書會」的，只是說，請把腳移開，而黃彰健，則是一棵樹一棵樹的搬出來，一棵樹一棵樹的考證。他去抱著那隻腳，試圖搬開它。苦口婆心，摩頂放踵。

　　因為他實在老，實在誠懇，實在是歷史研究的一個典範。學界譽美，允推獨步，他才沒有被踹一腳，而那些不夠老成的，不夠謙卑的，就被痛扁，眾矢之的，千夫所指。所有踩著真相的，都恨死這個「讀書會」。其實，他們更恨的是黃彰健，因為他以老軀保護真相，他一步一步的檢視真相，詳瞻精審，窮理盡微。他像一個老母抱著幼子，你打不下手。

　　他比 228 時的中國人幸運，那時，一些婦孺被打死了，很慘，而我們這些最要遭殃的人，跑得快，被臺灣人在家的閣樓上保護躲藏起來，這些殘酷和感人的真相，由於與所謂的與主流真相不合，與「學界的認知差距過大」，現在避之不談，被掩蓋起來。真相，也要被保護躲藏起來。過去幾年，這個「讀書會」，就是 228 時臺灣人家裡的閣樓。

　　黃彰健，就是閣樓裡的那個老者，在幽微的燭光下，他一雙帶著血絲的眼睛看著我們，看著我們義憤填膺，聽著我們激越高論，他有時會噓噓的叫我們小聲，容他娓娓道來。他或不那麼激昂，他的血管已堵塞了，一點點血衝過都會血壓升高，最後，他在那個角落閉上了眼。春蠶至死絲方盡，蠟炬成灰淚始乾。

　　這時候，樓下那個人，這個屋子的主人，走上來，給黃彰健蓋上了白布，說他：「襟度軒朗，謹厚淹貫。志道游藝，燦然有聲。恢弘學術思想史乘，盡瘁文籍考訂校勘。晚歲潛心二二八事件研究，疇咨博采，饒富新見。」

　　這個人，被視為要掩飾真相的，又被視為要保護真相的；

我們認為他是腳踩在輸氣管上的，他又說他是給真相輸氧的。我們說，為什麼不能打開窗，讓真相大白於天下？他說不行，他們會燒我的房子，就像當年國大代表謝娥說長官公署上沒開機關槍一樣。

Over my dead body，就像當年林獻堂對暴民所說的：「你們要殺中國人嚴家淦，自我屍體上走過去。」現在，黃彰健死了，追殺真相的人要踏過他的遺體。

他們說，這個房子的主人褒揚他，是想要「奪取臺灣史的詮釋權」。他們說：「這個史賊早該死了。」

這就正是 228 的真相，一切真相就在這幾句話裡。不是說要大家發掘真相嗎？為什麼只能你們可以發掘，別人，黃彰健、讀書會、躲在閣樓上的這批人不行呢？你們有大量的公費可供發掘，也發掘了好久，我們，為什麼不能自己掏腰包，也來野人獻曝，發掘一點就是一點呢？

真相？難道只有進攻長官公署、搶奪衛兵槍枝的人才可以講，講的才是真相；躲在公署內，要走上公署陽臺，想講出真相的人，就不准呢？講的就是錯誤不實的呢？真相，難道不在當時的政府記錄、歷史文件裡，而在燒完了煙酒公賣局，轉到長官公署沖擊的鑼鼓陣裡？

什麼叫主流民意？這怎麼形成的？形成多久了？根據什麼真相？眾口鑠金，主流就一定對嗎？主流就不會改嗎？有主流，就不准有支流嗎？萬山不許一溪奔？

有主體意見，就不能有異議嗎？黃彰健是明清上古史的主流分子，他不能做一段現代史的異議分子嗎？還是，他是中國人，所以不能談這個外國的歷史呢？不是他說的真相不真，是他不能說我國的真相，這不是歷史研究問題，是國家立場問題。

什麼叫「詮釋權」？爲什麼不容「搶奪」？你的詮釋權是自誰搶來的？中國人？你不是反對一言堂，反對白色恐怖嗎？爲什麼只有你有詮釋權，人家不能有，不能提問呢？憲法不是保障言論自由嗎？爲什麼連中央研究院的院士都不能做點詮釋呢？因爲那是中國的？爲什麼臺灣只有不認爲是中國的人有話語權，中國人，湖南人，黃彰健，還有那屋子的主人，就沒有呢？

228 的詮釋權，是掌握在初期街頭的武士刀裡，還是後來登陸的槍桿子裡？難道，它是可以以武力來搶，不是由筆來寫的嗎？爲什麼你可以講，我不准講呢？爲什麼你是萬山，我是一溪，我不能說死了 673 人？爲什麼我有真相考證，你不需要有呢？爲什麼你說你死了很多人，我不能說我也死了人呢？你死的都是烈士，那我死的都是什麼人呢？我說你死的數字不對，說少了，那你說我死了多少人，你好歹也給個數字吧？

我殺你的人，被窩藏起來，升官發財了，如彭孟緝，有的在大陸被共匪給消滅了，那你殺我的人，到哪裡去了呢？

那些 228 中被殺的全是無辜，那殺人的去哪裡了？怎麼被殺的全是好人，壞人全沒了呢？

如果外省人全是壞人，那爲什麼這麼多本省人保護壞人呢？

官逼民反？如果那些走上街頭，反抗暴政，爭取民主自由的是好人，那爲什麼臺灣人不保護自己的勇士，不呼羣保義，反而檢舉出賣這些人呢？

如果彭孟緝是「高雄屠夫」，那爲什麼他下山平亂後第二天，高雄報紙就向他致敬致謝，以後慰問感謝不斷呢？

如果彭孟緝部隊是壞人，怎麼一個兵拿了金店兩個戒子，

就被就地正法呢？

228 事件最不可思議的是，只有好人，沒有壞人。說是貪官污吏，但在哪兒？做了哪些事？不見記載，是嚴家淦、任顯群、孫運璿？查緝私煙是執行公務，能謂貪污？毆殺外省人，遭殃的都是公教人員，那個是貪官污吏？打人殺人的暴徒也不見了，所有被殺處刑的都是好人？都受冤補償。事件中前死的外省人無辜，後死的本省人也無辜，前者無償，後者有。那壞人到哪裡去了？

3 月 26 日暴亂已平，軍隊已入，還有上萬外省人在基隆等船返福建，驚恐莫名，他們怕什麼？怕貪官污吏嗎？

再誣陳儀，最多說他剛愎自用，疏忽無智，仍不能否定他是清廉正直，勤政愛民的好官。

228 的領袖之一的簡吉是共產黨，屋主說自己是忠貞的國民黨員，但他要向這位共產黨員致敬。以前的詮釋是，228 是共產黨煽動的，2000 年，說要追求 228 真相最熱心的陳水扁當選，共產黨立刻發來賀電，說：「一九四五年以來，我們始終不渝地支持臺灣同胞反對國民黨專制統治的鬥爭；一九四七年發生『二二八』事件時，中國共產黨公開聲明反對國民黨反動派鎮壓臺灣同胞。」那紀念 228，為什麼不推崇中國共產黨？為什麼不趕快統一，反要趕快獨立？做不到還要做？

那為什麼不向中國解放軍致敬？「中天電視」有紀錄片，說解放軍消滅了鎮 228 亂的國軍二十一師，替臺灣人報了仇。那解放軍還打敗了 228 的「元兇」蔣介石，不是更功高隆崇？

蔣介石又因陳儀投共而殺了他，那臺獨又該向蔣介石致謝？

二十一師的「報應」的故事是，來臺負責接收的七十軍與

六十二軍，徵收了一群臺灣兵。後因國府戰況吃緊，所以違背
承諾，把含有臺籍軍人的這兩軍調離臺灣，去打共軍（實在是
陳儀認為臺灣安定，不需駐兵，應蔣介石之議，把軍調回大陸
備戰）。此兩軍潰敗、被俘之後，一些臺兵成了解放軍。這些解
放軍，最後殲滅了鎮壓二二八、從臺灣調回上海的二十一師，
連俘虜都殺，以洩該師在臺屠殺良民之恨。故是「臺灣人滅了
二十一師，為老家人報了仇。老天藉著解放軍的手，了卻了亂
世中的一段恩仇。」「二十一師與臺灣人的再次相遇，或許就是
要將恩怨留在上海灘頭，留在上個世紀。」這個紀錄片所考證
的真相就是，臺灣人就沒必要再恨了，族群就可以和解了，臺
獨也不要鬧了。

　　臺獨報紙說：「這實是可笑的歷史詮釋，一粒蜆仔九碗湯，
實有轉移焦點、混淆視聽之虞。」

　　這幾個臺灣兵後來又去打韓戰，應也殺了美國人，那是不
是也報了臺灣人在太平洋戰爭中被美國人殺了之仇呢？

　　如果不是韓戰，美國介入臺海，這批解放軍（及臺灣兵？），
打過臺灣，消滅蔣介石，國家統一，那臺獨哪有立足之地？

　　228 被誣的起因，就是軍紀不好，那就是 62、70 兩個軍混
蛋，怎麼 228 之「因」，又滅了 228 之「果」？這不是馮京打馬
涼，牛頭打馬嘴嗎？

　　中國時報：「楊三郎被誣陷，勇妻闖關救夫，連乾 2 瓶威士
忌。」（2010-01-31）說「軍隊三番兩次到淡水家中抓人。那天
淡水河裡滿布屍體，河水染成了紅色。」這又是每年新發現的
真相。如果黃彰健在，他會問，這些浮屍有多少？怎麼數的？
還有誰看到？什麼時候看到的？這些人的家人有沒有領賠償？
是在這 673 人之內，還是之外？是怎麼根據領補償？還是這都

是如主流史家說的：「更多亡者是隻身一人，沒有家屬爲其申請賠償，」死了就死了，沖走了，誰也不知道？

　　最後，有一個真相要考證的是，爲什麼黃彰健要與主流歷史看法作對？爲什麼他要標新立異，「屢發令人駭異且有違常識的高論」？爲什麼屋主和他要「奪取臺灣史的詮釋權」？是因爲上古史資料放得太裡面，他老了，懶得進去查，因此找個近代的？是他與彭孟緝、陳儀有親戚故舊關係，他必要尊者諱？是他有親人在 228 中被義民殺害，他要報仇？是他想出風頭，也來湊 228 的熱鬧？還是，他僅是想在他的褒揚狀上加一條？

　　從現有的考證來看，實在看不出黃彰健是因爲上述原因或是出於私利考慮而研究 228。或許比較可能的原因，是他有次說：「一部中國近代史，從清末到抗戰，就是中國老百姓，那些純愚的農民，抵抗外侮侵略的歷史。」他說著說著，爲之哽咽。這種心情，或許就是他想要在 228 歷史上，保護真相的原因和動力。精衛銜石，青史不灰。

　　今天，我們參加了這個研討會，就是給黃彰健抬棺起靈，我們抬的是個愚公，我們敬佩他的移山。

著者（按姓氏筆劃）簡介

黃彰健

民國八年生，中央大學歷史系畢，中央研究院院士。著有《明實錄校勘記》、《戊戌變法史研究》、《明代律例彙編》、《今古文經學問題新論》、《中國遠古史研究》、《周公孔子研究》、《武王伐紂年新考並論「殷曆譜」的修訂》等。《二二八事件真相考證稿》為其蓋棺之作。

本書之其他作者，包含學者、文史工作者與二二八見證人，立場方面包含正、反兩派，做到真正的兼顧統、獨和中立人士。其詳如下：

朱浤源

臺灣大學法學博士，英國劍橋大學博士後研究。中央研究院近代史研究所研究員。專長中國政治思想史、政治制度史與近代史，近年研究專題除辛亥革命外，亦包含孫立人叛亂嫌疑案、二二八事件與海外華人研究等。

朱麗蓉

中興大學合作經濟系學士。臺灣史工作者，合著有〈孫立人將軍年譜〉等文章。

武之璋

十全營造公司董事長。從商多年，主以紡織、營造為其本

業。業餘史學研究者，尤對臺灣近現代史及二二八事件之真相鑽研甚深。近作《一甲子迷障－二二八真相解密》、《策馬入林》等，矢志「揭穿政學界諸多人士以學術詐欺來牟取政治利益的景況」。

吳銘能

臺灣師範大學國文研究所碩士，北京大學古文獻研究所博士，曾在中央研究院史語所、文哲所進行博士後研究，接著參加中央研究院「二二八研究增補小組」。現任四川大學歷史文化學院副教授。

容鑑光

陸軍官校畢。中華民國黃埔軍校史學術研究會籌備會主任委員、始昂文化研究室負責人、中華黃埔四海同心會顧問。

郭冠英

自由作家、政論家。曾任新聞局駐多倫多新聞處一等新聞秘書，並因所謂「高級外省人」事件被撤職。著有《張學良側寫》、《張學良在臺灣》等書。

郭譽孚

師大公訓系畢業，先後任教於臺北市忠孝及龍山國中。民間文史工作者，著有《原論》、《自慚的主體的臺灣史》。

陸以正

曾任南非大使，解決多件危及中斐兩國關係的案件，包括臺灣漁船越界捕魚、黑人船員凍傷事件等。促成民國八十二年曼德拉（Nelson Rolihlaha Mandela）訪臺與八十三年李前總統參加曼德拉的就職典禮。亦為民間文史工作者。

陳翠蓮

臺灣大學政治學系學士、碩士、博士。曾任自立晚報記者、

淡江大學公共行政學系教授，現爲政治大學臺灣史研究所所長。

陳肇家

二二八事件見證人。當年 8 歲，家在員林，事發時人在臺北市就讀西門國校三年級。海軍官校畢，艦上服勤 15 年、美軍顧問團 2 年、國安局外派副領事 3 年。

戚嘉林

曾任職業外交官。南非普里托利亞大學國際關係所政治學博士，佛光大學國際與兩岸事務學系助理教授。著有《臺灣史》、《臺灣六十年》、《臺灣史真相思索》等巨著。

張拓蕪

二二八事件見證人。當年 19 歲，隨整編廿一師來臺。著有「代馬輸卒」系列五本書，都獲得極高評價。還著有《左殘閒話》、《坎坷歲月》、《坐對一山愁》等總共十餘本散文集。以樸實無華的筆，寫盡了大時代裏小人物的歡樂與辛酸。細數困窘生活中的瑣事，卻又不忘隨時幽自己一默。

曾建元

二二八事件參與者之子。政治大學三民主義研究所法學碩士、臺灣大學國家發展研究所法學博士。現任中華大學行政管理學系助理教授、世新大學法律學系及育達商業技術學院通識教育中心兼任助理教授。

彭正雄

二二八事件見證人，當時 8 歲。文史哲出版社發行人。現任中華民國圖書出版事業協會常務理事、臺灣數位出版聯盟協會常務監事、臺北市中庸學會理事長。著有《歷代賢母事略》、〈臺灣地區古籍整理貢獻〉、〈臺灣地區古典詩詞出版品的回顧與展望〉、〈臺灣出版概況及兩岸交流與展望〉等。

黃種祥

文化大學史學所碩士，中央研究院研究助理。著有〈駐臺日軍投降後武器外流情況初探〉及〈郭國基、凃光明與高雄二二八〉等。

楊晨光

中興大學歷史學博士候選人，嘉南科技大學、崑山科技大學兼任講師。專攻中華民國國軍軍史、戰史。著有〈國光計畫展開與停頓的研究〉、〈古寧頭戰役研究〉等。

賈尚誼

二二八事件見證人。當年擔任整編廿一師一四五旅四三三團第一營營長。

其他另有二位作者，由於摘自網路，其學經歷不可考，但文章極有代表性，故亦採錄。在此敬申謝忱，並請渠逕洽出版社，以便贈書與領取版稅。

編者誌

民國九十九年十二月二十二日